U0513284

羊城学术文库学术委员会

主　　　任　　顾涧清

委　　　员　　马卫平　　王永平　　王志雄　　朱名宏

　　　　　　　李兰芬　　杨长明　　杨清蒲　　郑伯范

　　　　　　　郭　凡　　徐上国　　徐俊忠　　马　曙

　　　　　　　谢博能　　雷忠良　　谭曼青

编辑部主任　　陈伟民　　金迎九

羊城学术文库
总　序

　　学术文化作为文化的一个门类，是其他文化的核心、灵魂和根基。纵观国际上的知名城市，大多离不开发达的学术文化的支撑——高等院校众多、科研机构林立、学术成果丰厚、学术人才济济，有的还产生了特有的学术派别，对所在城市乃至世界的发展都产生了重要的影响。学术文化的主要价值在于其社会价值、人文价值和精神价值，学术文化对于推动社会进步、提高人的素质、提升社会文明水平具有重要的意义和影响。但是，学术文化难以产生直接的经济效益，因此，发展学术文化主要靠政府的资助和社会的支持。

　　广州作为岭南文化的中心地，以其得天独厚的地理环境和人文环境，其文化博采众家之长，汲中原之精粹，纳四海之新风，内涵丰富，特色鲜明，独树一帜，在中华文化之林中占有重要的地位。改革开放以来，广州成为我国改革开放的试验区和前沿地，岭南文化也以一种崭新的姿态出现在世人面前，新思想、新观念、新理论层出不穷。我国改革开放的许多理论和经验就出自岭南，特别是广州。

　　在广州建设国家中心城市、培育世界文化名城的新的历史进程中，在"文化论输赢"的城市未来发展竞争中，需要学术文化发挥应有的重要作用。为推动广州的文化特别是学术文化的繁荣发展，广州市社会科学界联合会组织出版了《羊城学术文库》。

《羊城学术文库》是资助广州地区社会科学工作者的理论性学术著作出版的一个系列出版项目，每年都将通过作者申报和专家评审程序出版若干部优秀学术著作。《羊城学术文库》的著作涵盖整个人文社会科学，将按内容分为经济与管理类，文史哲类，政治、法律、社会、教育及其他等三个系列，要求进入文库的学术著作具有较高的学术品位，以期通过我们持之以恒的组织出版，将《羊城学术文库》打造成既在学界有一定影响力的学术品牌，推动广州地区学术文化的繁荣发展，也能为广州增强文化软实力、培育世界文化名城发挥社会科学界的积极作用。

广州市社会科学界联合会

目 录
CONTENTS

绪 论

一 研究近代中国警察的必要性

本书以 20 世纪前半期的广州警察为研究对象。

警察一词，现在的含义是指为了维持治安、调查犯法行为而组织起来的人员。依照法律设置警察专职人员，是在近代社会才出现的事情。无论在东方还是西方，在古代就已经有了类似于近代警察职能的机构和人员。例如，constable 一词，中文翻译成"警官"，指的是中世纪以来西欧国家的国家军官，在英国和美国也指某种执法官员。11 世纪，法国的警官成为国家的五大军官之一，握有有限的司法裁判权和统辖骑兵权。① 从维护国家统治秩序与社会治安、执行法律的角度看，constable 与后来的警察官员有某种相似性，但显然 constable 主要是一种军事官员。也就是说，在西方古代，警察与军队是混同的。在古代中国也是如此，如在清代，京城的步军统领衙门以及各省的驻军都执行一般维持治安的任务。

近代意义的警察从军队、司法机构和其他行政机构中分离出来，成为国家行政部门中依照法律专门执行维护社会秩序和公共治安职能的、拥有一定武装力量的专业性人员，并通过法律法规和各种条例在职能的行使上需遵守严格的、确切的认定，是国家行政部

---

① 《简明不列颠百科全书》（中文版），第 4 卷，北京、上海：中国大百科全书出版社，1985，第 443 页"警官"条。

门中的专业性人员。这个过程首先是在西方国家完成的。当然，即使在西方，军队、警察也未必绝对分开，例如，英文 military police，中文翻译为"宪兵"（也可翻译成"军事警察"），指的是在军队中维护军法和军纪的部队，宪兵必要时也参加作战，但平日主要执行维护军风军纪、巡逻、交通管制、打击犯罪等任务，有的国家的宪兵也参与管理地方治安。① 到了近代和当代，很多国家仍保有编制与军队相近的内卫部队、武装警察。但无论如何，西方国家率先出现了近代意义的警察，而当时的中国清朝，仍沿袭古代的治安管理制度，没有变化。

在汉语中，"警察"一词出现较晚，是近代从日本引进的外来语。在中国，近代意义上的警察制度是从外国引进的，首先出现在被割占的香港以及上海等城市的租界。在 19 世纪后半叶，当中国人最初见到西式的警察时，很自然地将其与中国传统的治安管理制度联系在一起，在相当长的一段时间内称谓十分混乱，诸如巡差、巡丁、巡捕、巡兵等。② 清政府初设警察时，称之为"巡捕"，直到巡警部成立后，为了区别于京师的巡捕五营，明令通称为"巡警"。以后随着机构的不断完善和职能的强化，"警察"一词才最终确定下来。③

中国近代警察制度建立的过程，与中国逐步沦为半殖民地半封建社会的过程有某种一致性。因此，从产生之日起，近代中国警政就免不了受外国势力的插手和干预；而中国君主专制体制下的治安管理制度，也对中国警察制度的发展产生影响和制约。除了革命政权中维持秩序、治安的机构和人员外，在多数情况下中国的警察机

---

① 《简明不列颠百科全书》（中文版），第 8 卷，北京、上海：中国大百科全书出版社，1985，第 537 页"宪兵"条。

② 香港的警察，民间称为"差人"，这显然是当年与中国衙门差役联系的叫法，沿用到今天仍是如此。

③ 韩延龙主编《中国近代警察制度》，北京：中国人民公安大学出版社，1993，第 3 页。

构和人员属于反动阶级国家机器的组成部分，警政建设和警务实施是在缺乏民主和法制的背景下进行的，因而警察的专横和警政的腐败是普遍的现象。同时，近代警察的建立与发展深受时局变幻的影响，警察常常被军阀政客所左右，也时常参与政治行动，进而陷入派系的争斗漩涡，甚至由于与政治势力过度结合，有党化和特务化的趋势。近代广州警察的产生和发展也反映了这种半殖民地、半封建性。

中国近代的警察制度与帝国主义侵略和封建主义压迫有密切联系，这是问题的一个方面。另一方面，近代警察制度对古老的中国来说，毕竟又是新鲜事物。先师陈胜粦教授曾提出，鸦片战争后，中国面临"侵略的西方"和"先进的西方"的双重挑战，当时的中国人做出了双重的回应：坚决抵抗"侵略的西方"，又坚持了解和学习"先进的西方"，使中国走向近代，走向世界。① 从技术、制度层面看，近代警察制度也可说带有"先进的西方"的成分，其传入、建立与实施，与近代中国的政治、经济、社会变迁也密切相关，因此，也属于"近代化"过程的一个组成部分。警察虽然是统治者的工具，但也有维护社会秩序、防止犯罪行为、逮捕罪犯、管理交通和公共卫生等治安管理的功能，从工商业的发展到一般平民百姓生活，都需要良好的社会环境与秩序，近代中国警察在这方面的作用也不宜简单否定。近代中国警察有两面性，反映了中国早期近代化进程的特点，因而就特别值得研究。

近代中国政治史、军事史、社会史等领域的研究，都会涉及警察与警察制度。随着研究范围的扩大和研究方式的深入，鉴于警察的产生与沿革有自身的特殊性，应该也有必要把警察史作为中国近代史一个独立的学术领域，予以开拓型探讨和研究，当前中国的经济发展和社会稳定也需要深入系统地开展警察和警政研究。

---

① 陈胜粦：《林则徐与鸦片战争论稿》（增订本），广州：中山大学出版社，1990，第 573～584 页。

二　学术史简介

从近代意义的警察在中国出现之后，直到新中国成立前，国内没有出版过专门研究中国近代警察的史学著作，这方面的论文也不多。1949 年前，在一些内政、警政刊物上发表过一些关于警察制度沿革的文章，如 1934 年的《内政年鉴》"警政篇"第一章"中国警察制度沿革与现状"，可以视为近代中国警政史的概述。[①] 又如林文敷 1933 年发表的《广东警政沿革考》，其实没有做什么考证，只是简略叙述了清末到 1930 年广东警察机构的变化。[②] 这类文章都是叙事性的，篇幅较短，资料来源基本没有注释，今天看来很难被认为是严谨的史学论文。新中国成立后，人们对近代警察的研究也没有给予足够的重视，很少有这方面的成果问世。改革开放以来，特别是随着政治制度改革和法制建设愈来愈受到政府、社会科学和理论界的重视，加之社会稳定的需要，关于近代警察的研究从 20 世纪 80 年代起逐步开展起来，一些研究成果陆续问世。1985 年，群众出版社出版了中国社会科学院法学研究所法制史研究室编写的《中国警察制度简论》一书。该书收录了 25 篇专题论文，分别涉及从古代到近代警察制度的若干问题。1993 年，中国人民公安大学出版社出版了韩延龙主编的《中国近代警察制度》一书。该书主要研究近代意义上的警察制度在中国产生和发展的历史，着重的是制度史。2000 年，社会科学文献出版社又出版了韩延龙、苏亦工等的《中国近代警察史》一书。该书虽然大体上跟《中国近代警察制度》一书差不多，但其着眼点已经放在警察沿革和警政思想等方面，不仅利用大量的资料深入叙述了警察的创立和发展的过程，并且研究了警政思想的传播，系统论述了中央、首都和地

[①] 国民政府内政部：《内政年鉴》（1934 年），"警政篇"第一章"中国警察制度沿革与现状"（未标注作者），C1 ~ 15 页。

[②] 林文敷：《广东警政沿革考》，《警察杂志》第 254 号（1933 年）。

方警政机构的演变，警察种类，警察的职权与管理，警察教育，有关警政的法律法规等方面。这几部著作具有开创性，且有较高学术水平，大大推动了国内近代警察史研究的迅速开展。但这样的著作毕竟太少，而且，区域与个案的研究成果不足，使近代中国警察的整体、全面研究缺乏足够的基础。

我国内地的学术刊物，从 20 世纪 90 年代开始陆续出现了研究近代警察的论文。21 世纪以后，学术论文的数量显著增加，形成了研究热点。简单归纳，这些论文大致涵盖以下方面。

第一，近代中国警察制度的产生、发展。有的论文概述了整个近代警政的发展变化；① 有的则分阶段对晚清、② 北洋政府时期、③ 南京国民政府时期④的警政作概述；有的论文还对女子警察制度等具体问题做了研究。⑤ 第二，近代警察教育。有的论文对

---

① 宫言：《中国近代警察制度的萌芽》，《文史杂志》1990 年第 5 期；郑中午：《中国警史源流试探（三）》，《公安大学学报》1998 年第 5 期；赵平：《论近代警察制度在中国的形成与发展》，《郑州航空工业管理学院学报》（社会科学版）2004 年第 4 期；杨玉环：《论中国近代警察制度的形成》，《社会科学辑刊》2006 年第 2 期；杨玉环：《试论中国近代警察制度的特点》，《齐鲁学刊》2007 年第 2 期；杨玉环：《试评中国近代警察制度》，《辽宁大学学报》2007 年第 3 期。

② 帅建祥：《清末巡警制度论述》，《四川师范学院学报》1997 年第 2 期；黄晋祥：《论清末警政演变的历史轨迹》，《社会科学家》1998 年第 3 期；袁小红：《戊戌维新运动中的警政思想初探》，《湖南公安高等专科学校学报》1999 年第 4 期；吴沙：《清末传统治安制度向近代警察制度的转变》，《公安研究》2001 年第 2 期；孟庆超：《简论清末警政的创建》，《理论探索》2002 年第 6 期；杨玉环：《论中国警察制度的开创》，《辽宁大学学报》2003 年第 6 期；夏敏：《晚清时期中国近代警察制度建设》，《江苏警官学院学报》2003 年第 7 期；孟庆超：《清末建警失败原因分析》，《中国人民公安大学学报》2005 年第 5 期。

③ 夏敏：《北洋政府时期的地方警政建设》，《江苏警官学院学报》2003 年第 6 期。

④ 潘益民：《国民政府在大陆执政时期警察组织制度考略》，《民国档案》1995 年第 4 期；赵平：《论南京国民政府时期的警政建设》，《河南公安高等专科学校学报》2004 年第 5 期；宋青：《南京国民政府时期警察职能的历史考察》，《山东警察学院学报》2007 年第 2 期。

⑤ 王丽英：《中国近代女子警察制度》，《内蒙古民族师院学报》（哲学社会科学版）1999 年第 1 期；黄霞、李德彪：《简述近代中国女子警察的发展》，《四川警官高等专科学校学报》2006 第 4 期。

近代警察教育作概述性研究；①有的则讨论了清末②和民国时期的警察教育，③有的描述了警察教育中的若干具体问题，如清末的京师警务学堂、④清末警务学堂的消防队、⑤女警教育等。⑥第三，警察制度建立与发展的背景、环境研究。例如，一些论文讨论了警政发展与经费的关系，普遍认为，经费不足是整个近代时期警政发展受到严重制约的重要原因。⑦第四，近代中国警察制度产生、发展的外来影响问题。有的学者探讨了日本对清末警政产生以及初步发展的影响，有的则讨论了中国警察的西方因素。⑧第五，研究与近代中国警政发展有关人物的警政思想与实践。这些人物包括郑观应、黄遵宪、张謇、善耆、袁世凯、李

① 徐乃龙：《中国近代警察高等教育述论》，《公安教育》2003 年第 12 期；孟庆超、宫淑艳：《近代中国警察教育之探索》，《山东警察学院学报》2005 年第 5 期；孟庆超等：《近代中国警察教育的职业化及其反思》，《湖北警官学院学报》2006 年第 1 期；孟庆超、牛爱菊：《论近代中国警察教育的统一及层次化》，《铁道警官高等专科学校学报》2006 年第 3 期；肖朗、施峥：《中国近代高等警察教育综论》，《浙江大学学报》2007 年第 1 期；董纯朴：《略论中国近代警察教育制度及影响》，《云梦学刊》2007 年第 5 期。

② 黄晋祥：《清末警察教育述论》，《安庆师范学院学报》（社会科学版）2003 年第 2 期；任士英：《略论〈警察学〉与清朝警察行政创立时期的警察教育》，《中国人民公安大学学报》2003 年第 4 期。

③ 董纯朴：《国民政府警察教育体系研究刍议》，《江西公安专科学校学报》2007 年 1 期。

④ 袁广林：《中国近代警察教育的滥觞——京师警务学堂》，《公安教育》2006 年第 7 期。

⑤ 江卫社：《清末警务学堂消防队：警察教育与警务实践有效结合的历史个案》，《北京人民警察学院学报》2007 年第 2 期。

⑥ 王丽娜：《南京国民政府时期女警教育探析》，《湖南公安高等专科学校学报》2008 年第 4 期。

⑦ 黄晋祥、毕苑：《绅商与清末的办警方式及其经费问题》，《晋阳学刊》2002 年第 6 期；刘增合：《鸦片税收与清末警政改革》，《江苏社会科学》2004 年第 4 期；孟庆超、牛爱菊：《试论近代中国警政遭遇的经济困惑》，《山东警察学院学报》2005 年第 1 期。

⑧ 裘泽群：《西方警察在近代中国的移植》，《公安理论与实践》1998 年第 6 期；王小海：《英美与我国警察公共服务职能的历史变迁》，《上海公安高等专科学校学报》2008 年第 1 期。

士珍等。①第六，近代地方警政研究，因为这个问题与本书直接有
关，故在下面作较为详细的述评。

笔者没有条件对台湾地区出版的有关研究作全面的了解，但
也看到过一些论文。如黄佑发表在20世纪60年代的《中华民国
开国五十年警察行政》一文，主要是对20世纪前40多年中国警
政发展的概述。同一时期发表的钱仲鸣的《我国现代警察机构
设置时间之考证》一文，讨论了戊戌变法期间的湖南保卫局。
罗炳绵发表在20世纪80年代的《中国警察制度的产生及其发
展》一文，以写古代为主，也有部分近代的内容。② 今后，海峡
两岸进行学术文化等方面的交流，"近代中国警察"可以是题材
之一。

就笔者所见，最早在我国内地刊物发表警察、警政问题研究
论文的是蔡开松，他的《湖南保卫局述略》一文，根据丰富的
史料，较完整地重建了黄遵宪在戊戌变法期间设立湖南保卫局的
史实，在肯定其"最早的近代型警察机构"地位的同时，也指
出了它的局限性以及不成熟性、不完整性。③ 台湾学者谢国兴
1990年在大陆发表的论文《近代安徽的警政》，讨论了清末到民
国前期（20世纪30年代）安徽警察制度的建立过程，以及警察

---

①　田玉洪：《黄遵宪的警政思想及其实践活动探析》，《山东教育学院学报》2002
年第4期；邱远猷：《黄遵宪的狱政警政思想》，《江苏警官学院学报》2006年
第5期；吴沙：《论郑观应的警政思想》，《公安研究》2001年第7期；冷光
伟：《郑观应警政思想述评》，《贵州师范大学学报》2005年第6期；邱华东、
史群：《张謇的警政思想及其实践》，《南通大学学报》2006年第5期；徐广：
《善耆与中国近代警政》，《湖南公安高等专科学校学报》2002年第2期；王
飏：《袁世凯与近代巡警制度》，《湖南公安高等专科学校学报》2001年第5
期；虞亚梅：《李士珍拟改进中国警政建议计划三种》，《民国档案》2004年第
1期；陈竹君：《李士珍的警政思想探析》，《北京人民警察学院学报》2007年
第2期；龚维秀、郝骥：《李士珍警察教育思想探析》，《江苏警官学院学报》
2008年第3期。

②　这几篇文章都收录在朱汇林主编的《国民政府内政史料·警政史料》第1册
"述论"部分（台北，"国史馆"1989年出版）。

③　蔡开松：《湖南保卫局述略》，《近代史研究》1990年第1期。

组织系统、警察经费、警政教育等问题,这是一篇较早的对近代省市地方警政进行的专题个案研究。该文严格遵循学术规范,引用了包括《内政年鉴》、方志、报刊等资料,基本涉及了警政最主要的方面,① 对日后地方警政研究的拓展产生了一定影响。但这篇文章只有万余字篇幅,不可能细致地研究几十年间一个省警政的各种问题,而且,论文没有引用原始档案和安徽的警察出版物,这就使研究的深度受到限制。后来,陆续有论文发表分别对广西、河南、甘肃、江西、山西、北京、天津、无锡等省市的警政开展研究。②

对近代广东警察,较早的论文是沈晓敏的《清末广东巡警(警察)制度述略》,该文简单地考述了广东巡警制度的沿革以及巡警装备、待遇、训练等,对清末广东筹办巡警的成败得失作了评价。他的另一篇文章则是对清末民初(1903~1913)这个广东警察史上的特殊时期所做的专题研究。③贾蕊华简略地介绍了清末广州西关巡警局,认为它是清末广东警察创建的尝试。④她的另外两篇论文分别讨论了清末广东警察的职能和两广总督的警

---

① 谢国兴:《近代安徽的警政》,《安徽史学》1990 年第 4 期。
② 唐国军:《新桂系广西警政史略》,《广西地方志》2004 年第 1 期;公一兵:《北京近代警察制度之区划研究》,《北京社会科学》2004 年第 4 期;王先明、张海荣:《论清末警察与直隶、京师等地的社会文化变迁——以〈大公报〉为中心的探讨》,《河北师范大学学报》2005 年第 1 期;彭厚文:《论民国初年无锡的警政建设》,《江南论坛》2006 年第 6 期;杨猛:《民国时期(1912~1937)河南地方警政建设述略》,《法制与社会》2007 年第 1 期;刘克华、陈晋胜:《民国山西警政建设研究》,《山西警官高等专科学校学报》2007 年第 2 期;刘振华:《民国时期江西警政研究》(上)(下),《江西公安专科学校学报》2007 年第 5、6 期;张利荣:《近代甘肃警政研究初探》,《青海社会科学》2008 年第 3 期;冷琪雯:《清末云南省会警察制度创设初探》,《思想战线》2008 年第 5 期;张红侠、张振毅:《天津近代的警察组织》,《法制与社会》2009 年第 1 期。
③ 沈晓敏:《清末广东巡警(警察)制度述略》,《政法学刊》1997 年第 3 期;《清末民初的广东警察》,《广东史志》2001 年第 2 期。
④ 贾蕊华:《清末广东警察创建的尝试——西关巡警局》,《希望月报》2006 年第 10 期。

政思想与实践。① 何文平利用较多当时的报刊资料，考察清末广东新式巡警制度建立过程中官绅的态度，警察、军队在社会控制中的角色，借以揭示清末地方社会权力结构对新式制度建立的影响。② 这篇文章不仅关注警政制度的推行过程，而且对移植新制度的社会环境及社会回应也作了具体的探讨。

这些论文水平参差不齐，且多数为几千字的文章，篇幅有限使研究难以全面深入。关于地方警察、警政的个案研究虽有不少佳作，但能够引用较多原始档案、当时警察出版物的极少。

特别要提到的是美国学者魏斐德的力作《上海警察，1927～1937》（上海古籍出版社，中译本，2004 年出版），这是一部从外国学者的视角对国民政府前期上海警察进行深入研究的高水平论著。魏斐德从背景、新的警察理念、有组织犯罪、政治选择之于警政的意义、新市政秩序的局限等几个大问题深入研究了该时段的上海警察。在魏斐德的书中，我们可以看到上海市政府和公安局为把上海建成"模范都市"在警政建设方面的种种努力，但警察打击犯罪没有取得预期的成效，因为警察把主要力量用于对付共产党和各种反蒋势力了。上海警察实际上纵容和支持了黄金荣等流氓大亨的违法犯罪活动。这十年的上海警政建设过程，可以反映上海"模范都市"计划的失败，这也是国民党国家建设努力的挫折。遗憾的是，除此之外我们还鲜见对中国大城市近代警察进行全面研究的论著。

研究近代中国政治史、制度史、革命史、军事史、法制史、社会史、地方史、城市史等领域的论著，不可避免要提及警察、警政这方面的问题，因为不属专题论述，限于篇幅，在此不作评论。近二三十年不少省市新编的地方志也有公安志，但新方志重点在当

---

① 贾蕊华：《清末广东警察职能分析》，《广东工业大学学报》（社会科学版）2007 年第 2 期；《清末广东警政建设中的两广总督》，《齐齐哈尔大学学报》2008 年第 1 期。

② 何文平：《清末广东巡警的创建与官绅关系》，《中山大学学报》2005 年第 3 期。

代，涉及历史部分的内容大都简略而多错误，且资料均无出处，对史学研究来说尚有些缺憾。

三 对本书选题的一些说明

笔者选取"近代广州警察"作为研究课题，是基于以下考虑：第一，伴随着改革开放以来政治体制改革的不断深入，尽快整合行政管理与社会控制的关系，保证社会经济能够持续稳定地发展，是行政管理层的当务之急，也是学术界研究的新领域和新课题。中国近代警察的研究是国家行政管理机制和政治体制改革的重要组成部分，也是建设政治文明的重要方面，需要从整体和个案等各个方面进行深入系统的研究。第二，在近代，广州一直是中国最重要的大城市之一，又是资产阶级民主革命的策源地，长期是革命与反革命进行激烈斗争的战场；此外，近代广东的治安问题一直都很严重，广州也不例外。在这样的历史条件下，广州警察在其产生、发展过程中既有近代中国警察的"共性"，也有自己的"个性"。要深入全面地研究近代中国警察，对广州警察就不能不予以特别的注意。然而，有关近代广州警察的研究成果很少，《广东省志·公安志》和《广州市志·公安志》虽涉及近代的广州警察，但都比较简单，也有不少不准确的地方；一些研究广州警察的文章，也缺乏长时段和全方位的论述，缺乏综合历史、警政管理等多角度的考察与研究，难以勾画出广州近代警察产生与发展的全貌，而对于广州警察出现和发展过程中的特殊性、广州警察特征的总结和分析则更感不足。因此，以马克思主义理论为指导进行"近代广州警察"研究，有一定的学术价值和现实意义。第三，笔者长期在公安部门工作，从工作实践中体会到，本课题也有重要的现实意义。广州是华南的中心城市，是我国对外开放的一个窗口，搞好广州的公安警察工作是一项非常重要的任务，意义重大。尤其近年来，随着经济的发展，大量流动人口进入广州，增加了搞好社会治安工作的难度。在这种情况下，认真研究近代广州的警政，以史为鉴，从中总结经验、吸取教训，有利于我们搞好当前广州的社会治安工作，有利于广州的社会安定和经济的发展，有利于对外开放。

研究近代广州的警察是一项非常艰难的工作。首先，时间跨度大。从清末广州创办巡警开始，一直到 1949 年 10 月国民党政府逃出广州市为止，时间跨度差不多半个世纪；其次，近代广州的警察职权范围广、权力大，政府将相当多的行政和执法权力赋予警察，警察对社会的影响很广，也异常复杂。而且，民国时期广州的政局动荡不安，执掌广东政局的人物频繁更换。"一朝天子一朝臣"，随着执掌全省政局人物的更换，作为掌握省会治安大权的广州市警察（公安）局长和相关官员也像走马灯似地更换。每换一个警察主官，警政就要经历一次变动。所以，民国时期广州警察的特点之一就是"变"。如何用一定的篇幅将民国时期广州警察的方方面面、沧桑起伏清楚地展现出来，做到既能够用一条草蛇灰线的主线索突出这个"变"字，又不至于为了凸现这条线索而省略多姿多彩的历史画面，从而将历史缩减成一条枯瘦的流水线，这是一个大难题。最后，近代广州历经战乱，档案、文献散失严重，资料收集实属不易。

面对以上困难，笔者考虑再三，决定将广州半个世纪的警察史按纵向和横向相互交叉的办法来处理。

本书首先从纵向确立近代广州警察史发展的基本框架，把近代广州警察的发展历程按以下几个时期来划分：第一，清末民初广州建警（1903～1911 年）；第二，民国初年的广州警政（1912～1922 年），这一章重点研究辛亥革命时期在陈景华主持下广州警政的改革，以及民国初年军阀统治下的广州警政；第三，大革命前后的广州警政（1923～1927 年），重点考察孙中山领导时期以及国共合作时期革命政府的警政；第四，国民政府前期的广州警政（1928～1938 年），重点对陈济棠踞粤时期和余汉谋踞粤时期的广州警政进行研究；第五，沦陷时期的广州警政（1938 年 10 月～1945 年 8 月）；第六，国民党政权后期的广州警政（1945 年 9 月～1949 年

10 月）。警察既是国家机器一个组成部分，又是一个特殊的社会群体，对国家和地区的政治、经济以及社会生活都很有影响。研究警察和警政的沿革，当然不能只关注制度的条文等内容，必须把警察作为一个有机的整体去考察。因此，本书在研究制度建设的同时，也把视线放在近代广州警察的各级官员，特别是其主官身上，希望通过警察的各种活动，深入考察广州警政各项内容产生的背景、推行的情况以及取得的效果。

研究近代广州的警察当然也要研究近代广州的警政，警政主要指警察制度、警察机关、警察教育、警种及警察职权等；同时，也要研究警察制度与社会的关系。因此，本书又从横向写了两个基本内容：一是近代广州警察制度的若干问题；二是近代广州警察对社会治安、交通、公共卫生等方面的治理，以及与广州市民、广州社会的关系。希望通过这一纵一横结构的设置，既理清近代广州警政的发展脉络，又较为充分地论述其作用和社会影响；既突出警政这一重点，又反映警察的各个方面。

最后，对本书研究时段的上下限以及"广州"的地域范围作些说明。

本书以清末广州建警为肇始，以 1949 年 10 月国民党政权逃离广州为终结。

本书的广州，主要指广州城区。清代设广州知府。广州府辖南海、番禺、顺德、东莞、从化、龙门、增城、新会、香山、三水、新宁、清远、新安、花县等 14 县，省城分属南海、番禺两县管辖。但本书中的"广州"范围显然没有这么大，仅指省会城区。而城区在不同时期有所变化，因此"广州"的概念随城垣规模的变化而变化。明代曾将宋代广州的子城、东城、西城三城合一，又向南、北、东面扩展，城墙北跨越秀山上，在山上修筑镇海楼，东至今越秀路，西抵今人民路，南到今文明路、大南路和大德路，周长21 里。后来，又在城南筑了外城，外城墙推进到今万福路、泰康路和一德路一带，周长 6 里多。原来三城合一的城区称"老城"，南部外城称"新城"。清代虽也有修葺城池之举，但城垣的规模大体保持这样，只是由于珠江河道北岸岸线南移，西关、南关、东关随之扩展，拓展了长各 20 余丈的东、西鸡翼城。因此，清代的"广州"大体包括子城、东城、西城三城合一的"老城"和南部外城的"新城"以及城墙外的西关地区。民国时期，城垣规模有所扩大。1918 年 10 月，广州市政公所成立，结束了广州是番禺、南海两县分治之地的历史，广州单独作为一个"市"的概念开始形成。1921 年 2 月，《广州市暂行条例》公布实施，广州市政厅成立，标志着广州正式建市，成为近代意义上的城市。随着广州市政公所、广州市政厅拆城修路的市政建设，广州市区范围在拆除城垣的基础上又不断扩大。1929 年，广州市曾经将市区划分成范围分别为 66 平方公里的警界（即旧市区）、170 平方公里的权宜区域和 537 平方公里的拟定区域。这时的"广州"应该包括这三个区域。1930 年 9 月，广州市区范围再次扩展。原属南海县的三元里、瑶台、王圣堂、上下沙涌、上步、粤溪、松溪、罗冲、南岸、澳口、坭城、西场、大坦沙、河沙、秀水、增涉、水秀、贝底水，以及原属番禺的天河杨箕村、冼村、猎德、石牌、新庆、甲子、谭村、员村、程界、棠下、上社、车陂、琶洲、黄埔、新洲、赤沙、北山、小洲、大塘、上涌、西滘、新爵、南滘、西塱、麦村、白鸽窑、黄麖塘、林和、燕塘、沙河、凤凰村、下塘等村镇划入广州市区，并奉内政部《市、县勘界条例》，测绘界址、竖立界石，到 1931 年 5 月在市区经界沿线竖立了 107 块石碑作为市界标志。至此，广州城市首次有了正式而明确的界线，划定了市区行政管辖的空间区划。[①] 这时的"广州"应该指经界内的市区。

① 陈泽泓：《拓展中的都会》，广州：广州出版社，2001，第 5、28 页。

第一章
清末广州警察的创建

第一节　清朝建立新式警察制度的背景与过程

一　实行"新政"以前清朝的治安体制

中国的治安体制在 19 世纪末的戊戌变法运动期间开始有了变化，进入 20 世纪后，清政府仿效西方治安体制，逐步在京师、一些省份、一些城市建立了近代警察制度，拉开了中国治安体制近代化的序幕。

20 世纪以前，中国的治安体制是中央集权体制的组成部分，无论是中央机构或地方政府，还是首都或乡村，推行的都是政法合一、军警一体的治安体制。以清代为例，清政府没有专门负责治安的中央机关，国家的治安职责由兵部、刑部、都察院、大理寺、内务府等机关分担。京师作为清廷的首都，是政治统治的心脏，有众多机构负责社会治安。皇室的安全保卫工作主要由禁军八旗负责。城市的社会治安、户籍、建设等一切事务，大体沿用明朝的制度，由中央政府的都城专门机构、六部衙门的一些部门和地方政府三方共同管理。都城专设的管理机构是中、东、西、南、北五城兵马指挥司，其职责是"巡捕盗贼，疏理街道沟渠及囚犯、火禁之事。凡京城内外，各画境而分领之"；步军统领衙门（亦称步军营、九门提督），以及下属的正副翼尉、协尉、步军校、城门领、城门吏、门千总等，负责都城的治安和保卫，也兼管洒扫都城道路、维护交通秩序、防火等事务。在内务府和工部、兵部也有一些专设部门，管理宫城内外修缮、道路整治等。如管理周围苑囿、园池的上林苑监，勘查和修葺河道沟渠的河道沟渠处，负责街巷道路、下水道维修和批准建房等的督理街道衙门等。地方政府则是顺天府以及大兴、宛平两县官署的衙役负责治安工作。①

在地方，各级政府官员，上至总督、巡抚，下至州县官和一些佐杂官，都负有管理地方治安之责任。清朝的州县官府都有衙役，"承担警察职能的衙役也为政府所依赖，用于执行传唤或拘捕及其他经常性的警察职能"。② 具体地说，除了类似于现代警察的"三班衙役"即站班皂隶、捕班快手、壮班民壮外，"具有警察性质的衙役还有验尸的仵作、行刑的刽子、管监狱的禁卒牢头等等"。③ 而分散驻扎各地的清朝军队（主要是绿营、防营），实际上也负担镇压盗匪的职能。有学者认为，清朝军队最重要最大量的日常任务是维持社会治安、保持政治秩序，因此，"清军不是一支纯粹的国防军，而是同时兼有警察、内卫部队、国防军三种职能。其中国防军的色彩最淡，警察的色彩最浓"。④ 但是，这些形形色色的兵勇、衙役，只是执行着类似于近代警察的某些职能，尚不具备近代警察所必备的要件和形态。清朝州县以下的基层社会组织也负有维持地方治安之责。有研究乡里制度史的学者指出，清朝对乡里社会的控制超过了以往的朝代，保甲制在全国普遍推行。凡遇"盗贼逃人奸宄窃发事件"，事主与邻舍必须报告甲长，甲长报知总甲，总甲

---

① 参见尹钧科等著《古代北京城市管理》，北京：同心出版社，2002，第75~77、85~89页。

② 瞿同祖：《清代地方政府》，范忠信、晏锋译，北京：法律出版社，2003，第95页。

③ 郭建：《帝国缩影——中国历史上的衙门》，上海：学林出版社，1999，第91页。

④ 茅海建：《天朝的崩溃——鸦片战争再研究》，北京：生活·读书·新知三联书店，1995，第51、53页。

报知卫所、州县。若一家隐匿盗匪，同甲的其余九家、甲长、总甲长不去报告，俱治罪。保甲制对人口流动进行严格管理，还执行"禁止夜行"等维护治安的措施。①

清政府除了在地方实行保甲制度之外，还选拔壮丁，进行集中训练，称为"团练"。"团练"协助地方官捕盗，维持治安，有时也参加正规军作战，类似于现在的民兵组织。各地负责团练的人，称为"练保""练长""练总"等，都负有维持治安之责。在鸦片战争和太平天国农民运动以后，团练的发展加强了"地方军事化"的趋向，团练被视为"有产业的名流掌握阶级力量的工具"，"官方记录中有大量使用它去对付'盗匪'的例子"，官府实际上委托乡村士绅掌握的团练负责治安。② 在晚清的广东，士绅控制乡村基层社会的常设权力机构——公局（有时也称公约），配备武装，拥有征收局费、稽查、缉捕、审判、仲裁等权力，其主要权责也在维护治安方面。清末虽有把公局改为巡警局之议，但此事涉及数量众多的士绅的利益，最终难以推行。③

同治、光绪年间曾任南海知县的浙江人杜凤治，留下了一部几百万字的日记，有很多杜凤治亲自督率差役到城内缉捕、救火、查夜的记录，从中我们可知道当时广州城市的治安体制。杜凤治作为广东首县的知县，最重要的公务是维持省城的治安，归其节制的有县衙的差役，还有保甲局、缉捕局、安良局等官方机构。广州城内的绿营、旗营官兵也有维持治安的责任。这些差役、官兵主要集中在老城区，驻守西关的官兵就很少。在城郊的乡村地区，官府基本上借助士绅控制的公局维持治安。在城内，各街区设有日开夜闭的街闸，还雇用了街勇、更夫。在西关，各街区还分别举办团练，官

① 赵秀玲：《中国乡里制度》，北京：社会科学文献出版社，1998，第51～54页。
② 参看〔美〕孔飞力著《中华帝国晚期的叛乱及其敌人》（修订版），谢亮生等译，北京：中国社会科学出版社，1990，第6章。
③ 邱捷：《晚清广东的"公局"——士绅控制乡村基层社会的权力机构》，《中山大学学报》（社会科学版）2005年第4期。

府对西关的团练予以鼓励和资助。从杜凤治的日记可以看出，广州城参与维持治安的官员虽不少，但他们之间权责界限不清，遇事扯皮，更谈不上有什么维持治安的制度和规划。官兵、差役常包庇烟赌，而他们拘捕的"盗匪"，很多都是无辜良民。① 在清末，广东号称"盗风甲于天下"，广州城内盗劫、械斗之案不断。杜凤治日记所反映的广州治安体制，到 19 世纪末仍无变化。1896 年 8 月 20 日报纸的几则报道就分别提到局勇、安勇、西关汛勇、街勇捕匪的事。② 1901 年粤海关的十年报告（1892～1901）讲："关于警察事务，需要改进的事情太多了，似乎可以说迄今尚未有警察制度。"③

"新政"以前，清政府治安体制最主要的特点是：

第一，行政与司法不分。各级地方政府官员，既是行政官员，也是地方治安的负责人，并且是司法的审判官。在大城市，清朝先后设立了很多维护统治秩序的机构，维持治安权责的官员虽多，但并无严格制度，这些机构和官员职能重叠、矛盾重重、互相扯皮，治安效率非常低下。

第二，军队与警察职能不分。清政府在各地的驻军都参与维持地方治安事务。在维持地方治安中，绿营兵的作用比较重要。绿营兵驻扎在各省城镇，特别是各级衙门所在地、仓库、监狱，以及交通要道、关隘附近，主要任务是保护地方衙署的安全，保障交通运输的畅通，预防各种犯罪，镇压各种叛乱和破坏清朝统治秩序的行为。分散驻守的"汛"兵，占了绿营兵总数的 1/3。④

第三，清朝政府维护统治秩序和社会治安的力量，在大多数情

---

① 邱捷：《同治、光绪年间广东首县的日常公务——从南海知县日记所见》，《近代史研究》2008 年第 4 期；《从杜凤治日记看同、光年间广州城的官员生活》（未刊稿）。

② 邱捷：《清末广州居民的集庙议事》，《近代史研究》2003 年第 2 期。

③ 《广州史志丛书》编审委员会：《近代广州口岸社会经济概况——粤海关报告集》，广州：暨南大学出版社，1995，第 930 页。

④ 参看罗尔纲《绿营兵志》，北京：中华书局，1984，第 8 章第 2 节。

况下并不能深入乡村基层社会。在乡村基层社会，士绅掌管的机构行使稽查、缉捕、审判、仲裁等权力，士绅借此压迫勒索农民和其他下层民众，这些机构往往不仅不能维持治安，反而加剧了阶级矛盾，使社会更加动乱。

第四，所有清朝治安体制内的官员、差役、官兵、士绅、街勇等，多数并非专职从事维持治安事务的人员。他们没有经过维持治安的专业训练，也没有严格的规章制度和纪律来约束，更没有任何适应时代变化的新知识与新技能。

第五，无论城市和乡村，都没有稳定的、制度性的治安经费，更没有把治安经费列入中央和地方财政预算的制度。

在晚清，这样的治安体制已经无法完成维持社会治安的任务，也暴露出同西方国家、日本明显的差距，招致中外有识之士的广泛批评。

二 西方警政制度的示范

警察不同于保卫国家安全的正规军队，是以维护社会治安和秩序为主要职责的专职队伍，有自己独立的组织机构和系统。中国的警察最早出现在上海、天津等城市的外国租界，其管理机构大多是列强按照各自国家的政治体制建立的。各国租界为了保护在华利益和侨民安全，为了维护其统治区内的社会治安，都建立了警务部门，制定了逐渐完善的法规，配备了有数额庞大的固定经费的巡捕或警察队伍。有的警务部门隶属于工部局，有的则由驻当地领事直接领导，更彰显统治者对社会治安的重视。上海英租界最早没有设立工部局，也没有巡捕，只雇用夜间报更鸣警的更夫。1854 年镇压了小刀会后，英、法、美三国领事重新修订了《上海英法美租界租地章程》，把原来章程中的雇用更夫改为设立巡捕，并通过了工部局组织巡捕房的决议，制定了巡捕房规则 27 条。从此，在租界正式设立了专职维持社会治安的警政机构。上海公共租界的警务处有正副处长，督察长，巡官，探长，巡长，探目和英、中、印、日、越等国籍的巡捕，将所辖政区分为4个警区，建有巡捕房、监狱和自新所等，警务处的开支占工部局总预算的1/3之多。上海法租界1856年建立了最早的巡捕房，工部局成立后设立了警务处，有6个巡捕房。① 天津英租界最初只有一名英籍的专职人员为道路与巡务总监（Superintendent of Road and Police），雇用数名华籍巡捕维持社会治安和街道，19世纪末开始设立警务处和巡捕房，雇用印度锡克兵为巡捕，后雇用华捕，形成了华洋合一的警察队伍；② 日租界有警察署，其高级警员由日本警视厅直接委派，1928年有巡捕280人。在汉口的法租界也有安南卫队和华捕近200人。③

　　警察的首要任务是根据行政法规搜捕严重破坏社会治安的刑事犯罪分子。中国民众不熟悉租界法规制度而出现的违警现象，也要由警察处以罚款或拘押等处罚。这些规章制度大多是仿照西方城市的类似规定制定的有关交通、环境、建筑、税收的规则，特别注重城市的公共道德规范、公共卫生、环境治理等，所以警察在治理社会秩序和环境上有着十分重要的作用。另外，租界内的消防队也使水会等中国民间传统防灾社团黯然失色。更为重要的是，这种西方管理模式以全新的面目出现在上海、天津等城市，给了居住在这里的中国人更为直观的感受，他们大为感叹和称道。旅居上海15年之久的葛元煦在《沪游杂记》中讲道，"工部局英法两租界皆有之。董其事者皆西商公举之人，由董事立巡捕头目，分派各种职司。如修填道路、巡缉街市、解押犯人、救火恤灾等事"。④ 19世纪末陈炽讲，上海租界内"意美法良"，"清洁街衢，

① 参见张仲礼主编《近代上海城市研究》，上海：上海人民出版社，1990，第618页。

② 参见尚克强等主编《天津租界社会研究》，天津：天津人民出版社，1996，第138～139页。

③ 参见费成康《中国租界史》（第四章），上海：上海社会科学院出版社，1991，第170页。

④ 葛元煦：《沪游杂记》（卷一），转引自韩延龙等《中国近代警察史》，北京：社会科学文献出版社，1999，第4页。

逐捕盗贼，永朝永夕植立，途闻号令严明，规模整肃，风清弊绝，井然秩然"。①

三 维新思想家改革治安体制的言论和实践

19世纪后期，越来越多有识之士认识到国势阽危，非变法无以图存，非立宪不足以救亡。从达官显贵、巨富大贾到中下级士绅，从朝廷高官、封疆大吏到州县官员，都有人呼吁自强，呼吁变法，呼吁立宪。而他们在逐步了解了世界以及各国租界的管理模式和效果之后，也逐步了解到变法、立宪与警政的关系，因此他们也呼吁创办警政，把创办警政视为挽救中国危局的一项重要措施。

较早提出倡议的是近代改良主义思想家何启、胡礼垣、郑观应、陈炽等人。他们介绍并赞扬西方的警察制度，揭露清朝的治安管理体制"百弊丛生"，主张中国仿效西方设立警察制度，并提出了设立警察制度的途径和各种办法。

特别值得提到的是郑观应。他吸收了其他维新思想家（如何启、胡礼垣）的观点和建议，在《盛世危言·巡捕》等著作中，围绕中国如何建立警察制度，提出了以下主要观点。

第一，当日中国治安形势严峻，清朝的治安制度已经腐败不堪，完全无法维持正常的社会秩序。郑观应指出，各省城乡都满布"奸民""莠民"，从事犯罪活动，无恶不作，"皆因内地城乡无巡捕往来弹压，故敢肆无忌惮，憨不畏法"。清朝维持治安的体制已经形同虚设，官兵、巡丁、绅士、差役与各种犯罪者勾结，包庇赌博，坐地分赃，甚至本身也从事违法犯罪活动。"所以地方不靖，败类日多"。

第二，必须向西方学习，建立警察制度。郑观应比较详细地介绍了美国纽约和上海租界的警察制度，感叹道"考西法，通都大邑俱设巡捕房"，"其禁止犯法，保护居民，实于地方大有裨益，

---

① 赵树贵等编《陈炽集》，北京：中华书局，1997，第99页。

诚泰西善政之一端也"；"如中国仿而行之，何致有教堂滋事、两乡械斗、小窃案如此之多乎"。他认为要解决中国社会的治安问题，"除根之道莫要于仿照西法，设立巡捕"。

第三，有关警察制度的一些具体办法。郑观应接受何启、胡礼垣设立各级"巡捕"并配备电报、电话的主张，并进一步加以完善和细化。对于警费，郑观应提出可以利用惩罚违法犯罪的罚款，并鼓励绅商出资，因为办警可对他们的利益提供保障。他还主张设立"栖流局"收容无业可就、衣食无着、流浪街头的人，因为这些人走投无路就会犯法，甚至"拜会结盟、肆行抢劫"。他设计了由政府提供部分经费，"并令各省富绅捐助不足，每省设一栖流局"，收容流民耕作或从事手工生产的制度，以"化莠为良"。

第四，建立管理警察的制度。郑观应认为，建立警察队伍后，必须制定章程，实行新的管理方式和奖惩办法，对"性情凶暴、办事怠堕，以及私受贿赂、勒诈平民、窝盗庇赌"的警察，允许民间指控，"查明有据，立予重惩"。对警察的选拔要慎重，当警察的人必须不吸鸦片、年富力强、读书识字；郑观应还特地提出警察要"戒其无故打人"。在此基础上，他提出要根据业绩、能力决定警察的升黜。他还主张订立条例，明确规定警察的职责并让警察熟知。

第五，初步指明了警察的基本职责。郑观应认为警察的职责是维持治安，预防犯罪，遇有违法犯罪行为发生，就要及时制止，拘捕违法犯罪者。郑观应还设计了地方警察无法制止的严重事件发生时申报上级警署、地方官的一些具体办法。

尽管郑观应对清朝治安问题的根本原因有认识不清之处，他所设计的办法很大程度上也是为了维护清王朝的统治秩序，一些办法还很粗疏，而且无法付诸实践；但无论如何，郑观应关于警察制度的思想，在近代中国警政史上具有重要意义。这是中国较早、较全面和系统的警政理论。郑观应和这一时期大力提倡建立新式警察制度的何启、胡礼垣、黄遵宪等人，成为近代中国警察理论的先驱，对日后警察制度的建立和初步发展产生了重要影响。①

　　戊戌维新运动的发起者和领导者康有为也是近代中国警政思想史上的先驱者之一。康有为青年时代读了一些介绍外国情况的书籍，也到过香港，"览西人宫室之瑰丽、道路之整洁、巡捕之严密，乃始知西人治国有法度，不得以古旧之夷狄视之"。② 西方严密的警察制度，是促使他比较中外政治、社会并逐步形成改革思想的一个重要原因。

　　维新运动开始后，康有为一再向光绪皇帝上书，提出了一整套涉及政治、经济、军事、外交、文教等方面内容的改革方案，其中，改革原有的治安体制，建立新式警察制度是一个重要的内容。1897年，康有为在第五次上书中提出"改定地方新法，推行保民仁政"，内容有"卫生济贫、洁监狱、免酷刑、修道路、设巡捕、整市场"等。③ 第二年，他第六次上书皇帝，其中提出，每道设一民政局，每县设一民政分局，派官员与地方绅士会同管理；除审判、赋税暂时仍由知县管理外，包括警部等在内的地方事务都归民政局办理。④ 康有为的建议，实际上是要求改变地方官直接兼任维持治安的权力主官的状况，明确民政事务的权责。几个月后，他又上奏皇帝提出一个军事改革方案，鉴于八旗、绿营、勇营都已成为"无用之兵"，建议实行裁减，"其识字明敏、通解事理者，改充巡警以资县乡之防虞。查各国为治，先整巡警，吾国无兵，只得号为巡警，因而教之改之，亦事宜也。其武弁识字通敏解事理者，改为巡警官"。⑤ 康有为的建议考虑了清朝军队的实际情况，当日

① 参看吴沙《论郑观应的警政思想》，《公安研究》2001 年第 7 期。所引郑观应的言论来自《郑观应集》（上海人民出版社，1982 年出版）上册之"巡捕"等篇。
② 《康南海自编年谱》（外二种），北京：中华书局，1992，第 9 页。
③ 中国近代史资料丛刊《戊戌变法》（二），上海：上海人民出版社，1957，第 194 页。
④ 中国近代史资料丛刊《戊戌变法》（二），上海：上海人民出版社，1957，第 202 页。
⑤ 中国近代史资料丛刊《戊戌变法》（二），上海：上海人民出版社，1957，第 229 页。

虽未付诸实践，但后来清朝开办警政，也是优先从八旗、绿营、防营中选拔警官与巡警。

如果说，戊戌变法期间康有为的警政主张只是纸上谈兵的话，那么，另一位维新思想家黄遵宪在湖南创办新式警察机构的实践，则迈出了中国治安体制近代化的第一步。

黄遵宪是广东嘉应州人，1877 年，他作为清朝驻日公使参赞东渡日本，在日本度过了 5 年的外交官生涯。明治维新后日本的迅速发展给黄遵宪以深刻的影响，他认真地考察了日本的历史和当时的状况，特别是日本的各项制度，写成了《日本国志》。黄遵宪对日本取法欧美建立的近代警察制度给予高度重视。在《日本国志·职官志二》"警视厅"条，他对日本警察的编制和职责作了详细介绍，认为日本推行新式警察制度后，"国家出一政，布一令，则警察吏奉命而行，极之至纤至悉无不到。人民犯一法，触一禁，则警察吏伺其踪，察其迹，使不得逃法网。地方有阙失，风俗有败坏，则警察吏指摘其失，匡救其恶而整理之。盖宣上德意以下行，察民过失以上闻，皆警察吏之是赖"。黄遵宪还介绍了日本警察的主旨："警察职务在保护人民，一去害，二卫生，三检非为，四索罪犯"；日本的警察"不得受贿，不得报人家隐恶，非持有长官令状不得径入人家"。他如此高度赞扬日本警察制度，目的是要以日本为借鉴，改革中国原有的治安体制。①

在戊戌维新期间，湖南是执行变法谕旨最认真的一省。黄遵宪时任署理湖南按察使（主管一省刑名司法），他对湖南保甲局等旧式治安机构以及衙役的积弊知之甚深，乃决心仿照日本警视厅设立新式的治安机构。他的主张得到积极支持变法的巡抚陈宝箴的赞同，其时正在湖南的维新派骨干人物梁启超、谭嗣同、唐才常也给予他很多帮助。于是，黄遵宪创办了近代中国最早的新型警察机构——湖南保卫局。

---

① 郑海麟：《黄遵宪传》，北京：中华书局，2006，第 246～247 页。

经过黄遵宪、唐才常等人的说服、宣传，湖南不少绅商打消了顾虑，踊跃支持并捐助经费。1898 年初，黄遵宪制定了《湖南保卫局章程》，二月初九日"奉抚宪札，将保甲团防局裁撤，改办保卫局"。① 保卫局设立在省会长沙，在长沙城的中、西、南、北及城外各设一所分局，各下辖小分局 6 所。分局设巡查长 1 名，巡查吏 2 名，巡查 14 名。保卫局管理系统较为严密，隶属关系明确，各级官员各司其职，各级机构的权责规定细密周详。章程规定保卫局各级人员"非持有局票，断不准擅入人屋"，"不准受贿，亦不准受谢"，"其户婚田土争讼之事，本局不得过问"，对"巡查"人选的年龄、识字、体魄、性格都有严格规定，而且必须身家清白、没有犯案之事。对"巡查"的奖惩也有规定。整个章程都明显学习了日本警视厅的规章。

湖南保卫局的章程规定该局为"官绅商合办之局"，这既是为了取得绅商的支持，同时也是吸收了原有治安体制的某些惯常做法。

湖南保卫局成立后很快就取得了成效，拘捕了一批著匪和严重犯罪者，在防火灭火、清查户口、城市卫生等方面也做了不少工作。② 戊戌变法失败后，陈宝箴、黄遵宪均被罢官，几个月后，湖南保卫局也被裁撤，原有的治安机构保甲局恢复。这个新式的治安机构只存在了几个月，但它在近代中国警政史上的地位不可忽视。

另外，上海也在地方政府的支持下由社会士绅建立了维护社会治安的巡捕。1895 年成立的南市马路工程局仿效租界，创办巡捕房，除部分军队的士兵外，招募了 60 名巡捕，其条件是身体强壮、年龄在 30 岁左右、熟悉本地情况、能讲本地语言、没有烟酒赌等恶习，需要有铺户担保。巡捕每日沿街巡逻，如有人违章则拘役或

---

① 《杨先达等禀请速办保卫局批》，载陈铮编《黄遵宪全集》，北京：中华书局，2005，第 503 页。

② 关于湖南保卫局的叙述，主要参看了蔡开松《湖南保卫局述论》，《近代史研究》1990 年第 1 期。

罚款。1900 年创办的闸北工程总局，也设置了巡警昼夜巡逻，缉查罪犯，防范盗贼和火灾等。①

19 世纪后期维新派思想家、政治家改良司法及创办警政的呼吁，特别是黄遵宪创办湖南保卫局和上海绅商创办巡捕房的实践，为清末举办警政制造了舆论，并打下了一定的思想基础。

四　清政府创办警察的原因和简略过程

1900 年爆发了震惊中外的义和团运动和八国联军侵华战争，清王朝的统治处于风雨飘摇之中。为了缓和各种矛盾，维护自己的统治，1901 年清政府宣布实行"新政"。此后，清政府在政治、经济、军事、文化诸方面采取了一系列的措施，改革旧的体制，设立了一些新的机构。改良司法，举办警政，是"新政"的重要内容之一。

清政府之所以要改革原有治安制度，把举办警政作为"新政"的内容，是多种因素作用的结果。

首先是清朝的统治已经无法照原样继续下去，原有的治安体制千疮百孔，腐败不堪，清朝统治者也意识到依靠这样的治安体制无法维持自己的统治秩序。

其次，如前所述，19 世纪后期有识之士主张学习西方和日本，改革治安体制的呼声得到越来越多人的响应，而上海、香港等地的实际情况，也使得更多中国人直接了解和体会到了西方警察制度较之中国原有治安体制的优越。

最后，也是最直接的原因，是《辛丑条约》签订后，帝国主义国家的要求和压力。义和团运动沉重打击了帝国主义侵略者，同时也暴露了清政府的腐败无能。帝国主义国家要求清政府确保他们在华的利益和国民的人身安全，镇压中国人民的反抗活动。辛丑条约的第十款就规定，清政府必须保证并重申永远禁止"与诸国仇敌

---

① 蒋慎吾：《上海市政的分治时期》，《上海市通志馆期刊》1934 年第 2 卷第 4 期。

之会",严厉惩办敢于反抗侵略的民众,"以各省督抚文武大吏暨有司各官,于所属境内均有保平安之责,如复滋伤害各国人民之事,或再有违约之行,必须立时弹压惩办,否则该管人员即行革职,永不叙用亦不得开脱"。①为确保《辛丑条约》各项条款的落实,帝国主义国家要求清政府保留占领时的巡警等机构,并对包括治安制度在内的内政进行改革。

正是在全国官民的呼吁和推动,以及帝国主义的压力下,清政府开始着手建立警察制度。

关于清朝建立警察制度的过程,前人有过详细的研究,下面只作简略的综述。②

清末警察制度的建立有一个过程。在这个过程中,清政府主要从两个方面着手:一是建立中央警察机构,二是建立地方警察机构。

清政府建立中央警察机构是从建立京城"善后协巡总局"开始的。1900年,八国联军侵入北京后,各国军队按其占领的方位,分别把持一切统治权。他们设立了警务部门和巡捕队,巡捕除了由各国官兵担任外,也征用华捕。如日本军队在其占领地区设立了警务衙门,有宪兵、一个中队步兵和数百名中国巡警。该衙门施行的事务包括,镇压反抗行为、收缴兵器和管理危险品、收存部分占领品、发行居住许可证、修缮清扫街道、设置并看管路灯、救恤贫民、管理夜间无灯火通行、管理娼妓,以及消灭传染病等;实际上主要是维护侵略军对占领区的统治。正如当时的日本人所供认的,其"宗旨本以日本军队之存在为主,在于保持军队之安宁秩序"。整顿地面和卫生、保护营业和市民安全,"皆为日本军为达其目的

---

① 中国近代史资料丛刊《义和团》(四),上海:上海人民出版社,1957,第498页。

② 本目后半部分,参考了韩延龙主编的《中国近代警察制度》(北京:中国人民公安大学出版社,1993)第一编以及韩延龙、苏亦工等著的《中国近代警察史》(北京:社会科学文献出版社,2000)上卷的有关内容。

之行动"。因此，"对诸如作为整顿占领区内及保护人民之生命财产之方法手段，却甚为冷淡"。[①] 清政府的京师治安机构——五城察院和督理街道厅完全处于瘫痪状态，无法行使职权，京师的治安处于极度混乱之中。为了维持京城的秩序，清政府留守官员在同侵略军多次协商后，得准由各占领区内的绅董出面，组织了绅办的临时治安机构——"安民公所"（在各占领区内的名称不一，有的称为"捕务公所""普安公所"，有的称为"缉捕局""保卫公所"，比较普遍的称呼是"安民公所"）。安民公所不是官办的机构，但它接受清政府官员的指导和稽查，它的经费大部分是由清政府提供的。巡捕的名称也不尽相同，有的称捕务、缉捕等。有由安民公所雇用的，也有的来自绿、步两营的练勇或团练，没有从社会上招募，也没有经过专门的培训。[②] 其职责也是将惩治盗贼放在首位，并负责巡查街道、修葺被战争破坏的街道沟渠。[③]

　　1900 年底，随着清政府和各国占领军谈判的进展，清政府逐渐恢复了对京城的管治权。1901 年夏，各国撤兵交还治权在即，如何处理京城的治安问题提到议事日程上来。留守北京的庆亲王奕劻上奏清廷，要求裁撤各安民公所，另建京城善后协巡总局，得到批准，京城善后协巡总局及其下属各协巡局随之设立。善后协巡总局设专职大臣 1 人，由奕劻兼任；兼职大臣 4 人，由奕劻提名的礼部尚书世续、大理寺少卿铁良、住居右翼地面正黄旗汉军都统广忠、署仓场侍郎荣庆分兼，下设提调、总办、会办、巡捕官等。总局办事机构分为三处：文案处、营务处、发审处。总局下设各分局，分驻内城和皇城。各分局设总办、帮办、警巡等官员。各分局下设若干个巡捕处。根据京城善后协巡总局发往各分局的《现行

①　〔日〕服部宇之吉：《北京志》，1907；《清末北京志资料》，张宗平等译，北京：北京燕山出版社，1994，第 232～237 页。

②　参见韩延龙等《中国近代警察史》，北京：社会科学文献出版社，1998，第 84～85 页。

③　明清档案部：《义和团档案史料》（下册），北京：中华书局，1979，第 1224 页。

章程》的规定，善后协巡局的职责是维持京城地区的社会治安和公共秩序。

1902 年初，工部右侍郎胡燏棻曾上奏，上海租界内管理地方事宜的称为工程局，主要负责道路工程和巡捕等事务，极堪仿效。当务之急是"设立公巡局，一切修道工程及巡捕事宜悉归管辖，请特简大臣总司其事，以一事权"。清政府同意其建议，鉴于"联军撤兵，官权始复，迄今一载有余，时局大定"，"京城地面已就绥谧"，"道路与巡捕，事本相辅而行，必须联为一气，方能收效，其法则在宽筹经费、严定章程，而尤以综理得人为要义"。① 于是，同年 4 月设立了正式的警察机构——内城工巡局（亦称"工巡总局"），9 月，清政府撤销了善后协巡总局。最初，内城工巡局由肃亲王善耆负责，翌年，清政府指派外务部尚书那桐接替善耆负责工巡局事务。1905 年 8 月 5 日（光绪三十一年七月五日），清政府下诏，仿照内城工巡局设立外城工巡局。至此，清廷旧有的京师治安机关除步军统领衙门仍予保留外，其余五城察院及街道厅等机构全部撤销并入工巡局。

工巡局设管理内外城工巡事务大臣 1 人，主管总局的全面工作，亦兼管外城工巡局事务。内城工巡局（工巡总局）的内部机构有：事务处、巡查处、守卫处、待质所、军装库、文案处、图表处、发审处、支应处、马号、司狱科、消防队、巡捕队。下属设立东局、中局和西局，各局有相应的档房、巡捕处、街道所、马号、司狱科、巡查处、承审处、各段、巡捕队等，以下还设有分局。工巡局的下属机构还有：东西城路工局、习艺所、警务学堂及街道局等。内城工巡局设有 10 个巡捕队，每队设队长 2 名，分队长 5 名，队兵 50 名，共有队兵 500 名。外城工巡局设会办外城工巡局事务大臣 2 人，下设监督、总办、帮办等官员。外城工巡局的内部机构

---

① 奕劻：《拟请创设工巡局折》，转引自韩延龙等《中国近代警察史》，北京：社会科学文献出版社，1998，第 92～93 页。

有：文案处、支应处、待质所、发审处。下属单位有：外城东分局和西分局，下设有文案处、发审处、巡查处、值日处兼图表处、支应处、待质所等机构。此外，还有直属的街道清洁队、毒品缉私队、食品水质检验室、公共工程建筑队、医院和教养院等。正如当时任总督的徐世昌所言："伏查京城办理工巡之始，原因各国联军在境，非保任治安，不允交还地面。于是前管理工巡局事务肃亲王善耆、大学士那桐等先后经营，京城始有巡警。马路之筑、街灯之燃，皆于此而肇基焉。"①

据记载，工巡局的主要职权约有六端：（一）执行京城内之警察事务；（二）杖以下之罪得即决之；（三）简易民事之案件，得受理而行使其审判权；（四）受理京控；（五）审理关系外国人之民刑事件；（六）经营土木事务。② 即维持社会治安、缉拿各种案犯、负责一些案件的审判工作、修治街道、经营土木、管理交通和环境卫生、清查户口、办理社会救济事业等。严格地说，工巡局与现今我们所说的警察机关并不完全一致，它兼有市政、司法、警察混合的性质。尽管如此，工巡局的创办是中国近代警察制度走向正规化的重要步骤，对中国近代警察制度的发展有着重要意义。

1905 年清廷成立巡警部，首都的内外城工巡局裁撤，改为内城和外城巡警总厅，由巡警部直接领导。1906 年巡警部改为民政部，内城和外城巡警总厅仍然直辖于民政部。北京的内城和外城巡警总厅具备了城市管理中治安、建设等基本职能，下设总务处、警务处和卫生处，以下设立若干股，还有事务所、巡查所、守卫所、军装所和刑事巡查所等五个所，内城巡警总厅还有医院，外城巡警总厅有负责拘禁的教养局。总厅在所辖地段设分厅，分厅以下设区，内城巡警总厅有 26 个区，外城巡警总厅有 20 个区。除此之外，巡警部还设立了内城预审厅、外城预审厅、京师习艺所、稽查

---

① 徐世昌：《遵旨议奏并陈明京师巡警办法折》，《退耕堂政书》卷 8。
② 内政部警政司编《中国警察行政》，上海：商务印书馆，1935。

处、路工局、消防队、高等巡警学堂、协巡营和探访局等部门，1907 年又增设工巡捐总局，主管京师地区的税收，1910 年后并入内外城巡警总局。

清廷在创立中央警察机构的同时，也开始了对地方警察机构的建设。戊戌变法时期，湖南首先创办了保卫局，这是清末最早的地方警察机关，以后上海总工程局也设立了巡警，但这些并非是政府主办的警察机构。在中央政府尚未推行地方警察制度前，直隶省率先设立了由政府主办的警察队伍。1901 年（光绪二十七年），清廷鉴于八旗、绿营的衰败和西方的军事威胁，发布上谕，"著各省将军、督抚将原有各营严行裁汰，精选若干营，分为常备、续备、巡警等军"。① 清廷的意图既包括整肃对外保卫国家安全的军队，也包括对内创设维护社会治安的武装，但两者的界限并不十分明确。地方政府更是如此，有的省将绿营改编为经制军，有的省则将原有的保甲局改为警察总局，有的将练军、亲兵改为警察，有的将练军、制兵、绿营、团练改为巡警军，但都只是原有军队、团练和保甲等的改头换面，在职衔、编制和职能上都没有本质的改变。唯独袁世凯对军队与巡警有较为明确的表述，即"备军所以御外侮，警兵所以清内匪"；并根据中国的需要和外国的状况，阐明了创建警察的必要性："中国自保甲流弊，防盗不足，扰民有余，不得不改弦更张，转而从事于巡警。查各国警察，为内政之要图，每设大臣领其事。盖必奸宄不兴而后民安其业，国本既固而后外患潜销。且国家政令所颁，于民志之从违，可以验治理之得失，而官府所资为耳目藉以考察舆情者，亦惟巡警是赖。直隶自庚子以来，民气凋伤，伏莽未靖，非遵旨速行巡警，不足以禁暴诘奸，周知民隐。"② 另外，接收天津也急需有相应的武装力量，而各国占领者的武力威胁和《辛丑条约》中距天津 20 华里内不准军队驻扎的条款，限制

① 张静庐校点《光绪朝东华录》（第 4 册），北京：中华书局，1984，第 4718 页。
② 廖一中等：《袁世凯奏议》，天津：天津古籍出版社，1987，第 604 页。

了现有绿营、练勇等军队的驻扎。经总理衙门与各国公使磋商，"始议明巡警不在此列"。[①] 于是，袁世凯1902年在保定陆续招募警兵，创立了巡警学堂，"勤加训练，限以速成，为未雨绸缪之计"。共计招募了3000名巡警，"先后成队，暂住省垣，拟俟地面收回，即分驻要区以资捍卫"。袁世凯接收天津临时政府时，带着3000名巡捕进驻，又接收了天津临时政府的千余名华人巡捕，组成了由地方政府巡警总局直接管辖的负责整个城区的巡警队伍。这是中国第一支在政府领导下以全部中国城区为管辖范围的专业警察队伍，负责社会治安、兴筑平治道路、开砌疏浚河渠、修建桥梁和渡口、环境卫生和防疫等。不久，袁世凯改巡警总局为天津南段巡警总局，新设北段巡警局、四乡和海河巡警局，并设立警察学堂。天津的警察制度较之北京来看，更具有近代警察的意义，有学习和训练的专门学堂，有较完备的招募制度，有较为完整的领导体系，进而得到朝野人士注目，得到了清廷的赞许，1902年10月（光绪二十八年九月），清廷发布上谕，命令各省仿照袁世凯的方法办理警察："前据袁世凯奏定警务章程，于保卫地方一切甚属妥善。著各直省督抚仿照直隶章程奏明办理。不准视为缓图，因循不办，将此通谕之。"[②] 从此，各省纷纷仿效直隶设立巡警局、警务局，地方警政建设逐步走向正轨。据当时所言"中国之警察以北洋为第一，北洋之警察以天津为第一，此为天下之公言非阿论也。故各省之开办警察，其一切规则无不以天津为模范，其创办之始多半咨调北洋之警务学员，而且往往各派专员来津参观，以为效法之准"。[③]

地方警察机构是伴随着清政府创立中央警察行政机构兴建的。1902年（光绪二十八年），朝廷正式通令筹办地方警察，但各省兴办警察仍未定制，多先后废除保甲、乡团等名称，于省城设立通省巡警

① 廖一中等《袁世凯奏议》，天津：天津古籍出版社，1987，第1056页。
② 《光绪朝东华录》（第5册），北京：中华书局，1958，第4935页。
③ 《大公报》1908年1月10日。

总局，或通省警察总局。置督办、总办、会办、提调各官，受督抚之指挥，一方面执行省会警察事务，一方面监督各府、厅、州、县警察机关，其章制则比较直隶成规，而参酌本省情形办理，故办法至不齐一。有的省借新政之势，制定章程，开办警务学堂，招募培训巡警，在省会、重要城市和商埠成立了巡警队伍，管理城厢的治安等事务。1905年10月清政府创办了巡警部，为全国警察的最高领导机关，它既要负责京城的治安事项，也要指导各省警政。翌年春，该部奏准将绿营裁撤，连同巡捕一律改编为巡警。同年，考察政治大臣载泽等返国，合疏上奏，请行宪政。清政府下诏决定，先从官制入手，巡警部则以警察为内务行政之一部、无设专部之必要为由改组为民政部，即将巡警部原有之职掌，及步军统领衙门所掌事务，并户部、工部所掌管的部分有关事项并归其职掌。民政部要求各省设置巡警道，"归本省督抚统属，管理全省巡警事宜"。于是，巡警道为一省警察之主管长官，直接受本省督抚节制，间接受民政部监督，主持全省警务。在省会城市设巡警总局或巡警公所，省会以外地方最初设巡警局或分局，由总局遴委佐贰候补官或本地士绅充任委员，处理局务，后改为某地方巡警署，置警务长一员，及分区区官若干员，督率巡官长警等，仍直接受各该地方长官之指挥监督。[1]

其时各省把倡办警察视为新政之要务，但在法规、人员、经费、装备、经验、训练等方面都缺乏基础，大多数省份或因陋就简，或仅具形式，边远的省份甚至没有举办。

第二节 清末广州建立巡警

广州在清朝名为"广东省城"，省城所辖地区（警区）为老城、新城、东南关、西关、河南、省河等。广州警政机构的建立，

---

① 关于巡警部、民政部、巡警道，参看张德泽编著《清代国家机关考略》，北京：中国人民大学出版社，1981，第287~288、291、299页。

开始于 1902 年底 (清光绪二十八年)。初时的名称为巡警 (初曾称巡兵),至辛亥革命广东光复时,乃改名为警察。

清末广州的警察,从 1902 年 12 月 (光绪二十八年十月) 建立,到 1911 年 11 月广州光复为止,刚好存在 10 年的时间。这 10 年,广州的警察基本上处于草创阶段,前后分为两个时期:巡警总局时期和巡警道时期。

一 巡警总局时期

1902~1907 年是广州警察在官绅的参与和领导下的酝酿和初步尝试阶段。

1. 建立警察机构

广州的警察建设是在绅商的倡导下开始的。广州开埠通商以后,1859 年 5 月英法官员正式向署理广东巡抚毕承昭要求租借广州城外的沙面等处,建筑商馆房舍,1862 年 9 月沙面租界地基工程全面竣工。在沙面的英法租界,当局设立了巡捕。虽然,沙面的英法租界规模很小,且几乎是一个纯粹的外侨居住区,但这里出现的巡捕,也为传统的城市社会治安管理带来了一定的冲击。同时,开埠通商后,在广州的近邻香港,对外贸易带动了商品经济的发展,人口增加,城市问题开始凸现,城市生活、卫生、交通、建筑、文化等都需要有专门的机构进行管理和维护;而广州城区原来隶属于南海和番禺两县,没有一个统管全城的衙门,两县知县等只是平行协办,互相牵制,十分不便。广东地方政府已经开始意识到设立机构维护社会治安的必要性和重要性。1900 年两广总督陶模提出,"地方除盗诘奸之事应有专司。查东西各国之制,缉捕侦查巡警任之,占守防御兵将任之,截然不紊,各善其事","考警察即保甲团练之意,但其章程细密,法立令行,视保甲团练远胜。拟请详译其法于都会城镇仿照设立"。[①] 于是,在地方政

---

① 毛佩之:《变法自强奏议汇编》,《近代史料丛刊续编》(第 48 辑 467 册),台北:文海出版社,1977,第 485 页。

府的支持下，1900 年陈昭常等 20 名绅士创办了西关巡警局，制定了有关机构设置、募勇、军械、经费等的规定。① 西关巡警局是中国官员在广州城区设立的最早的具有近代意义的警察机构，但是，它有许多不足之处，如巡警的来源、管辖权、管辖范围，以及与地方政府的关系等都不甚明确。所以，西关巡警局出现以后，对广州社会治安的作用很有限，还对地方政府对社会治安的管理形成了一定的牵制。

地方政府筹备建立警察机关，是在清政府通令各省筹办警察制度之后开始的。1902 年 12 月（光绪二十八年十月），两广总督、广东巡抚会衔下令撤消原来负责治安的保甲总局，把经费用于筹办巡警，在省城成立巡警总局。先在广协缉捕勇以及安勇中抽拨2000 人"交局训练"；"省垣办理有效，再行逐渐推广"。② 广东巡抚李兴锐委托按察使吴引荪、督同知府龚心湛、试用知府方怡筹办警政事宜。1903 年（光绪二十九年）春，在改组广东保甲总局的基础上，于广州城小北飞来庙成立了广东巡警总局。③ 后巡警总局迁至广东旧抚署，继而迁往南朝街旧督粮道署。当时先办老城巡警，老城的范围是：东至大东门，东南至小南门，南至大南门，西至西门，西南至归德门，北至大北门、小北门。但由归德门至西门，由西门至大北门，这些区域的街道属满旗街道，另设有八旗机构，不属老城巡警总局的管辖。

广东巡警总局设在广州，在总督、巡抚统辖下执行省城广州的警务，兼负市政管理职责，主要是维持治安秩序、防缉盗贼和看守监狱，并监督所辖州县的警政。总局督办，无薪，由按察使兼任，下设总办、会办、提调、坐办，有承审、侦探、总务、文牍课。初立时有 5 个分局，分局有巡官、巡佐、巡尉、巡目等，后增加到若

① 《广州西关巡警局规》，《申报》1900 年 8 月 21 日。
② 《改设巡警》，《香港华字日报》1903 年 1 月 9 日。
③ 《警务纪要》，民国 25 年 6 月，广东省档案馆藏。

干分局和水巡队。① 巡警主要从防营中挑选，"将各街分为五段，就安勇及巡勇、介字营内挑选朴实耐劳巡目六十名、巡丁四百八十名，分派五局巡查地方。其旧有之保甲总局暨老城九段各卡，概行裁撤"。②

分局和总局同时组织成立，1903 年 3 月 29 日（光绪二十九年三月初一日）开始派出巡兵执行站岗巡逻任务。③

除总局和分局外，先后还设立巡警学堂（后改为高等巡警学堂）、巡士教练所（后改为巡警教练所）、消防队、拘留所、待质所和游民习艺所等。另设有水巡总局，下辖 3 个分局，由水师提督管辖。

巡警的职责除了维持治安以外，有时还承担官府指令的调查事项。如 1908 年 5 月 22 日，广州兴隆街慎品店等坍塌，商人认为是安装自来水管时挖松街石引起，向南海县和巡警局投诉，要求自来水公司赔偿，巡警局就会同粤商自治会前往查勘。④

2. 巡警总局时期的警察

1907 年 8 月（光绪三十三年七月），巡警总局最高长官改称警务总监、副监，巡警总局的总监由按察使兼任，无薪；会办、副监为正四品，道员专任，月薪 300 元；提调、坐办由知府兼任；巡官、巡尉为八九品文官或知县兼任。分科治事后，巡视长由候补道员专任，科长、课员不拘官阶。分科治事，下设总务、警政、警法、卫生 4 科。总局之下，按行政区域设立正局和分局。初时设 4 个分局，后增至 29 个正局和分局。分局编制：设巡官、巡佐、巡尉、巡目、巡兵等。巡官、佐、尉等，以县丞、佐贰（八、九品

① 参见林仁《清末民初广州的警察机构（1903～1917）》，广州市政协文史委员会：《广州文史资料》（第 11 辑），广州，1964，第 90 页。
② 《粤兴巡政》，《申报》1903 年 5 月 6 日。
③ 林仁：《清末至民初广州的警察机构》，《广州文史资料》（第 11 辑），广州，1964，第 90 页。
④ 《县府对于塌铺之批词》，《安雅报》（广州）1908 年 6 月 3 日。

文官），或知县等级的官员充任。

巡兵由巡防营勇丁中挑选的年青体健者拨充。巡兵的装备为：平顶草帽，辫子盘在头顶，夏季穿薯茛布衫裤，冬季穿对子蓝布衫裤、草鞋、黑脚绑、皮腰带，佩五响手枪（配五颗子弹）、木警棍、警笛、鹅蛋形黄铜胸章（刻着"广东省城××分局××号"字样），夜间携带燃油的射灯（又名打灯），雨天穿黑布油衣。这样装扮的巡兵，初时出现在街道上，居民前所未见，甚感新奇。

分局管辖区域内街道，将其划分为若干个小段，每一小段配置巡兵三名，分甲、乙、丙三班负责轮流巡逻守望，昼夜不停。合若干个小段，编成一个大段，以巡目（后称巡长、警长）三名亦分甲、乙、丙三班领导之。在每一小段中，选择适中地点，指定作巡兵的守望岗位，岗位旁的墙壁挂有木牌，写着某分局第几岗段及其所管街巷名称。巡兵值勤，每一班次为四小时，每日两次。其值勤任务，分巡逻、守望两种，不巡逻时就站岗，离开岗位就去巡逻。这项规定，名为"岗段巡守兼任制"。这种制度又名三班制（即分甲、乙、丙三班），三班制施行的时期很长，一直延续到民国时期。

老城的四个分局成立后，又依次成立了新城、东南关、西关、河南各分局，并在省河设立了水巡队。

至此，广东省城的警察机构已经建成，但就广州省城范围而言，则警权尚不能统一，辖地亦不能全面，有如下原因。

第一，省城的河道西面沙面，是英国和法国的租界，有租界巡捕房，中国的巡警，绝对不能入内执行任务。

第二，省城内的满汉军八旗官兵及其家属集中居住在旗界，旗界由广州将军、副都统派员另组满族巡警总局，不受两广总督和广东巡抚的管辖，其下的分局也不受省城巡警总局的管辖。如是广州一隅之地，就有三种警察机构，三种警察执行职务。各自分立，各行其道。

第三，当时的广东省城，分属南海县和番禺县。两县的知县，乃广州知府属下的地方官，掌理城内行政、司法、保安事务。由于巡警总局督办是按察使（正三品官）兼任，对于南、番两县官（正七品官）可以命令指挥，但分局对南、番两县非直属关系，公务的接洽，只能平行协办，社会治安等各方面的职责不清，每每执行职务均感不灵。

因此，广东省城的警政机构，只能算作初步完成。由筹备开始至各分局次第组成，经过的时间大约为 5 年，即 1902～1907 年（清光绪二十九年至三十三年）。兼任巡警总局总办的先后有：按察使吴引荪、程仪络、朱寿镛、龚心湛、于齐庆、王人文、蒋式芬等。充任会办的先后有：周学渊、龚心湛等。充任提调的先后有：方怡、丁乃澄、童凤池等。①

3. 创办时期的巡警经费

举办警察所需经费的来源主要有政府拨款和设立新的捐税。如前述 1900 年出现的广州西关巡警局，就以抽取住房、铺户的租捐作为经费。该巡警局章程对房捐的抽收标准、范围等做出了规定：

（一）遵中堂示谕，每户抽租两个月，主客各半按头尾季分缴，其头季之一个月，租银限半个月呈缴；其尾季之一个月，租银限六个月清缴；（二）所收西关房捐，即为西关筹办团防巡警的款，请免提拨；（三）由总局刊户口册，每册一百页，约如保甲门牌样式，每街分交值理一册，大街二册，即由值理清查某向某店司事，某人向住某屋，屋主某人，租数若干，抑系自业，逐户分填一纸，呈缴总局查核；（四）所抽租银照租簿数目为据。如系自置之铺屋，照邻近租出之铺屋比较为允；（五）横街小巷向与大街同庙者，由大街值理查明注

① 林仁：《清末至民初广州的警察机构》，《广州文史资料》（第11辑），广州，1964，第89～95页。

册；（六）所捐房租原为安靖地方、保护商业起见，不容隐匿抗阻。倘有查出，惟该街值理与该店是问。隐匿者罚银五倍，抗阻者由县押催。

对房捐的管理，章程也作了规定：

收银凡七条：（一）所捐租银由每街值理催收，先行存贮，或分一次，或分二三次汇交爱育、广仁两善堂收管，由两善堂给回收条，乃为凭据，错交别处，是属自误，仍行催缴；（二）两善堂所发收条注明街名、店名、银数，用善堂图记，交该店标贴门首；（三）该街值理先行代收各铺屋租银，即书条标贴该街公所或标贴该街大庙门首，俾照核实；（四）两善堂收到各街房捐，亦书条标贴本堂门首，以便共观；（五）两善堂每月应支营官勇丁口粮，由营官备文清列数目支领；（六）两善堂收到各街房捐若干，支出营官勇丁口粮若干，总局费用若干，由善堂刊刻征信录分送各街，庶昭大公而资信服；（七）两善堂收支繁琐，应请另雇司事一人专理此事，工金由捐项支给，此条由善堂酌定。①

由此可以看出，最初的巡警局将抽收经费职责与绅士、商人和善堂等直接联系起来，以便为其提供保护。

政府设立巡警总局后，其警察经费十之八九由省库拨给，不足部分由居民铺户所出警费开支。

二 巡警道时期

从1908年设立巡警道至1911年清政府覆灭，是广州警察整备时期，建立了相应的机构和制度，开始进入规范化发展阶段。

---

① 《广州西关巡警局规》，《申报》1900年8月21日。

1. 警察机构和人员

1907 年 7 月 7 日（光绪三十三年五月二十七日），清廷下令各省增设巡警道，以推动各省的创设警察办理警政等工作。根据上谕，民政部于 1908 年 4 月（光绪三十四年三月）拟定了《直省巡警道官制并分科办事细则》十五条，奏请批准。经宪政编查馆考核、修正，于 6 月 6 日（四月二十六日）颁发各省执行。根据这一细则，广东省随即设巡警道，由总督、巡抚节制，受民政部监督。广东巡警总局改为警务公所，附设于巡警道署内（即原局址），专司广州警务，由巡警道主理。据粤海关的十年报告（1902～1911 年），1908 年，"警察编制共约 3000 人，其中武装警察有 1500 人。省城分为 11 个区和 19 个分区。每个区由队长 1 人、副队长 1 人、巡佐 1 人及班长 2 人进行管理；每个分区由队长 1 人，副队长 1 人，巡佐 1 人及班长 1 人进行管理。有两支骑警队，由队长 1 人、副队长 3 人及巡佐 9 人率领。还组织了一个消防救生队，有一个总部和 3 个分部。水上警察总部设在海珠岛上。创办了两所警察学校，一所培训警官，一所培训警士。前者由主任 2 人及副主任 1 人进行监督管理。后者由主任 1 人及干事 1 人进行监督管理。一所有 1 名主任医生及 2 名助理医生的医院也开始营业。还有一所技术学校，该校在工作上与教惯犯学会一种手艺的习艺所进行协作"。①

警务公所分 4 科：总务科（下辖综核、机要、文牍、支应、统计、庶务 6 股），行政科（下辖治安、户籍、营业、正俗、交通、建筑 5 股），司法科（下辖刑事、侦察、违警 3 股），卫生科（下辖保健、医务、清洁 3 股）。

下属巡警正局（掌管稽查、考核各巡警分局事务及审问该管地方违警罪以上各案犯等事项）与巡警分局（掌管办理该管地方警务各事项）。

---

① 《近代广州口岸社会经济概况——粤海关报告集》，广州：暨南大学出版社，1995，第 974 页。

警务公所下辖的附属机构为高等巡警学堂、巡警教练所、消防所、预审处、警捐所、探访队（掌管侦察案据、调查莠民及一切秘密运动、妨害治安等事项）、留医院、测绘所、游民习艺所、天桥勇队（掌管瓦面巡查各事项）。[①]

省城设立了老新城（下辖 7 分局）、东南关（下辖 6 分局 1 马队）、西关（下辖 12 分局）、河南（下辖 1 正局 4 分局）、水巡（下辖 1 正局 3 分局）几个警区。

警务公所拟订了警务公所分科办事细则、附设预审处暂行专章、附设警捐所专章、附设消防所专章、省城各区巡警章程等警察机构行政法规，[②] 使工作有一定之规。

从警务公所的机构设置来看，清末广州近代警察制度已经初具规模。此时，警察掌管的事务，不仅有社会治安、交通，还包含了大量其他市政事务如城市规划、卫生等。

据宣统元年（1909 年）的统计，当时警务公所以及省城正局、分局、附属局的人员数目如表 1-1 所示。

据 1911 年的统计，全省共有巡警局 312 所，巡长、巡警 11892 人，其中广州城建立了巡警局 31 所，巡长、巡警 3729 人（可能未把备补巡警列入），[③] 即广州城的警察占了全省的 1/3。

表 1-1 1909 年广州警察人数表（人）

警务公所人员						正局人员				分局人员							合计
巡警道	科长	副科长	科员	额外科员	各项委员	警视员	核对官	干办官	各项委员	巡官	巡佐	巡尉	巡记	巡长	巡警	备补巡警	
1	4	4	15	20	86	1	1	缺	13	32	31	61	28	380	3024	188	3889

资料来源：广东警务公所编《广东警务公所统计书》（第二次），广州，1910，第 5~6 页。

---

① 广东警务公所编《广东警务公所统计书》（第二次），广州，1910，第 2~4 页。
② 广东警务公所编《广东警务公所统计书》（第二次），广州，1910，第 1 页。
③ 《全粤长警户口之调查》，《香港华字日报》1911 年 8 月 12 日。

按照宣统元年的统计，广州城平均每平方里（华里）配置巡警 27.42 人，每百条街道配置巡警 81.6 人，每百户配置巡警 2.15 人，值班巡警管辖户数平均为 156 户，广州城每百名居民平均配置巡警 0.43 人。[①] 表面看来，清末广州城警力密度不算低，但是，当时户数、人口数的统计很不可靠，实际在广州本地以及临时居住的总人数肯定远超人口统计数字。而且，清末的警察装备落后、训练不足、素质很低，更缺乏符合近代标准的警察官员，要在一个人口庞大、街道狭窄、交通不便、治安混乱、盗贼如麻的大城市有效地维持治安，无疑是极难的。

宣统元年下半年广州城警费收入为 510058.9 元，主要来自善后局拨款、地方收入经费、各项罚款。[②] 这样看来，广州城（包括巡警道、警务公所）的警费每年有 100 多万元。当年除省城以外各府州县巡警经费共 772872.209 两，[③] 大约折合 1073433 元，广州城的警费大约占了全省的一半。

警务公所对各级警察制定了奖惩制度。宣统元年的"省城巡长、警惩罚事由人数细列表"所列警察被惩罚的原因包括：服务穿杂色衣服或服装不整、服务忘带应用公物、损坏遗失官发物品、服务时吸食纸烟或买食他物、与人嬉笑闲谈、随地置放打灯及听其熄灭、无故旷误教练、无故擅离段外、无故擅吹警笛、服务时偷闲睡卧、服务时随地歇坐、擅责就捕人犯、违抗官长正常命令、妄用警棍击人、私入人家闲坐、与妇女谈笑戏谑、休班时贪夜离局浪游、私自雇人顶替、退班时在局赌博、拾得遗失物及起获赃物隐匿不报、懒惰误公、请假逾限等。[④] 清末警政建设基本参照日本

---

①　广东警务公所编《广东警务公所统计书》（第二次），广州，1910，第 61~62 页。

②　广东警务公所编《广东警务公所统计书》（第二次），广州，1910，第 89 页。

③　（清）清理财政局编订、广东省财政科学研究所整理《广东财政说明书》，广州：广东经济出版社，1997，第 505 页。

④　广东警务公所编《广东警务公所统计书》（第二次），广州，1910，第 52 页。

及西方国家现成的法规、条例，这个列表一方面反映出当时制定了不少有关警政纪律的条例，也一定程度上付诸实施了；另一方面也反映出广州警察违反纪律情况相当严重，甚至还有"私自雇人顶替"这类严重违规的情况。在晚清社会官场普遍腐败的氛围下，不可能严格执行法律和规章制度，警察当中多数违法违规者也不会受到惩罚。

巡警道自成立至结束，经过了四年的时间，自1908年（清光绪三十四年）至1911年（清宣统三年），历任巡警道是王秉必、高觐昌、刘永滇、王秉恩、李湛阳、严家炽等六人。

宣统元年的统计对上至巡警道，下至巡尉，以及警务公所附属机构官员中的高级、中级警官共301人列出了姓名、籍贯、出身。在这301人当中，只有27人没有科举功名和文武职衔；受过警察教育的有111人，其中到过日本学习警察事务的14人，在国内各种警察学堂受训、毕业、肄业的92人（其中注明警察简易科、教练所的30人）。[①] 可见，当时广州警官的上中层基本上是从原来的文武官员"转业"而来的。表面看来，上中层警官受过警察教育的比例不算太低（占1/3强），但很难设想，通过这种临时、短期的培训就能把这批进士、举人、秀才和各式旧官吏造就成新式警察人才，而且，原来的清朝官吏也会把官场的各种腐败作风带到新建立的警察机构。

对于下级警官和巡警，逐步选用曾经受过警察教育的国内外警校毕业生，曾经在巡警预备营、巡警教练所训练的毕业生也是主要来源，淘汰了一些旧官员和一些巡防营旧勇。对于警官和巡警的装备，也作了一些改变。警官执行外勤任务时，要穿着规定的制服，并配长剑。巡警制服改为硬边布军帽，夏季紫花布衫裤，每一个区署、分署都发了少数广东兵工厂生产的六八口径步枪和子弹，以加

① 广东警务公所编《广东警务公所统计书》（第二次），广州，1910，第7~28页。

强其实力。①

根据《省城巡警分局章程》，计划将省城 28 个分局合并为 12 个警区，但因为各区街道、户口多寡不同，各区巡官、长、警人数差异较大，加上省城由南海、番禺分管，警区界限未能划定，巡警道于 1910 年呈报两广总督，将 28 个分局合并为 10 个警区，以南海、番禺县界分为东、西两路，每区于区所以外酌设派出所、分驻所。②

2. 警察的职责

从规章制度和宣统元年的《广东警务公所统计书》（第二次）看，警察职责的一部分是规范自身的管理，可以说清末广州警察就有今天被视为"内勤"的各种业务。巡警道专门制定了《全省警务公所各科办事细则》10 章 85 条，还有《省城巡警分局章程》等。③ 通过各种条例，对巡警道与警务公所本身的运作，对巡警事项的布置，对警费的管理、警察的培训、警官警员的考核、警官警员的奖惩和任免、制定内部章程法规、警察的福利、收发公文等进行规范化管理。如《巡警章程六条》规定，巡警巡街时"不准坐卧，不准入铺人家闲坐，不准吸烟"，"不准在娼寮赌馆烟馆等处收取一文"，违者严究。为了整饬警察的行为规范，两广总督岑春煊还专门编印了警察小册子，其中有"一曰警察总论，二曰警察原理，三曰警察权限。洋洋数千言，嘱令各巡官每日三句钟，逐一演说，使警兵知所遵守"。④

更重要的警察职责，包括维持治安，缉捕革命党人和盗匪，处罚违法者，清查户口和对城市公共事业、交通、卫生、消防的管

---

① 林仁：《清末至民初广州的警察机构》，《广州文史资料》（第 11 辑），1964，第 90 页。
② 《详定广东省城巡警分区试办章程文》，《广东警务官报》1910 年第 1 期。
③ 沈晓敏：《清末民初的广东警察》，《广东史志》2001 年第 2 期；《广东警务官报》宣统二年第 3 期，第 14 页。
④ 《粤督改良巡警论说》，《申报》1905 年 11 月 16 日。

理，以及卫生、保安等事项，还有对一些行业的管理。下面择要做些介绍。

维护社会治安方面：除了抓捕盗贼和处理轻微违法的违警行为外，还包括新闻杂志出版检查、集会结社与罢工的镇压、地方戒严、枪炮火药等的查禁、消防等，尤其是对盗匪、械斗和会党的镇压，处理违警罪者（即有轻微违法行为，拘留15日以内、罚款15元以内者）等。据统计，宣统元年七月到十二月，半年内各警局抓获强盗（共7宗）、盗窃、诱拐、欺诈取财、人命（共2宗）、制造和行使伪币、斗殴（84宗）、买卖违禁赃物、犯奸、赌博（14宗）、背夫逃走、妾婢私逃、卖良为娼、私带军械火药（无）、杂犯等"刑事罪犯"1211人。[①] 同一时期，广州警察处置了40多种罪名的违警案件439件、621人。这些违警案件多数是妨碍治安、堵塞交通、妨碍官府公务之类，但也包括"违背章程营工商之业者""奇装异服有碍风化者"。[②] 列举上面的统计数字，主要是想反映当日广州警察维护治安的执法内容。笔者相信，这肯定不是发案率的真实情况，在各种案件被捕的犯人中，也有一些只是家庭内部纠纷的事主（按照清朝法律，妻妾、婢女私逃也是犯法）。近百万人口的广州，如果半年的刑事案件和违法案件只有上面的区区数字，岂不是非常太平安定？但当日广东有"盗甲天下"之称，广州城的治安状况也并不良好，报纸有很多抢劫大案的报道。而城郊乡村的大规模械斗也经常发生，有时双方甚至使用大量新旧式枪炮，至于赌博更是泛滥成灾。半年内的违警案件也不可能只有几百件。晚清广东官场瞒报强盗等案件已成风气，显然很多刑事、违警案件发生时没有出警，或者警察知道了却没有列入统计。

户籍管理方面：如1909年后，警局对公馆、工厂另立表式，

---

① 广东警务公所编《广东警务公所统计书》（第二次），广州，1910，第434页。

② 广东警务公所编《广东警务公所统计书》（第二次），广州，1910，第457～461页。

对旅馆、娼寮、戏院等制订专章，对流动人口的登记和管理进行了规范化，对户籍迁徙、生死统计等采取了定期汇报制度。由此，改变了过去身份户籍和保甲户籍的统计和管理的特点，实行以区为单位的统计方法，开始了区域划分的统计。从1910年起，广东政府收回了对侨民、教民、洋人的调查管理权。人口调查以"调查居民人数、身份、异动并访察其行为及现况，以图警察之利便为宗旨"。[①] 形成了户口和死亡人口等统计。[②]

交通方面：如对全城街道闸门栅栏的管理，安装街灯，维护道路桥梁，审核建筑图式，检查场所建置，组织专业测绘人员重新绘制广州城市地图等。[③]

公共卫生环境方面：如承担各街道的卫生责任，扫除垃圾，收受死鼠以消灭鼠疫，管理医院，管理药店，进行传染病的救济、防疫等，曾经发布《鼠疫研究会通告》和《家庭防疫简章》等，还曾公布《规定棺柩寄庄之办法》，取缔棺柩庄房，限期安葬。[④]

工商管理方面：有《取缔客栈章程》《稽查轿担馆简章》等规定，进行一切市政、商业、工业的查考，市场各种营业的取缔，度量衡的检查，货币的检查等。针对有人哄抬物价，巡警道发布告示："官银钱局发行纸币，准备金额。缓急有济，持票换银，向无停币，近闻奸商藉端牟利，贬价低收，显违定例，亟应查拿，以示风厉，谕尔人民，勿堕奸计。款是有着，决不亏累，共保商场，互相维系，倘敢故违，定严惩治。"另外还负责对旅馆、典当、娼妓、戏园、抬轿等特殊行业进行管理。[⑤]

---

① 广东警务公所编《广东警务公所统计书》（第二次），广州，1910，第106～113页、146页、254～264页、409页、168页、173页、177页。

② 《广东警务官报》1910年3期。

③ 广东警务公所编《广东警务公所统计书》（第二次），广州，1910，第202页、205页、222页、231页、415页、426页。

④ 广东警务公所编《广东警务公所统计书》（第二次），广州，1910，第304页、374页、393页、395、397页。

⑤ 《两广官报》，《近代史料丛刊》三编第50辑，第491册，第396页。

正如清末《广东警务官报》的发刊词规定的警察职责那样，"民生财产惟警察保卫之，贼盗奸宄惟警察侦缉之，靡风俗惟警察匡正之，疾病之传染惟警察防于先事，天事人事之变惟警察备于然，其于民弥亲，于责弥巨，固肩警察之任者"。①

从警察的自身建设和职责可以说明，清末广州警察的近代化已经起步，成为城市中专门负责维护社会治安、交通、环境卫生、社会风俗和治理社会痼疾的专业队伍和机构。当然，由于是初创阶段，其制度设计也赋予了警察更多的维护社会治安以外的业务。

清末新政的各项举措都缺乏真正的政治改革基础，所以，原来清朝官场的各种恶习不可避免地会影响到新政的实行和成效。在广东开办巡警数年以后，各方的批评也屡见报端。1909 年 12 月，御史麦秩严上奏说："各省开办警察以来，唯天津、武昌两属颇著成效，其余大都敷衍塞责，藉口款绌。然广东房捐等项，岁充警费七十余万，而命盗等案，层见叠出，一省如此，他省可知。是非款绌之故，能筹款而不能用人之弊也。"② 这位御史的批评虽有一定道理，但在清朝当时的政治体制和社会状况下，不可能仅靠办警察就根本改变治安环境。

3. 巡警在镇压革命中的作用

清末，广州巡警作为统治者的工具在镇压革命、维护清朝统治方面发挥了较大作用。

1910 年同盟会领导的新军起义失败，就与广州巡警有关。根据史料记载：

> ……不意十二月三十日新军步队二标二营兵士吴元英，因先期在城隍庙前绣文斋定刻图章、名片，托同营兵士华宸衷代

---

① 广东警务公所：《广东警务官报》，1910 年发刊词，第 19～20 页。
② 广东省、广州市方志办编《清实录广东史料》（六），广州：广东省地图出版社，1995，第 526 页。

取，争论价值，彼此口角，遂被老城第一局警察上前干涉，不容分辩，竟至用武。适有假出目兵王冠文……等八名先后行到，见华宸衷受辱，因向警兵理论，警察遂鸣笛集众，不分皂白，举棍乱殴，并将该目兵等同拘入局，加以锁押。时假出士兵甚多，一闻此信，同抱不平，咸趋此局，宪兵弹压不止，一局巡士遂严阵门前以待。晚十时，环警局而哗者数百人，三标管带戴庆有趋前领保，警官不见，众益哄，将拥入局者数次。警道高谨昌闻之始惧，乃邀督练公所吴参议锡永……等，率同官长数员前往弹压……，将所拘目兵八名，向局领回……

庚戌元旦，新军放假，二标军士入城，途遇警察，又复冲突。……警察竟开枪，新军怒极，冲毁第五局，延及第六局……。新军愤然曰："彼乃用枪，我安可无枪！"遂归营争取枪弹。[①]

本来同盟会已经决定发动新军起义，日期定在 2 月 15 日（正月初六），清朝官吏已经得到一些消息，事前把新军的子弹收走另行存放，起义的领导人倪映典去香港同盟秘密机关商量办法。但由于 2 月 9 日和 10 日（除夕和元旦）军警冲突，起义不得不提前发动。这是新军起义失败的一个原因。

在这次军警冲突中，警察曾经拘捕、殴打士兵，后来又首先开枪。这是因为清末新军士兵不少趋向革命，警察则是维护清朝统治的武装力量，有官府的支持，加上发生冲突时新军都是徒手，警察就显得更为蛮横。

警察对辛亥革命实施镇压的实例还有：

第一，1911 年 4 月 8 日，署理广州将军孚琦往燕塘参观飞行演习，回程经过大东门外街（今中山二路）时为革命党人温生才枪杀，巡警郑家森尾随，后招集侦探黄熙财、巡警陈金等数人一同

---

① 仇江编《广东新军庚戌起义资料汇编》，广州：中山大学出版社，1990，第62～63页。

追捕，温生才随即被捕殉难。①

第二，巡警道勒令宣传革命的报刊停版。如 1911 年 4 月，巡警道勒令刊登同情、赞扬温生才文字的《可报》永远停版。②

第三，广州三月二十九之役（黄花岗起义），事前同盟会在省的秘密机关迭被巡警道侦探课发觉。起义期间警察也随同巡防营镇压革命党人。起义失败后，巡警道制定了章程，在广州全城进行大搜查，企图把革命党人一网打尽。③

据当时粤海关的评论："本处人心，均系左袒新军，不直巡警，斯时乘机鼓噪，一倡百和，猛扑巡警六局。该局因欲解散人众，遽尔放枪轰毙一人。此节大犯众怒，遂向该局防火，警官警兵，相率逃命，而六局全行焚毁。"④ 也就是说，在广州辛亥革命的军警冲突中，居民不仅同情新军，有些还参与了焚毁警局的行动。可见，这时的广州警察是清朝统治者的象征之一，受到革命党、新军和民众的反对。

三　广州府其他属县的建警

从光绪三十年（1904 年）二月起，在广州府所属的南海、番禺、顺德、东莞、从化、龙门、新宁（台山县）、增城、香山（中山县）、新会、三水、清远、新安（宝安县）、花县等 14 个县，也先后设立了警察机构和警员。到 1911 年各县共计设立了 60 个正、分局，有警员 3457 人。各县警局经费来源不同，有官办、官督商办、官督绅办，还有绅商合办、绅办、商办和民办等类。大体情况如下。

---

① 中国近代史资料丛刊《辛亥革命》（四），上海：上海人民出版社，1957，第172 页。

② 中国近代史资料丛刊《辛亥革命》（四），上海：上海人民出版社，1957，第190 ~ 191 页。

③ 《广东巡警道条陈粤乱办法呈文》，《申报》1911 年 5 月 16 日。

④ 《近代广州口岸社会经济概况——粤海关报告集》，广州：暨南大学出版社，1995，第 507 页。

东莞县警局始建于 1904 年（光绪三十年），有正、分局 9 个，均为官督绅办，有警员 563 人。

香山县警局始建于 1904 年，有正、分局 10 个，其中官办 4 个，官督商办 2 个，绅办 2 个，商办 2 个，有警员 725 人。

三水县警局始建于 1905 年，有正、分局 4 个，其中官办 2 个，民办 2 个，有警员 143 人。

南海县警局始建于 1905 年，有正、分局 6 个，其中官督商办 4 个，官督绅办 1 个，绅办 1 个，有警员 759 人。

顺德县警局始建于 1906 年，有正、分局 9 个，其中官办 1 个，官督商办 1 个，绅办 5 个，商办 2 个，有警员 385 人。

新会警局始建于 1906 年，有正、分局 6 个，其中官办 2 个，官督商办 4 个，有警员 339 人。

新安警局始建于 1907 年，有正、分局 3 个，其中官办 1 个，官督商办 2 个，有警员 83 人。

清远警局始建于 1907 年，有正、分局 3 个，均为官督商办，有警员 119 人。

从化警局始建于光绪三十四年（1908 年）六月，有正、分局 3 个，其中官办 1 个，官督商办 1 个，民办 1 个，有警员 62 人。

新宁警局始建于 1909 年（宣统元年），正、分局共建 3 个，其中官办 1 个，官督商办 2 个，有警员 175 人。

龙门警局始建于 1909 年，有正、分局 2 个，其中绅商合办 1 个，巡勇改办 1 个，有警员 41 人。

花县警局始建于 1909 年，有 1 个警局，为官办，有警员 15 人。

增城警局始建于 1909 年，有 1 个警局，有警员 48 人。

番禺警局直属巡警道。[①]

这些警察机构的建立，为后来广州警察制度的完善奠定了基

---

① 《广州市志》（第 12 卷），广州：广州出版社，1998，第 10 页。

础。民国初年广州的警察制度就是在这个基础上发展起来的。

清末广州警察机构有这样的特点：其一，仍然保留了与其他官衙权责不清的状况。最初的巡警多由兵勇充任，以后才逐渐在国内外警校毕业生中选取。各级警官多由原来的文武官员充任，真正受过近代警察训练、懂得近代警察业务者极少。二是警察机构的经费除省库拨给的以外，许多都是自筹的。警察机构以各种名目，直接向市民征收，自行开支。这种情况延续到民国时期，也正是由于这个原因，警察机构始终是各个时期广东各派统治者争夺的重要对象。

第二章

民国初年的广州警察

本章的"民国初年"下限到 1922 年。之所以选择民国初年广州的警察为一章,主要基于广州这一阶段特殊的政治地位和政局,以及警察在革命与反革命两大阵营角逐中的特殊作用。

第一节　辛亥革命时期陈景华的警政

本节的"辛亥革命"时期,采纳学术界把"辛亥革命时期"的下限定到 1913 年"二次革命"的观点,本节主要讨论同盟会员掌权的广东军政府时期(1911 年 11 月~1913 年 8 月)的广州警政。

一　警政改革

1. 广州警察机构的建立

辛亥革命时期的广东军政府,由一批政治上最接近孙中山的同盟会员掌权,他们实行孙中山确定的内外革命政策,建设共和制的地方政权,在政治、经济、文化等方面进行了卓有成效的工作,表现了破旧立新的革命开拓精神。[①] 陈景华是广东军政府的重要成员,同孙中山关系密切。他担任广东军政府最高警察长官,但当时新式警政在多数县份尚未建立,广东警察厅与各县并没有建立垂直

---

① 周兴樑:《论辛亥革命时期的广东军政府》,《历史研究》1993 年第 3 期。

的领导关系，所以，陈景华实际上主要负责广州的警政。

陈景华，号陆逵，广东香山县人（陈的家乡今属珠海市），清代举人出身，曾分派到广西为知县。在知县任内，积极捕盗不遗余力，因擅杀已被招安的盗匪，被粤督岑春煊撤职监禁，并拟处以死刑。陈于被扣押时逃往暹罗（泰国），加入同盟会，受命任同盟会所办报刊主笔，深受孙中山信任。1910 年陈景华回到香港从事秘密革命活动，1911 年武昌起义爆发后，陈景华致力说服官绅，联络各界，传达革命党方面的信息，为广东"和平光复"发挥了很大作用。广东军政府成立后，陈景华任第一任警察部长（后改厅长）。1913 年，孙中山发动二次革命，讨伐袁世凯，失败后同盟会人纷纷逃亡，独陈不走。龙济光进驻广州，接任都督。广东的旧官吏、豪绅、富商纷纷"控告"陈景华，袁世凯下令把陈杀害。是年 9 月 15 日晚上（八月十五中秋之夜），龙济光邀陈赴宴，诱捕后，龙告以袁政府"正法"之令，陈景华乃从容就义。他是近代广东值得纪念的民主革命烈士。①

1911 年 11 月 9 日，广东宣布"共和独立"，成立军政府，推举胡汉民为都督；在原巡警道署址设广东警察总部，同盟会员陈景华为部长。1912 年（民国元年）2 月，广东警察总部改称广东警察厅，后改称广东省城警察厅，迁至南堤二马路，负责广州的公安和市政职能。

2. 完善制度和机构，从严治警

陈景华任广东省城警察厅长后，省城警察厅职权继承清代广东巡警道，道署址是旧粮道衙门，在城内南朝街（今维新路）。陈景华接任厅长时，不举行仪式，不随带亲友人员，命将厅署迁至南堤二马路，而将接收道署的册籍卷宗，付诸一炬。有人劝其留之以备

---

① 可参看：陆丹林：《陈景华》，黄季陆主编《革命人物志》（第 6 集），台北，中国国民党中央委员会党史史料编纂委员会，1971；邱捷：《陈景华——民主革命的杰出斗士》，《珠海历史名人》（第 2 卷），广州：珠海出版社，2003。

考据，陈景华答，非如是，则何足以除旧布新？但其用人不分新旧，如门安朝、傅启盛、佟朝梁等，皆道署遗吏，属满族旗人，陈景华且擢升为科长、区长，此外大多数未离职旧员，均被留用，会计、庶务部分职员，不辞退者，也不更动。

辛亥革命以反满为号召，但陈景华很好地理解、执行了孙中山关于"五族共和"的思想，在接任警察主官后，接管改编了满旗街道的巡警总局。原满旗巡警总局由广州将军、副都统管辖，广东光复时，将军、副都统逃亡，无人负责。陈景华即将其接管改编，委满族人傅启盛为区署长，同时将接收巡警道的区署番号改编，废除东西的名称，而变更为第一至第十二区署。同时创设沙河马巡队，属第四区署管辖，其管辖范围，由大东门外起，至沙河圩止。至于接收满旗巡警所管辖的街道，则编入第三区署及一、二分署管辖。如是，省城内外和河南、省河的警察，共编为十二个区署，二十三个分署，一个马巡队，划分区域管辖。

警察厅内部的组织，仍沿巡警道旧制，设总务、行政、司法、侦缉四课，但增加军事课。厅下辖 12 个区署和 24 个分署，其中第三和第十二区署各由原水巡和满汉八旗巡警总、分局改编而成。各区署设区署长主理。增设警察游击队、惩戒场（后改称惩教场）、孤儿教育院和女子教育院。[①]

警察厅人员很多来自清末的警界，但清朝的警政腐败，警察纪律散漫，维持治安不力，扰民害民之事却层出不穷，文化、业务素质也很低。1912 年 8 月，即陈景华接任后的第 9 个月，警察厅发布通令规定警察出勤时"警棍不得离手"，[②] 可见不少警察连最基本的训练也没有。陈景华从警察教育入手，发出布告，号召清代警校毕业生到厅登记，派赴各区见习，期满委充下级职员。同时，高

---

① 林仁：《清末至民初广州的警察机构》，《广州文史资料》（第 11 辑），广州，1964，第 96～97 页。

② 《警厅通告》，《民生日报》1912 年 8 月 21 日。

等警察学校开设夜班，名曰警员班，编写教材，将未受过警察教育的现任警员送往受训。陈景华对学员要求严格，学员如有严重违规则坚决开除。①

陈景华努力引进国外先进的警察技术。首先在警察厅建立指纹档案。以往所谓犯人供词，须犯人自己亲笔签名，并捺印指模，男性左手二指，女性右手二指，历向相传，成为惯例，虚应故事，毫无成效。陈景华任用曾在外国学习指纹法的陈某，训练内外部职员捺印十指指纹法，购置指纹机、指纹纸，发给内部司法课、侦缉课，外部各区署分署使用。凡属涉及刑事关系的被告人及违犯警律的人，不论案情轻重，都要捺印十指指纹，送交司法课设立专门档案保管备查。日后广州市公安局将其扩大为指纹股。这项措施，在全国的警察机构中实属首创。

广东军政府成立后，财政十分困难，一度"警费全归无着"，②主要靠警捐和罚款提成维持。陈景华征得广东军政府批准后征收房捐，作为警察厅经费的主要来源。他规定了严格的征收制度，堵塞中饱、滥支的漏洞，作为厅长，他本人更是一尘不染，这样，警察厅经费才勉强得以维持。

陈景华接手时，警察的装备也很落后，警察游击队（按军队编制、装备，集中使用的武装警队）的武器主要是旧式的村田枪。但广东盗匪以武器精良著称，不少著匪有新式的驳壳枪，他们还组成"驳壳会"，有的盗匪团伙甚至拥有机枪、轮船。陈景华设法尽可能改善警察的装备，加强对警察的训练，提高警察的士气，使警察队伍在短期内就有了起色，承担起维持广州治安的重任。

陈景华上任后大力整顿警察作风，建设警政。他采取了一系列措施，如淘汰不及格的警员、明确各级警员职责、完善各项规章制度、引进科学的破案方法、加强对警员的考察监督等。他反对清朝

① 《斥退警校学生》，《民生日报》1912 年 7 月 29 日。
② 《筹议警费》，《民生日报》1912 年 5 月 7 日。

官吏那种因循拖沓的作风，办事雷厉风行，他常常亲自办案，很多公文也是亲自拟稿。他经常到各警署、警局、警岗巡查，出于痛恨警察队伍的旧习气，不惜杀一儆百，对贪污害民的警察予以严惩。诬陷他人的警员、警长被枪毙，混入警队的"百二友"成员被查出枪毙，[①] 警长邱松辉只因不买戏票强行入戏院看戏，也被陈景华以军法判处死刑。[②] 当时，资产阶级革命党人没有进行政治思想教育的有效办法，只好靠严惩的手段来维持警队的纪律，这种做法当然不可能从根本上解决问题。但陈景华以身作则，并通过大力的整顿，使广州的警察署长、警长直到一般警员大都不敢公然徇私舞弊、敷衍溺职。陈景华还在警察厅内设立了广东警察筹备处，他自兼处长，筹划改良全省警政。可惜因后来时局变化，陈景华改良全省警政的理想未能实现。[③] 在陈景华的努力下，警察厅成为民国初年广东最有办事效率的机构。

陈景华掌握很大权力，但他绝不徇私。如广东军政府成立初期实行禁止娼妓政策，后来出于增加税收的考虑而解除禁令，向妓院征收花捐。有人托陈景华的堂弟出面试探，想承办花捐，并允诺给予好处。这位堂弟虽知道老兄的脾气，但利之所在，也有些动心，就找个机会婉言试探；话还没有说完，陈景华即严词斥责，堂弟满面羞惭地告退。再如当时广东的纸币低折，军政府为维持纸币的价值，限制银币出口，规定每个旅客随身只可带 50 元。有一次，警察在一艘轮船的账房里查到逾额的银币，陈景华恰好在船上，轮船的司账自恃同陈景华相熟，前来求情，但陈景华执法如山，当场命令警察照章执罚，司账也无话可说。[④] 尽管他有权决定人的生死，

---

① 《警厅布告》，《民生日报》1912 年 6 月 19、7 月 25 日。

② 《警厅布告》，《民生日报》1912 年 5 月 6 日。

③ 本小节资料如无另外注明，均参阅林仁《清末至民初广州的警察机构》，《广州文史资料》（第 11 辑），广州，1964。

④ 陆丹林：《革命史谭·民初悍吏陈景华》，《近代稗海》（第 1 辑），成都：四川人民出版社，1985，第 627～628 页。

但震于他廉洁奉公、刚正不阿的名气，一般人都不敢贿赂。陈景华在辛亥革命后当了两年广东全省警政的最高级官员，在一般人看来是一个"肥缺"，但他竟然没有任何积蓄，他被龙济光杀害之后，家无余财，殡殓费用还得靠人寿保险公司开销。

3. 警务公开的努力

孙中山致力于创立三民主义，在建立南京临时政府后，宣布"国家之本，在于人民"，人民享有各种民主权利。[①] 陈景华本着孙中山的民主精神，对警务也作了一定的改进。

陈景华对来警察厅投诉或谈公事的人，"向持平等主义，无论何人因公来见，均与接谈，有所陈请，无不立予办理"。[②] 他也要求各警署、警局对因公来访的人，一律立即接待。要求警察对涉及民间疾苦的事要及时报告、处理，如规定下雨"水浸街道"时，警察要及时上报。

警察厅在《民生日报》等报纸开设了"警厅布告"专栏，各种法规禁令、警费和其他费用的征收、社会治安状况、疫病流行情况、大案要案的案情、犯人的判决处置、各种重大事故（火灾、沉船、自杀等）、收容解救受虐妇女精神病人的姓名、警察厅各级官员的任免、员警的奖惩等，都在这个专栏上向全社会公布。下面是1912年6月的几个公告。

6月19日公告的内容为：（1）枪毙匪犯7名；（2）公布警局侦缉局员黄辉、黄炽深判处死刑理由（诬人以罪）；（3）解救婢女姓名；（4）斥革警员姓名及理由；（5）7月1日开收警费。

6月24日公告的内容为：（1）拨给佛山警局枪支；（2）搜查民居情况；（3）解救婢女姓名；（4）解救妓女姓名；（5）处理烟犯；（6）查封东堤娼寮房屋（早已停业）充公。

① 参看《中华民国临时约法》，《孙中山全集》（第2卷），北京：中华书局，1981，第220~221页。

② 《警厅布告》，《民生日报》1912年5月21日。

6 月 25 日公告的内容为：（1）下令解散改名"公司""研究社"的秘密会社；（2）惩办偷窃、毁坏鼠箱者；（3）查禁有迷信、专制内容的"通书""幼学诗"的情况；（4）不准保释之疑犯的姓名；（5）香山警察关于国民捐的倡议；（6）惩治烟犯；（7）解救婢女的姓名；（8）通缉盗窃公物者；（9）房屋倒塌事故通报。

6 月 26 日公告的内容为：（1）饬令维修危房；（2）枪毙匪犯9 人；（3）解到拐匪；（4）通告拿获烟徒办法；（5）水警解到嫌疑人；（6）解到犯人姓名；（7）解救妓女姓名；（8）收养老妇姓名；（9）解救婢女姓名；（10）送惩戒院烟徒姓名。

6 月 27 日公告的内容为：（1）消防队月俸；（2）查办抗租者；（3）处罚逾量售烟之烟店；（4）饬将各属禁烟局换牌委员撤回；（5）不准领养婢女者姓名；（6）资送流落广州之外地人回原籍；（7）讯办女犯情况；（8）拐案被告姓名；（9）查拿已革警长。

6 月 29 日公告的内容为：（1）禁止随意摆买；（2）禁止搭篷阻碍电线；（3）解救妓女姓名；（4）惩办违法吸鸦片者；（5）解救婢女姓名。①

从以上的公告，可以看出陈景华为取得社会对警察厅工作的支持和理解，在一定程度上实行了警务公开，并使之经常化、制度化。对社会各界以及临时省议会的批评，陈景华在报纸上公开发表答辩。有一次警察查缉鸦片与商人、市民发生冲突，陈景华公开表示会公正处理，绝对不会祖护警察。② 福建商会在给警察厅的呈文中有"乞恩"的字样，陈景华认为这是专制遗毒，不符合共和精神，予以批驳。③ 又有一次警察夜间敲门查案，引起议论，他亲自致函报社予以解释。④ 这些做法，当然离真正的民主尚有距离，但较之清朝官吏不能不说有明显的进步。

---

① 《警厅布告》，《民生日报》1912 年 6 月 19、24、25、26、27、29 等日。
② 《警厅布告》，《民生日报》1912 年 7 月 29 日。
③ 《警厅批福建商会》，《民生日报》1912 年 7 月 31 日。
④ 《警察扣门原来如此》，《民生日报》1912 年 8 月 12 日。

陈景华曾在清末官场任职，对官员、士绅、富商利用权势财富干预司法的事非常了解，也深恶痛绝。民国以后，这种风气也没有断绝。为此，警察厅曾发表公告，规定来厅投诉办事者，不准军人、议员陪来，① 就是为了防范一些人利用职权干预警务。陈景华的个性是出了名的，越是头面人物来说情，他就越不买账，所以，人们也不敢公然违反他的规定。

二 维持社会治安的措施

陈景华主管广东省警察事务近两年，制定了许多制度，采取了一些措施，提升了警察的执政能力和水平，在近代广州警察史上，是一位承前启后的关键人物。

1. 打击各种犯罪，维护社会治安

当时广东军政府把治安问题归纳为"赌（赌博）、盗（盗匪）、会（会党）、斗（械斗）"四大害。陈景华坚决执行军政府的政策。他查封广州的赌馆，严惩开设赌馆、发行私彩、包庇赌博的罪犯，使广州"大小赌博，一时尽绝"。②

在军政府建立之初，大批民军进入广州城，这些民军成分复杂，常有扰乱社会治安的行为，商民深为不满。陈景华针对当时的社会秩序紊乱、盗匪横行，采取了如下各项措施。

第一，编练警察游击队三个中队，每中队兵额一百名，施以军事训练，配备精良装械。

第二，对驻扎市内民军，密查其番号人数，长官姓名、枪械种类、行动情况，由所管警署列表报告警厅，专册记载备忘。

第三，责成所属警署编查户口，将可疑之户、可疑之人详细列明、专册记载备查。

第四，所有出勤警士佩带之旧式手枪和子弹，悉数收缴，改发

① 《警厅布告》，《民生日报》1912 年 5 月 21 日。

② 钟荣光：《广东人之广东》，1913 年印本，第 42 页，中山大学图书馆校史室藏。

警剑佩带出勤，此项警剑质钝不能砍物，只作象征武器。同时，向外国商行订购新式手枪及子弹一批，准备适时换发。

第五，因为警士不佩带枪械，市区地面发生一切劫杀危害事件，值勤警士无力制止，但必须出现场认明肇事者人数若干，穿着何种服装，佩带何种武器，来去方向，发生的时间地点，被害人损失的程度等有关的情况，如实记载，迅速报告。如警士不出现场，或知情不如实迅速报告，以溺职论处。[①]

第六，由警厅将每日的劫杀暴行事件等情况综合起来，报送广州报界公会，请其分送各报刊如实发表，使市民认识暴徒的特征及活动情况。[②]

陈景华的上述措施，在一定程度制止了民军在广州的无序状况，增加了警察游击队，集中了警力，也限制了警察的持械越轨行为，对当时广州社会的治理有一定的效果。但是，又出现了岗警没有武装，一旦遇到盗贼暴徒，难以维持社会治安，甚至难以自保安全的问题。于是，暴徒气焰更加嚣张，常杀人越货，市民生命财产无所保障，民怨民愤屡见报端。数月后，陈炯明任都督，陈景华乘陈炯明镇压民军之余威，命令其所属警察游击队停止训练休整，严装待发，将新式手枪子弹配发给值勤警士，责以恢复缉捕职权。又向陈炯明建议军警配合，请其派出军队辅助警察检查户口，凡属昔日驻军地点，及专册记载的可疑住户，均受搜捕。这样，广州社会秩序混乱的局面有所遏制。如当时广州有一个名叫"百二友"的秘密组织，其成员皆穿白鞋绿袜为记号，招摇过市，杀人越货，无恶不作。陈景华决心铲除这个严重扰乱广州社会治安的团伙。在"百二友"成员群聚黄花岗联祭时，陈派警员伪装摄影师，以永留纪念为名替他们拍照，"百二友"成员不知缘由，列队合照，岂知

① 林仁：《清末至民初广州的警察机构》，《广州文史资料》（第11辑），广州，1964，第96~97页。

② 陆丹林：《陈景华》，黄季陆主编《革命人物志》（第6集），台北，中国国民党中央委员会党史史料编纂委员会，1971，第99页。

这些照片就是后来警察厅"按图索骥"的最好材料，不到几十天，横行市面的"百二友"成员先后落网。①

广东军政府授予警察厅很大权限，如警察厅负责缉捕、审讯、判决、监禁人犯，自行征收警费，有权没收财产、封闭报馆，广东都督曾密令警察厅："搜捕会匪，兼办捕务，准其拿获匪犯，就地正法。"② 所以，有一段时间警察厅有权对犯人判处并执行死刑。对反抗军政府、破坏社会秩序的各种会党团伙，如"扶正同盟会""剑仔会""驳壳会""百二友"等，陈景华毫不留情，常常亲自审讯判决，处决了不少为首者及骨干分子。但陈景华整治社会治安的严厉手段却得不到社会的理解，广东省临时省议会也弹劾陈景华"违法滥杀""残暴好杀"。陈景华却不为所动，甚至在 1912 年 5 月警察厅的一个布告中言道："景华以杀人著，夫人皆知，无俟多说。"③ 都督胡汉民在答复省议会的公文中则称赞他："陈景华奉令之后，甘冒不韪，罔辞劳怨，严行惩治，不法匪徒，于焉敛迹。牺牲一己之名誉，维持全局之治安。"④ 陈景华所杀的多数是严重危害社会治安的罪犯。如 1912 年 3 ~ 5 月，警察厅共枪毙了 105 人，从罪名看，其中"赌匪"4 人、"抢匪"26 人、"抢劫伤人"1 人、抢劫强奸者 1 人、奸拐妇女匪犯 1 人、抢劫及"打单""掳人"者 28 人、"会匪"6 人、"著匪"8 人、"无恶不作之匪"23 人、"身藏枪刀谋为不轨"者 3 人、"立会敛钱"者 2 人、执勤时抢劫受赃之警察 2 人。⑤ 1912 年下半年以后，警察厅一度停止处决罪犯，不久以匪徒

① 陆丹林：《革命史谭·民初悍吏陈景华》，《近代稗海》（第 1 辑），成都：四川人民出版社，1985，第 625 ~ 626 页。
② 《警察厅杀人是奉密令者》，《民生日报》1912 年 5 月 15 日。
③ 《陈警厅之杀人谈》，《民生日报》1912 年 5 月 14 日。
④ 《胡都督复本会文》，《广东临时省会议事录》（第 6 卷），广州：清风桥文茂印务局承印，时间不详（当在 1912 ~ 1913 年），第 73 ~ 74 页。
⑤ 《特派委员调查陈警厅滥杀报告书之一》，《广东临时省会议事录》（第 6 卷），广州：清风桥文茂印务局承印，时间不详（当在 1912 ~ 1913 年），第 67 ~ 69 页。

"逃者复归,散者复聚,贻害治安"名义又恢复审判和处决人犯。①

　　警察兼有逮捕、判决、执行的权力,甚至有杀人权,这当然不符合近代法治观念。但按孙中山主持制定的《同盟会革命方略》,共和制度建立之初要实行"军法之治","军队与人民同受治于军法之下"。② 陈景华认为,在政权交替、社会动乱时期,只有采用极为严厉的手段,才可以震慑犯罪。他在答复临时省议会的质询时说:"为维持治安计,不惜牺牲少数人之生命,冀谋多数人之幸福,迩来省城地面秩序渐次恢复,未始非杀警百之效。然毁之誉也,周不暇计也。"③ 不过,陈景华在判处犯人死刑时常常苦笑点头,反映出他内心的矛盾和无奈。④ 除了严刑峻法,他当时不可能想出什么更好的办法解决社会治安问题。在这个问题上,我们可以看出资产阶级革命党人在制度建设和社会治理等方面的历史局限性。

　　陈景华在以严厉手段维持社会治安的同时,也希望对一些犯有轻微罪错的人施以救助和教育。他鉴于"广州市无业游民,流而为匪者甚众,不教而诛,固所不忍,且诛不胜诛;唯有设法收捕之,教以工艺,使其学成后出而糊口,不致再蹈法网",所以筹设习艺所,"用弘教育,以遏乱萌",让轻罪犯人学习工艺,希望他们能有一技之长,日后可以谋生糊口而不再犯罪。⑤ 陈景华选定广州市河南南石头镇南炮台废址建筑惩戒场,其宗旨是"专为收容轻罪人犯及不良少年,实施感化主义,教以相当技能,其性质原与监狱不同"。⑥ 该场占地47亩,可容囚犯千人,监外另建办公楼、

---

① 《警厅布告》,《民生日报》1913年3月22日。

② 《孙中山全集》(第1卷),北京:中华书局,1981,第297页。

③ 《警察厅答临时省会函》,《民生日报》1912年5月25日。

④ 陆丹林:《革命史谭·民初悍吏陈景华》,《近代稗海》(第1辑),成都:四川人民出版社,1985,第625页。

⑤ 《筹设广州贫民习艺所》,《民生日报》1912年6月27日。刊于6月10日《民生日报》的"警厅布告"已经提到"设立惩戒场收容游民习艺"。

⑥ 《广州市市政概要》(1922年),第145页;《广州市市政报告汇刊》(1923年),第302~303页。

警察所，以及操场、病室、码头等附属建筑。监房有 304 间，作业工场 6 座，囚犯分科劳动。监管人员有场长、管理员、看守员、工师、医务员、庶务员、录事司事员、警察近百人。警察厅将所捕得之人，除判处死刑外，刑期超过 3 个月以上者，悉送场执行。场内分设戒护、教诲、事务三部，并派教师授犯人以手工艺。

陈景华还多次带队在广州搜查，收缴歹徒手中的军火。当时，广州"凡殷实商户，多有储枪自卫者"，民间藏有很多武器，警察厅对自卫武器加强管理，规定商民持枪者必须领取枪照。① 这样，广州的治安基本得到保障。

2. 在执行警务时坚持维护国家主权

陈景华身为广州警察厅厅长，还肩负着维护国家主权的使命。西沙群岛当时属于广东，孤悬海外。清代末期，有大批日本人偷渡到西沙群岛，开发鸟粪（远年鸟粪堆积成岩），运回日本充为肥料，并在岛上建造房舍及各种设施，企图长期占领。地方官吏发觉后，向两广总督报告，清廷与日本驻京公使交涉。中日政府双方签约，日方愿放弃在该岛的开矿权利，日人离岛，由清廷补偿建设费 20 万两。两广总督派水师前往该岛竖起国旗，表示为我国领土，并派水师留守。广东光复时，该岛驻守的水师，因断绝粮食和淡水的供应，而离散失踪。粤局初定，有人向都督府建议，恢复派兵驻守该岛，陈景华自告奋勇，由警厅组成警察队员 20 名，备足械弹服装乘专轮赴该岛守护。但其后因台风影响，装载补给的运舰中途损坏，后再派舰装载淡水粮食，延误了很长的时间，迨运舰到达时，该岛的驻警已因绝粮缺水，死亡迨尽，只能救生一人，载运返省。② 在这件事情上，陈景华维护我国领土主权的努力，是值得肯定的。

---

① 《警厅布告》，《民生日报》1912 年 5 月 18 日、1913 年 3 月 3 日。
② 林仁：《清末至民初广州的警察机构》，《广州文史资料》（第 11 辑），广州，1964，第 99 页。

广州是开放口岸，经常发生涉外治安案件。陈景华一反清朝官吏畏惧外国人的作风，对违法的外国人严厉执法。1912年底，一批日本人在香港伪造广东纸币，陈景华亲自带领警员到香港破案。① 一个英国水兵在广州城抢夺警察枪支，导致走火伤人，警察立即将其拘捕，警察厅把案情通报英国领事。在英领事和英国舰长到警察厅认错赔礼、赔偿损失并承诺惩办肇事者之后，陈景华才把那个水兵交给英方。②

辛亥革命后，革命党人掌权的广东军政府维持了大约一年又十个月，在陈景华的努力之下，广州城大体维持了正常的秩序，社会风气也出现了一些新气象。

三 警察厅的其他社会职能

1. 警察厅的社会救济事业

陈景华时期的警察厅，仍承担了大量社会管理方面的职责，包括城市管理、社会救济、公共卫生、思想文化、公共事业等方面。陈景华在执行这些职能时，本着孙中山民主革命的精神，贯彻其改良社会的理想。

陈景华积极执行孙中山解放奴婢、仆役、疍民等政策。警察厅发布通告："现在实行放奴，定为政策"，表示警察厅将全力贯彻。③ 他对受虐待的妇女尤其同情。为了"崇人道而保女权"，陈景华严厉查处拐带青年妇女出洋的案件，使案犯受到应得的惩罚。④

陈景华创办女子教养院，体现了城市新型救济慈善事业的进步性。女子教养院收容被虐待之婢、妾、幼娼、幼尼等，而兼授以缝

① 《搜获大宗伪币详情》，《民生日报》1912年12月24日，对此案该报几个月有连续报道。
② 《礼邦交故应如此》，《民生日报》1912年12月26日。
③ 《警厅之放奴方针》，《民生日报》1912年7月1日。
④ 《拐带之风或可少息》，《民生日报》1912年6月1日。

纫等手工艺，俾其将来能独立生活。对于适龄者要求他们提出意愿，为之选择配偶，成立家庭。但是，此时广州有九个著名的慈善机构，时称"九大善堂"，善堂主要由商界提供基金，由士绅、商人选出的代表管理。陈景华创办女子教养院之举竟遭到所谓善长仁翁的冷嘲热讽，而陈景华坚决推行之，并为女子教养院起草了一个创办缘起，上面说道："中国女子苦人也，初而育之，教则缺如。女子而至为婢，则并育且无，何有于教？人权剥落，侪于非人……"；完稿即跟着说："生平有此一事，死也没有遗憾了。"① 陈景华在当时就能以人权、人道的观点看待女子救助，实属难能可贵。

陈景华千方百计筹集到经费，使女子教养院按期开办。他命令广州全城警察，如发现受虐待的婢女、妾侍、童媳、尼姑、幼妓，一律送院收容。据报载，开办不久，仅尼姑庵中未剃发的女童就解救了 150 人，当时广州尼姑庵所收养的女童绝大多数是贫家出身，往往受到非人待遇，只是做尼姑的婢女，有的甚至被迫卖淫（广州一些尼姑庵是变相的妓院）。所以，报纸报道此事的标题是《大慈大悲警察厅》。② 被收容的女子不仅得到食物衣服，得到治疗，陈景华还安排她们在院内学习文化技艺。女子教养院开办数月，其成效已在社会上产生了巨大反响，守旧的绅商对此诸多攻击，但进步人士都交口称赞，入院的女子更是把陈景华视如救星。

陈景华还设立了孤儿教养院，收容无父母抚养及被拐之儿童，亦有贫苦人自动请求收养的，内有宿舍、讲堂、游乐场；委任职员对孤儿施以衣食、教诲。

陈景华兼任禁烟总办，③ 严格执行广东军政府对鸦片的禁令，对于贩卖鸦片、违禁吸烟者，予以拘捕，处以罚金或徒刑。对各地罂粟苗限期铲除干净。警察厅严查走私，严罚私贩，多次在广州公

① 陆丹林：《革命史谭·民初悍吏陈景华》，《近代稗海》（第 1 辑），成都：四川人民出版社，1985，第 629 页。

② 《大慈大悲警察厅》，《民生日报》1912 年 6 月 5 日。

③ 《陈景华兼禁烟总办》，《民生日报》1912 年 6 月 5 日。

开烧毁鸦片烟土和烟具，时人因此称赞陈景华为"第二之林则徐"。[①]

2. 参与市政及公共事业的管理

当时的警察厅还兼管很多治安以外的事务。如1912年7月以后，卫生司归并警察厅，公共卫生就归警察厅负责管理。[②] 清末民初，广东鼠疫流行，1913年4月，广州城又发现鼠疫病人。陈景华按照军政府的命令，组织人员对疫区和病屋进行熏洗消毒，派人收集死鼠掩埋，在三个月内消毒病屋200多处，收埋死鼠7万多只，减轻了疫情的蔓延。[③] 广州的大批街灯改为电灯，也是陈景华主持警察厅时开始的。

陈景华主持的警察厅出于维持治安、改善交通的考虑，要求拆毁全市街道闸门，安装全市街道电灯。当时广州是旧式城市，初筑马路只有西濠口至东堤一段，其余全是内街。内街多设有木闸，日开夜闭，设置更夫巡逻。有些地方，每到晚上，非属本街内的商户店员，更夫便不准通过。在街上悬点油灯，很欠光明。陈景华认为既有岗警不分昼夜执行勤务，则街闸反阻碍巡逻，而油灯不够照明，应同时改善。于是下令全城内外街闸，限于三日内自行雇工拆卸，过期不拆，即由警察强迫执行，除将材料充公，并将该街值理究办。并请电灯公司在全城内外各街安装电灯，电费指定由各街道管理公款人，按值依时支付。旧广州街闸之拆毁，旧广州街道之有电灯，实自陈景华开其端。然而此举竟使管理各街公款绅士富豪之私囊收益受重大损失，于是此辈对陈景华抱无限诉怨，初则反抗，请愿收回成命，后知不允所请，只得遵办。[④]

---

① 《大帮烟土解省》，《民生日报》1913年4月18日。

② 《卫生司并归警厅》，《民生日报》1912年7月17日。

③ 周兴樑：《论辛亥革命时期的广东军政府》，《历史研究》1993年第3期。

④ 陆丹林：《陈景华》，黄季陆主编《革命人物志》（第6集），台北，中国国民党中央委员会党史史料编纂委员会，1971，第100页。《商人联请缓拆街闸》，《香港华字日报》1913年5月19日。

警察厅负责清查广州户口，1913 年初公布的数字为：陆上各警区共有店屋 125922 户，男 352979 丁，女 228897 口；水上警区共有船艇 16561 户，男 46284 丁，女 47115 口。① 这是民国初年对广州市成年人人口的第一个统计数字。调查户口遇到很大阻力。当时政府新颁户籍制度，市民不惯履行，尤其对于出生死亡，多数不报。陈景华检阅户口册籍，发觉广州之大何以按月出生死亡人口数字，乃如此之少，知为市民漏报所致。乃令市区医院及留产所，遇有留医病人死亡和婴儿出生，必须申报。为了统计市民死亡率和防范奸人假托运棺走私或运军火，图谋不轨，陈景华令饬全市棺木店，如有出售棺木，必须登记死者姓名、年岁、籍贯、寓所，及病症、死因等，按周汇报，俾有查考。那些寿器店老板，感到麻烦，视做苛政，联合罢市反抗。② 陈氏立即布告限令全市寿器店，两日内复业，否则由警厅另从别地购运公卖。棺商知道无法违抗，大家才遵办。③

　　陈景华致力于风俗改良。他执行军政府破除迷信的政策，派警察把城内庙宇的神像搬走，把庙宇改作公众活动的场所。他发表文告，禁止演出神怪、淫秽的戏剧，要求多演"唤起国民爱种尚武之精神"的好戏。④ 对历书也要求将迷信内容删去才准发行。对清朝官员宅第的牌匾（如"太史第""荣禄第"）、科举的旗杆等，陈景华按照军政府指示下令一律拆毁，以清除"专制遗毒"。⑤ 陈景华的改革在当时的历史条件下，当然不可能根本改造社会，他的一些做法也超出了警察应该干涉的范围，但我们应该把这个问题放在辛亥革命这个历史时期来理解，充分肯定陈景华的进步性。

　　① 《广州市警察界内户口》，《民生日报》1913 年 1 月 21 日。
　　② 《长生店之无理取闹》《棺材行罢市》，《民生日报》1912 年 6 月 21 日、10 月15 日。
　　③ 陆丹林：《革命史谭·民初悍吏陈景华》，《近代稗海》（第 1 辑），成都：四川人民出版社，1985，第 630 页。
　　④ 《陈警厅论戏文》，《民生日报》1912 年 8 月 17 日。
　　⑤ 《奴隶头衔之末日》，《民生日报》1912 年 6 月 17 日。

1912 年粤海关的报告对广州的警务有如下评价："本口贸易兴旺之故，固因省城警察能于时局艰难之中维持治安"，"本城现在办理警察极臻妥善，实为向所未见。查各警察队系以军法部勒，实与军队无异，虽执行警律时或过严，间有罪轻而罚重者，然治乱世，须用重典，始能卓著成效"。① 外国人控制的粤海关对革命党人并无好感，这个评价更显得客观。陈景华任职近两年，由于他的努力，清末创建的新式警察制度在广州得到稳定和发展，并在很多方面为以后民国广州的警政打下了基础，为日后的广州警察所仿效、继承。他所主持的警察厅，在办事效率和廉政建设方面，也可说达到了近代广州警察的最高水平。他是一位坚定的民主革命者，并为民主革命献出了生命。就个人而言，陈景华是近代广州警察首脑中特别值得肯定和纪念的人物。

第二节　民国初年政局动荡时期的广州警察

1913 年 8 月到 1923 年 3 月的这个时期，广东政局动荡，新旧力量斗争激烈，政权数次易手。1913 年 8 月广东"二次革命"失败后，袁世凯的爪牙龙济光统治了广东。护国战争发生后，龙济光被桂系驱逐出广东，然后是桂系军阀陈炳焜、莫荣新先后任广东督军，1920 年 10 月旧桂系被孙中山驱逐出广州。孙中山曾经在 1917 年 7 月率领海军南下护法，8 月被选为大元帅，但不足一年受南方军阀和政学系的排挤离粤赴沪。1920～1922 年孙中山第二次护法，在广州被选为非常大总统。所以，这段时期广州的警察主官随着政局的变幻而变化。1920 年以后，孙中山在广州成立护法军政府后，警察主官才稍见稳定。特别是 1918 年孙科在广州设立了市政公所，1921 年建立广州市，孙科任广州市市长，管理广州的是市政厅，

---

① 《近代广州口岸社会经济概况——粤海关报告集》，广州：暨南大学出版社，1995，第 525 页。

统管广州警察，使警察的职责更为明确。但是，广州长期处在军阀各派系斗争的前沿，作为警察的主官当然为执政者马首是瞻。因此，警察的机构建设、制度完善和执政效果也反映了政局长期不稳定的特点。

一 军阀统治时期的广州警察机构及其主官

1. 军阀统治时期的广州警察主官

在这段时期的初期，警察主官频繁变换，反映了政局不稳的特点。如 1913 年 8 月，广东"二次革命"失败，袁世凯任命龙济光为广东都督。龙济光到任后杀害陈景华，安排亲信邓瑶光担任省城警察厅厅长，专设侦探局，防范革命党活动。1915 年，广东省城警察厅改为广东省会警察厅，由前清警官、日本警校毕业的王广龄任厅长。1916 年 3 月，王广龄以"既不能整饬警政，纳人民轨物之中，复未能策力进行，尽保维地方之责"，以及身体有病为理由要求辞职。① 实际上，当时护国战争风起云涌，龙济光在广东的统治已经风雨飘摇，王广龄要全身而退。但是，事情并未如愿，王广龄在 4 月份的"海珠事变"中受伤而死，7 月省长朱庆澜任命前清知县王顺存为厅长。1917 年 6 月 24 日，魏邦平接任厅长，掌握广东和广州的警察大权达 5 年之久，直到 1922 年辞职，成为民国时期任职时间最长的警察厅长（公安局长）。1918 年，广州市政公所成立。拆城筑路后，增设交通警察和马路派出所。1921 年 2 月，广州市政厅成立。广东省会警察厅改为广州市公安局，隶属市政厅，警察主官仍然是魏邦平。局址迁回前清巡警道署附近的维新路（现起义路）。1922 年 2 月 14 日，市长孙科任命吴飞（曾任魏邦平部参谋长）为副局长。3 月 2 日魏辞职，吴任局长。局内设警务、司法、侦缉、消防 4 课及督察处。

从这个时期广州警察机构主官的经历可以看出，其主要是依附

---

① 《批省会警察厅长王广龄禀请因病辞职由》，《广东公报》第 1101 号（1916 年）。

于执政当局。

最初的警察厅厅长邓瑶光，广东人，清代武弁出身。他善于敷衍因循，逢迎上官，并勾结豪绅。龙济光入粤后升邓瑶光为陆军少将，任宪兵司令，专门对付革命党。当时报纸报道，龙济光选择邓瑶光，就是因为他在"破获乱党机关"中出了大力。① 邓瑶光任警察厅长期间，军警经常搜捕革命党人。如1913年10月，"都督府据侦探密报，有乱党赖含坤、江月波等，密设机关于宝顺大街六十八号，当即密派警员，带同游击队往搜"。同一天，"济军段统领因据探报，特饬侦探多名，驰往旗满界内之官塘街杨宅，查搜伪币"。② 以上两次搜查，军警都一无所获，但把嫌疑人拘捕。当时，军警并没有严格的分工，只是根据军政长官的命令，执行镇压革命党人等任务。广州的戒严就是由军警联合实行的。如1913年11月，广州实行戒严，据报纸报道：

城厢内外加派军队梭巡，出入城门，遇有包袱及重大物件均要搜查。水面四江、四广兵轮一律调回，宝璧运船亦于是日午刻回省。入夜水面探海灯浑同白日，观音山之灯火朗若列星。斯时谣言四起，居民颇为恐慌。惟地方亦甚安靖，查从前乱党供出准期二十九起事，故当道不能不思患预防。水上警厅已往澳门，昨又飞电来省着调兵轮三艘往澳，邓警厅昨由港返省，现又忽搭车往港。③

从以上报道，我们可以看到龙济光统治时期，警察和军队配合防范革命党起事，广州城一片恐怖的情景。邓瑶光还杀害了不少革命党人和无辜平民。1913年11月，警察以私带军火罪名逮捕了3

① 《委邓瑶光代理警察厅长之原因》，《香港华字日报》1913年9月19日。
② 《呜呼吾粤侦探之骚扰》，《香港华字日报》1913年10月29日。
③ 《一片戒严声》，《香港华字日报》1913年12月1日。

名女子，后均处以死刑，其中一个还是十四五岁的少女。① 1915 年底到 1916 年 3 月，仅三四个月时间，广州大北门外的一个刑场即"共计在此枪决犯人二千六百四十六名，其在别处枪毙多少，尚未在此数目"。② 虽然杀人的不仅是警察局，但逮捕、处决"犯人"过程中，警察毫无疑问起了很重要的作用。报纸用《杀人如麻》为标题报道这则新闻，正是龙济光统治时期军警的真实写照。

其后，有几个短期的警察主官。如费尚志是满族人，曾任广州府知府。广东光复时，跟随两广总督张鸣岐弃职逃避。1913 年，北京袁政府派张鸣岐为广西巡按使，被保荐充广西苍梧道；张鸣岐调任广东巡按使后，又保荐费尚志为警察厅长。费是清朝官僚，不谙警务，任职期内维持现状，毫无表现，任期很短即调任广东潮循道尹。王广龄，广东南海县人，日本警校毕业生。曾任清代广东巡警道课员，警察教练所教员，辛亥革命后曾充任督办，属政学系分子。他作为警察厅长仅任职一年，就在海珠会议的会场中被乱枪击毙。继任者凌鸿年，广东番禺人。清代武弁，日本警校毕业，充广东高等巡警学堂教员、区官。广东光复后，充任区署长、警察教练所所长、汕头警察局长。凌与王广龄有同学、同事的关系，王任厅长时充行政课长。王顺存，河南省人，清代知县，朱庆澜的亲信。1916 年袁世凯帝制失败，黎元洪继任大总统，段祺瑞为内阁总理，任命朱庆澜为广东省长，陆荣廷为广东督军，这时，王顺存奉朱庆澜命为警察厅长，并兼警务处长。

2. 近代广州任职时间最长的警察主官魏邦平

魏邦平作为任职时间最长的警察主官，有必要专门介绍。

魏邦平别号丽堂，广东香山县人，日本士官学校炮科毕业，曾任清末军事学堂教习。辛亥革命广东光复后，充任都督府高级武官、广东江防司令等职。龙济光踞粤时，排挤粤籍军官，魏被迫离

① 《补记广东三妇女讯供情形》，《申报》1913 年 11 月 26 日。
② 《杀人如麻》，《香港华字日报》1916 年 3 月 29 日。

粤。1915年魏邦平回粤投身护国军参与讨龙；朱庆澜任省长时，省会警察厅长王顺存是朱派人，朱庆澜卸职时王顺存跟着离职，朱庆澜离任时委任魏邦平为广东省会警察厅长兼广东全省警务处长，时为1917年6月24日。

稍后孙中山护法南下，在广州建立护法军政府，任大元帅。拥护他的武力只有部分海军及滇军，地盘只有广州的河南一隅之地。由于陈炳焜对粤籍官员极力排挤，粤省人士对陈炳焜普遍不满。李福林、魏邦平等地方派军人和大商人谭礼廷结合起来，劝说陆荣廷调走陈炳焜，改任莫荣新为广东督军，并推荐李福林为广州市政厅长。陆荣廷为缓和广东人士的反对情绪，改任广惠镇守使莫荣新署理广东督军。莫荣新上台后，改变了过去陈炳焜一味排斥粤人的做法，拉拢利用地方派军人，孤立打击孙中山派势力。对警察厅长魏邦平不但予以保留，不削弱其实力，而且让他扩充势力。莫荣新又把在广东境内的部队，编为五个军，其第五军总司令为魏邦平，统辖三个团。由是，魏邦平就成为桂系统治广东的支持力量之一。魏邦平担心过分亲近桂系，会得罪粤省人士，接受部下建议，出一告示，在广州四处张贴，声称自己是无党无派的军人，以地方治安为重，希望得到地方人士的和衷共济，相互合作。魏邦平又派其堂叔魏幼洉通过谭礼廷同广州商会上层分子邹殿邦、冯少康、彭础立等联系，联络感情，取得了商会的支持。

孙中山苦于自己实力太小，想争取魏邦平为己用。魏表面敷衍，内心拒绝。他和孙中山时有来往，尤其和孙科、胡毅生等人交往更多，但他始终止于国民党之外。孙中山对于莫荣新政治上、经济上的掣肘（当时莫把持广东一切财政税收，大元帅府经济极为困难），早已甚为不满，尤其是莫枪杀他派下乡招兵扩军的一批党人之后，[①] 更是怒不可遏。1918年1月3日午夜他亲自督率同安、

---

① 大元帅府派到顺德陈村招兵的刘乙都、钱思明、余铮等人，被莫指使其儿子、驻顺德桂军旅长莫正聪诬为"土匪"并加以逮捕枪决。

豫章两舰驶至中流砥柱，发炮轰击观音山莫荣新督军署，并事先派朱执信等人联络李福林、魏邦平及滇军方声涛部等，要他们届时举兵响应，消灭莫荣新的桂军。当大元帅府事先打电话到东山魏邦平家里，告知大元帅决定晚上炮击莫荣新，要魏协同行动时，魏虚为答应。电话过后，魏即吩咐其亲信杨其伟，今晚有什么事情，要守住秩序，按兵不动。同时他立刻把消息通知了莫荣新。当天夜里三四点钟的时候，听到轰隆轰隆打了十多炮之后，各方面都没动静，使孙中山的计划无从实现。

第一次护法失败后，孙中山愤而辞职赴沪。但此后两年多时间，孙中山没有同旧桂系完全决裂，依然挂着总裁的名义。在广州的一些军队将领、警察官员，也同上海的孙中山仍保持联系，孙中山对广州仍发挥着一定的影响。在1920年援闽粤军回粤驱桂之役中，魏邦平受朱执信策动，响应粤军。其间同孙中山有文电往还。孙中山第二次护法期间，魏邦平仍继续担任军职兼广州警察主官。

1923年初，滇桂等军驱逐陈炯明出广州，孙中山回广州，继续信任魏邦平。1923年1月26日，沈鸿英策划"江防事变"，① 拘留了魏邦平，经孙中山努力说服杨希闵等人，魏邦平终于获释。② 后魏邦平被任命为西江讨贼军总司令兼西江戒严司令，于1923年7月率军讨伐沈鸿英，攻克梧州，受到孙中山的嘉奖。③ 不过，魏

① 江防会议事变是指桂军沈鸿英部企图捕杀国民党要员、攘夺广东政权的事件。1923年1月26日，桂军总司令沈鸿英率部参与讨贼联军占领广州后，与滇军总司令杨希闵、桂军将领刘震寰联合邀请广东省长胡汉民和邹鲁、魏邦平等到广东江防司令部开军事会议，讨论分配各军防务问题。沈部第一军军长李易标诘责魏排斥客军，并拔枪向魏射击，会场大乱，胡的两名卫士被击毙，刘震寰及滇军将领杨池生等保护胡、邹等离会。胡旋避往香港，电辞广东省长职。沈则任命部将古日光兼任广州市公安局长，拘捕魏并逼令魏所部缴械，后在孙中山的直接干预下沈鸿英才将魏邦平释放（见张磊主编《孙中山辞典》，第318页）。
② 郭翘然、李洁之：《粤军史实纪要》，《广东文史资料》（第31辑），广州：广东人民出版社，1981，第64页。
③ 《孙中山全集》（第8卷），北京：中华书局，1986，第39～40页。

邦平虽然赞同孙中山讨伐桂系军阀，且愿意领军作战，但不愿意跟随孙中山讨伐陈炯明，于8月辞去军职。他在香港接受某西方报纸记者采访时说："我将西江桂人驱去，已尽责，故来港复为平民。我此次出山志在驱沈，非拒陈炯明，因不愿见广东人自杀。"① 可见魏邦平支持所谓"粤人治粤"的主张，其政治态度与孙中山若即若离。

二　魏邦平任职期间警政的变化

在这一时期，由于警察主官轮番替换，多数警察主官没有什么作为。王顺存在任时间略长，曾经增加了第十三区警署、登记录用历届警校毕业生、新置各区署警察服装。② 而魏邦平担任省会警察厅长和省警务处长长达5年，在调整机构、制定法规法令和制度及增强警力等方面，采取了一些措施，使广州的警察在治理社会治安、维护交通等方面有一定的起色。其间，广州的警察实力有所增长。

1. 调整机构

孙科在留美期间，主修市政管理，回国后意在都市行政管理上大展宏图。1918年在广州设立市政公所，开始制定一些措施，改善广州城市的管理。1921年2月15日，广州市政公所改为市政厅，孙科被委任为广州市政厅长。他上任后，认为原市政公所的工作任务只限于拆城开路，过于单纯，整体规划也欠周全。于是，孙科向上级建议另行建立新的制度，组织现代化都市市政系统，请授予全权创立新市制。受命之日，穷一夜之力起草《广州市暂行条例》57条。按照这个条例，市政首长改称市长，市政厅除设立秘书处外，原市政公所设的总务、工程、经界、登录四科改为公安、

---

① "国内专电二"，《申报》1923年8月3日。
② 林仁：《清末至民初广州的警察机构》，《广州文史资料》（第11辑），广州，1964，第101～103页。

财政、工务、教育、卫生、公用六局。此外还设有审计室和参事室两个独立机构，把教育、公共设施、城市卫生、财政及治安等方面的规划和建设，也纳入市政厅的职权范围，希望借鉴西方理念建设新广州。《广州市暂行条例》的制定和广州市政厅的处理，标志着广州的城市管理、市政建设和规划有重大的飞跃。

至此，广东省会警察厅改为"广州市公安局"，"隶属于市政厅，掌理全市公安事项"。局址迁回前清巡警道署附近的维新路（现起义路）。公安局的机构也进行了调整，内设警务、司法、侦缉、消防4课及督察处。公安局设局长1人、副局长1人、交涉专员1人、课长4人、督察长2人。局长负责全局的工作，副局长辅助局长办理局内事务，交涉专员秉承局长指示办理本局交涉事务，课长负责本课事务，督察长办理警察考勤事务。公安局附设警察教练所、侦探养成所、惩戒场、济良所、孤儿教养院等。市区的警区划分依旧。

粤海关十年报告（1912~1921年）称，1921年，公安局属市政厅管辖，警察区分为12个区和18个分区，配备警察4000人（其中2000人是武装警察），另外有一支500人的专门对付盗匪的宪兵队。警察学校定期培养240名毕业生。警察工资每月毫洋8元。还有水上警察厅，总管全省的水道，分为24个巡逻段，每段配备1~2艘炮艇。[①] 而据广州市政府公布的数字，1922年署长以下长警加上警察部门的录事、司事、司书、差遣、伙夫、工人（以上5项共691人）等共5076人，公安局从局长到工人共305人。[②]

2. 通过法规法令加强警务管理

当时，广州附近各乡，盗匪频繁出没。在未拆城前，尚有城门城墙的阻隔，郊外匪徒，不易进出。自拆城筑路后，四通八达，盗

---

① 《近代广州口岸社会经济概况——粤海关报告集》，广州：暨南大学出版社，1995，第1028页。

② 《广州市警察各区长警录事司事司书差遣伙夫工人人数表》《广州市公安局内部长员差役厨夫工人表》，广州市市政厅编《广州市市政概要》，广州，1922。

匪易进易出。新建的马路，建筑物零落，而马路路灯，因电力不足，材料缺乏，一时未能普遍装设。警察一人巡逻一段街道，晚间在接近郊外地区值勤，力量单弱，不但不能保证市民安全，警察自己处境亦甚危险。故于拆城筑路后，魏邦平接受北京警官学校毕业回粤之钟泽霖、陈智豪、曾传基等人的建议，利用拆城筑路所剩余的畸零地，建筑警察派出所。派出所一般设在马路的要冲地带，为一红色小屋，广阔为一两井，屋上筑小望楼，内部安装电话一具，办公桌一张，放置记事簿、考勤簿及文具等，设座椅一张。为了规范下属的警务，1921 年 6 月广州市公安局公布了《公安局设置派出所暂行章程》，对派出所设置的地点、派出所的值勤办法以及派出所警察的选用等都做了具体的规定，① 并颁布了《管理派出所暂行规则》，以规范对派出所的管理。② 派出所通过执行市政府的各项命令，维持治安和管理城市。如针对广州市"市内人民有任意鸣锣击鼓，结队游行马路藉作广告"，有碍公共安宁，市长孙科训令公安局予以取缔，规定市民游行要事先报告公安局核准。③ 针对"旅店容留暗娼"，公安局把以往拿办之暗娼照片发到各个旅店悬挂，以便旅店拒绝暗娼投宿。暗娼从良后须将照片摘下。④ 为防止从外地迁入广州的人当中有坏人混迹，市长孙科训令公安局，原有市民从甲区迁到乙区可以不加干预，但对市区以外迁来的住户，要公安局督促各区"严加查察，并取具保证，以分良歹而维治安"。⑤

3. 接收各县市警察权力

警务处原掌握全省的警察权，但实际上各县长常在所辖的警察机构中安置私人，作为搜刮民财的工具，警务处徒拥虚名，其权力

---

① 《公安局设置派出所暂行章程》，《广州市市政公报》第 15 号（1921 年）。
② 见《广州市市政公报》第 15 号（1921 年）。
③ 《训令公安局布告商民此后结队游行须先行呈报该局由》，《广州市市政公报》第 14 号（1921 年）。
④ 《公安局布告》第 20 号，《广州市市政公报》第 14 号（1921 年）。
⑤ 《训令公安局奉省令嗣后区外迁来住户应随时查察取具保证仰即行区遵照由》，《广州市市政公报》第 59 号（1922 年）。

不可能施行于各县。魏邦平为将警务处权力实施于各县,先于禺山路之关帝庙(现禺山市场)设立警员传习所,自兼所长,委司法课长陈凤翔兼教育长,考取学生数十名,一年毕业,派往各县任警官。曾有一次未通过东莞县长,径派督察员马展猷持警务处委任状赴石龙基础区署接任署长,遭东莞县长拒绝,魏即派警察游击队中队长洪威率一中队随同马展猷前往强行接任。又一次未通过顺德县长,径委督察员前往容奇接任警察区署长,也同样用武力接收。

4. 初步创办交警

1918 年,广州成立市政公所,拆城筑路,马路陆续开辟,交通日渐频繁,车辆肇事,势所难免,需要设交通指挥。因事属创举,当时警察尚未有这种学识经验,魏派督察员赴香港学习交通指挥两个月回来,挑选身体高大、动作灵敏的现役警察,施以短期训练后,分派各冲繁路口,负交通指挥之责。广州有相当长时期警察指挥交通时手持黑白相间的指挥棍(长度市尺二尺五寸),并采用车辆左行的英国式行车制,就是这时传下来的。

另外,为了解决警察的经费短缺问题,魏邦平采取征收特别警费的办法来解决。特别警费的主要来源是烟馆、赌馆。于是警方对赌、毒采取放任态度,成为赌、毒的保护伞。魏邦平还经常把警察扣押的开烟开赌、走私贩毒罚款等款项用来中饱私囊;并假手其妻和侄兄魏炳炎、亲信吴公侠,在长堤潮音街惠潮嘉会馆设栈给私枭寄放鸦片、私货,派兵一排,加以保护,从中抽取行水,搜刮了大量钱财。①

魏邦平担任广州警察主官长达 5 年,在政治、军事斗争中也接受过孙中山的领导,并起过一定作用;但他也担任军职,受督军莫荣新、省长陈炯明直接节制。魏邦平分别任孙中山政府与军阀政权

---

① 杨其伟:《魏邦平在护国护法时期的活动》,《广东文史资料》(第 46 辑),广州:广东人民出版社,1985,第 166~179 页。

的警察主官，说明了当时军警不分的状况，但从警察权的角度，也有一定的延续性。

三　广州警察与民初广东军事、政治

1. 广州警察的军事行动

魏邦平主持广州警察事务期间，最明显的特征就是军警不分，主官本身即身兼军警两界的要职。朱庆澜卸任离职时，把所掌握的警卫军三营交魏邦平带领，任魏邦平为警卫军统领。魏邦平又把警察厅长原有的警察游击队一个总队（辖4个中队）加强训练，补足枪械（粤造六八口径步枪及猪笼式轻机枪），派他的亲信杨其伟（军校毕业生）为总队长。杨其伟拉了一批旧日北伐新军作骨干，扩充到几百人。魏邦平对这两支警察部队极为重视，当作自己的王牌军，训练十分认真。魏还把警察厅加以武装。当他接任警厅时，原来站岗警察有四五千名，大部分训练很差，装备又很窳陋，全部枪械不及警额的1/3。魏邦平上任后训练原来的站岗警察，分派军校毕业生数十名为警厅督察员兼训练员，常驻各警察单位，专负训练警察之责，频施实弹射击等军事演习，分期亲自检阅，使之成为有战斗力的队伍。并且，魏邦平向督军府具领部队不合用的械弹（如毛瑟、村田、"万里霞"步枪）加以修理，充实警察火器，做到一警一枪，警察的装备得到了改善。经过训练和改装，警察部队增强了军事战斗力。魏邦平利用这些警察部队打了几次仗。最有名的是参加讨龙之役和驱莫（荣新）之役。

1917年11月8日，北京政府为了对付广州的护法军政府，任命龙济光为两广巡阅使。12月22日，龙济光率所部渡海向广东的高州、雷州、阳江、阳春等地进攻。由于护法军政府的主要军事力量集中于粤东，准备征闽，龙军乃得长驱直入，连陷南路、两阳（阳江、阳春）等地，进逼恩平、开平，广州震动。护法军政府遂任命李烈钧为讨龙军总指挥，李根源、林虎、魏邦平、刘志陆分任讨龙军军长，由魏邦平打先锋，并由海军配合，向龙济光反击。[①]
魏邦平部队的基本力量就是原来的警卫军和警察游击队，约 3000
人。魏邦平率领这支部队攻打阳江、电白、化州等地。在电白一
役中，讨龙军一举打垮了龙济光的主力李嘉品部。是役中，魏邦
平的警察部队发挥了重要作用。对于这支警察游击队的战斗力，
后来的报纸有评论如下："警察游击队向称骁勇善战，前者讨龙
之役，魏邦平曾率同赴高雷两阳，屡战必胜，敌人号为黑衣兵而
不敢近。"[②]

　　1920 年 9 月，魏邦平又率领这支警察部队参加驱逐莫荣新之
役。桂系在割据广东的几年中，给广东人民带来深重的灾难，引起
广东人民的反抗。1920 年 8 月，粤军回师讨伐桂系的战斗打响后，
在广东全省范围内立即掀起了从军到民、从正规部队到民军、从东
到西、从前方到后方的一个席卷全省城乡的反桂斗争。在这个斗争
的推动下，原桂系旗号下的粤籍将领魏邦平和李福林，也倒戈反对
桂系军阀。魏邦平将他所属的警察编为若干大队，由当时训练武装
警察的训练员分任中、小队长，并选派有军事学识的警察区署长、
分署长林子斌、孙承洽等为大队长，集中于河南。另外一些尚未有
枪支的警官和警察，仍留守原机关，负责侦查桂军军事动态和稳定
市面等工作。9 月 26 日，魏邦平和李福林在广州河南宣布独立，
表示脱离桂系，要与讨桂的粤军一致行动。27 日，魏邦平致电孙
中山，表示要率所部陆军和舰队，"陈师珠江，集中鹅潭，占领中
流砥柱及车歪炮台各要隘，与福军一致行动"。[③] 孙中山立即复电
表示嘉勉。同时告诉魏："莫贼尚有要求，缓兵待救，我宜急击勿
失。盖为我粤安全及大局计，俱不能容此丑类，以遗后患。"[④] 同

①　李希贤：《魏邦平任广东省会警察厅长兼广东全省警务处长时的警察》，《广州
　　文史资料》（第 11 辑），广州，1964，第 105～106 页。
②　《游击队马巡赴石龙巩卫》，《广州民国日报》1923 年 8 月 29 日。
③　上海《民国日报》1920 年 9 月 30 日。
④　上海《民国日报》1920 年 10 月 9 日。

一天，魏邦平和李福林致函广东督军莫荣新，敦促他"解除兵权，以粤省治权还之粤人，率师回桂，俾息兵祸"。① 随后，魏、李所部进军三水，全部控制广三路沿线，切断桂军由西江经三水至广州的补给线，给予桂军沉重的打击。在广州，"武装警察渡河而南，组织警备队，与军队协同动作，保障治安，卒使敌军出走"。② 10月29日，孙中山的军队收复广州，魏邦平立即将警察部队从广州河南调过来维持广州市的秩序。③

魏邦平、李福林的倒戈对讨桂战争的胜利起了很重要的作用。据粤海关情报报告："自从魏邦平与李福林宣布自主以来，在惠州的桂军屡吃败仗。"④ 由此可见魏邦平率领的广州警察部队在讨桂战争中立了一定的功劳。

这支由魏邦平建立的、颇有战斗力的警察游击队，一度在1923年1月26日的江防会议事变中被桂军沈鸿英部缴械。这次被缴械的有警察游击队第四中队全部，第三、第五两小队。1923年3月，吴铁城当广州市公安局长后，发还了枪械，恢复了各队。⑤

2. 广州警察与五四运动

在桂系统治广东期间，爆发了震动全国的五四运动。出自封建军事专政的本能和需要，桂系军阀与北京的北洋军阀政府遥相呼应，对五四运动采取了镇压措施。在镇压广东的五四运动的过程中，在依附于桂系军阀的警察厅长魏邦平的控制下，广州警察充当了刽子手和打手。

1919年5月31日，广东督军莫荣新、省长翟汪、警察厅厅长

---

① 《中华民国史资料丛稿》"大事记"，第6辑，第93页。

② 广州市政厅编《广州市市政概要·公安局》，广州，1922，第115页。

③ 广东省档案馆编译《孙中山与广东——广东省档案馆库藏海关档案选译》，广州：广东人民出版社，1996，第199页。

④ 广东省档案馆编译《孙中山与广东——广东省档案馆库藏海关档案选译》，广州：广东人民出版社，1996，第196页。

⑤ 广州市市政厅总务科编辑股：《广州市市政报告汇刊·民国十二年》，第213页，1924年2月印行。

魏邦平联合发布了镇压五四运动的四份布告、通电:《督军、省长布告》《省长公署布告》《警察厅长布告》《督军莫、省长翟致各镇守使、道尹、督办、总办电》。这四份布告、通电,称广东的五四运动为"聚有多数匪徒,借端滋扰,实属妨害社会康宁";是"乱民扰乱秩序","结队连群,为法外之举动"。还说群众是"不法棍徒竟至借端纠众夺掠毁物,扰害商民","损害他人身体及物件";命令各地文武预先防范、严行"禁止",认真"弹压""查禁","严拿尽法惩办"。①桂系军阀和魏邦平不仅是这么说的,也是这么做的。

桂系军阀在广州地区破坏、镇压五四运动的过程中,有两次特别严重。

五四运动爆发后,广州地区群情激愤,纷纷起来响应、支援,学生表现得尤为激烈。广州各界曾多次向军政府、督军署、省署请愿,一再要求下令声讨卖国贼、坚决废除一切卖国的中日密约。为桂系所控制的军政府,或者不作明确答复,或者置之不理。这就更加激起了群众的义愤,7月11日,广州全城罢市。当天,广州警察厅立即发出禁止罢市的布告,声称"如敢有意违抗,因此乱及治安,……惟有查明首从,分别拘拿,依法严惩",②对群众进行恫吓。但群众并没有被吓倒。13日,广九、广三、粤汉三铁路的工人,电灯局和各机器厂的工人相继举行罢工。工商学界数千人前往省议会请愿。督军莫荣新、警察厅长魏邦平竟派军警数百人前往镇压,强迫解散请愿的群众。当群众拒绝解散时,军警即开枪,打伤数十人,并拘捕学生50余人。15日,各界数千人在东园召开国民大会,表示抗议,又遭到军警的殴打,并被捕去多人。16日,群众纷纷上街讲演,又被拘捕300多人。在讲演时,广东学生联合

---

① 《广东督军莫荣新等镇压广东五四运动的文电四件》,《广东文史资料》(第24辑),广州:广东人民出版社,1985,第63~65页。
② 《中华民国史资料丛稿》"大事记",第5辑,第98页。

会发行的刊物——《雪耻报仇》被军警全部收缴和销毁。这样的行为，使群众的情绪更为高涨，纷纷发表通电，向全国揭露桂系军阀的严重罪行。广东国民大会发出的通电指出："不意护法省份，所有段祺瑞不敢为、不忍为者，一一出以桂系军人而不顾。粤民今日，惟有痛心疾首，以待全国人民之公断。"[①] 孙中山发出急电给广东军政府，指出："闻警厅因国民大会拘捕工、学界代表，将加以殊刑。……我粤为护法政府所在之地，岂宜有此等举动？""不惟为粤人之所公愤，亦即全国之所不容也"，要求立即释放被捕群众。[②] 广州国会议员几十人也提出书面质问，在强大的社会舆论压力和群众的坚决斗争下，桂系军阀才被迫释放了所有被捕者。

1919 年 11 月 8 日，广州市各校学生在东园为在抵制日货游行时死难的学生举行追悼会，会后游行至长堤先施公司门前，公司方面与魏邦平指使的警察结合，向游行队伍的学生乱撞乱刺，甚至开枪射击，打伤学生数十人，事后禁闭学生 200 多人，逮捕学生领袖张殿邦等 11 人。直接参与镇压的警察厅游击总队队长杨其伟后来记述如下。

> 先施公司是广州三大公司之一，以推销日货出名，所以当广州学生响应"五四"运动及抵制日货运动开始，就是被注意的重点公司，和大新、真光公司，被称为"三大亡国公司"。先施公司经理马应彪呈准警察厅派十二名警察驻守保护。大约是十月间，一次学生示威游行，包围了先施公司，警察加以干涉，引起冲突，学生缴了部分警察的枪。我闻报后，即派三百名警察把进入先施公司的学生包围起来，关住内外铁门，把学生从天台赶到地下层禁闭起来。我住在东亚酒店指挥，要学生派代表来见我，并交还枪支，他们不肯派人来。学

① 《中华民国史资料丛稿》"大事记"，第 5 辑，第 99 页。
② 《孙中山年谱》，北京：中华书局，1980，第 244 页。

生被困了三天三夜，不肯屈服，没东西吃，刚好是时是中秋节，楼下摆了很多月饼，他们就吃月饼、罐头，渴了就喝汽水。这事件发生后，轰动了整个社会，先施公司街口，聚集了一二万人观看，我下令开水龙驱散群众。国民党人散发传单，大骂魏邦平和我，不少报纸也抨击我们。后来我们只好在被困学生中抓了十七名绑起来解到警察厅审讯，其余释放，进行搜身，拿回了十二支长枪及十支短枪。这十七名学生解到南石头惩戒场关禁起来，过了一些时候才予以释放。①

殴打、禁闭学生的暴行发生后，各界的抗议活动风起云涌。从11月9日起，广州国会粤籍议员、广东学生联合会、广东省议会议员25人公开要求释放被捕学生。广州各校学生数千人和各校校长、教职员代表，分别前往军政府、督军署、省署请愿，提出惩凶等正义要求。广州国会众议院召开会议，200余名议员以压倒多数通过查办魏邦平案。广州中等以上各校学生举行罢课，发表宣言，声明"学生罢课，以依法惩办魏邦平为目的。魏邦平一日不办，学生一日不息"。罢课期间，学生多次举行游行示威及讲演宣传，向当局进行了十多次请愿。最后，护理省长张锦芳出面做出保证，"愿以文书表明依法办理"，各学校才于12月15日复课。在这样坚决斗争的情况下，魏邦平才被迫释放了张殿邦等被捕群众。②

当广州警察殴打和拘捕学生的暴行发生后，广州的10多家报纸都据实进行了报道，触怒了桂系头目和魏邦平。12月12日，警察厅派出警察搜查了《国民报》和《大同报》两个报馆，并拘捕了《国民报》的主笔等5人。13日，广东报界公会致函广州军政府、督军和省长，要求他们下令警察厅释放被捕人员；同时公会还

---

① 杨其伟：《魏邦平在护国护法时期的活动》，《广东文史资料》（第46辑），广州：广东人民出版社，1985，第166～179页
② 余炎光等主编《南粤割据——从龙济光到陈济棠》，广州：广东人民出版社，1989，第90～96页。

急电全国各有关方面，请求给予声援。魏邦平在桂系军阀的指使下，反而强加给《国民报》以"造谣惑众"的罪名，不仅封闭该报，还将该报主笔解往督军署审讯。更为严重的是，魏邦平当晚再次出动警察，搜查《羊城报》《天游报》《国华报》《总商会报》《岭海报》《天趣报》《共和报》《中原报》《快报》《粤报》等10家报馆，又拘捕了主笔、记者25人与《粤报》20多名印刷工人。

　　魏邦平的暴行引起了各界群众的极大愤怒。广州国会的粤籍议员、省议会的议员、总商会的董事和各校教职员，准备15日于东园国会议员俱乐部召开大会，商议解决办法。魏邦平却变本加厉，竟然出动警察，断绝交通，禁止开会。桂系的倒行逆施，引起全国的公愤。全国各界联合会、全国学生联合会、全国报界联合会，以及各地的群众团体，纷纷发出通电，一致声讨魏邦平的种种罪行，要求释放报社被捕人员并惩办魏邦平。最后，桂系军阀当局被迫释放了被捕记者。①

---

① 余炎光等主编《南粤割据——从龙济光到陈济棠》，广州：广东人民出版社，1989，第90~96页。

第三章
大革命前后的广州警察

　　本章主要论述 1923 年 3 月到 1927 年 4 月的广州警政。1923 ~ 1927 年是大革命时期，本章将把广州警政置于大革命的背景下予以探讨。

　　孙中山曾经三次在广州建立政权，这三次是：1917 年 7 月至 1918 年 5 月第一次护法运动与 1920 年 11 月至 1922 年 6 月第二次护法运动在广州建立的护法政权，以及 1923 年 3 月在广州重建的陆海军大元帅府。孙中山在广州进一步实施"联俄"政策，同中国共产党人合作并取得他们的帮助。1924 年，国民党"一大"在广州召开，完成了国民党改组，在国共两党合作的形势下，大革命进入高潮时期。1925 年 1 月和 10 月，革命军举行两次东征，彻底打垮了盘踞东江、潮梅达三年之久的陈炯明叛军。同时又进行南征，肃清了高雷、钦廉及琼崖的邓本殷、申葆藩部，统一了广东革命根据地。孙中山逝世以后，国民政府继续执行孙中山的革命政策，1925 年 7 月，广州国民政府成立，1926 年，进行北伐。

　　孙中山三次在广州建立政权时期，担任广州市公安局长的相继为魏邦平（1917 年 6 月至 1922 年 3 月）、吴飞、那其仁、李纪堂、吴铁城（1923 年 3 月至 1924 年 9 月）、李朗如（1924 年 9 月至 10 月）、吴铁城（1924 年 10 月至 1926 年 4 月）、李章达（1926 年 4 月至 1926 年 12 月）、钱大钧（1926 年 12 月至 1927 年 1 月）、邓彦华（1927 年 1 月至 1927 年 10 月）。① 其中魏邦平和吴铁城两人担任广州市公安局局长的时间最长，与广州的警政建设关系较大。关于魏邦平执掌广州警察大权时期的警政，第二章已经作了论述，本章不再赘述，本章主要论述吴铁城任广州市公安局长时期的广州警政。

吴铁城于 1923 年 3 月至 1924 年 9 月、1924 年 10 月至 1926 年 4 月两度出任广州市公安局局长。他担任公安局长期间，正值广州时局波谲云诡、国民革命蓬勃发展的时期。大元帅府重建、国民党改组、商团叛乱、两次东征、省港大罢工、杨（希闵）刘（震寰）叛乱、统一广东、国民政府成立、开始北伐、"中山舰事件"等大事都发生在他任内。广州警察如何应对时局、保护革命后方的安全，这是对吴铁城的严峻考验。事实证明，作为公安局长，吴铁城尚能力任艰巨、恪尽本职；然在大革命后期，在复杂的革命风云面前，他却成为反共的国民党右派分子。

第一节　警政建设的新举措

一　机构设置的变化

大革命前后，广州政局逐步稳定，历任广州警察主官吴铁城等开始对警察机构进行调整。公安局原来的警务、司法、侦缉、消防 4 课，1925 年调整为总务、行政、侦缉 3 课，原消防课并隶行政课，司法课改称警察审判所，仍保留督察处，作为督察内外勤务、训练、调遣的监察机构。翌年 4 月，李章达（曾任孙中山警卫团长）继任局长，设立政治训练部、谍捕队（专管查缉"逆党"，刺

---

① 这几位公安局长到任、离任日期见《广州市公安局历任局长调查表》，广州市档案馆，全宗号资，目录号资，案卷号 2044。又见广东中山图书馆编《民国广东大事记》"1917 年""1922 年"条，广州：羊城晚报出版社，2002 年 11 月。

探"匪情消息",北伐胜利后合并于侦缉课,谍报队员更名为特别侦缉队员)等。1927年10月,原卫生局管理的洁净事务拨归公安局,增设洁净课。①

1. 恢复全省警务处

全省警务处是掌管广东省警政的行政机关。广东原来设有全省警务处,后因故裁撤。1923年10月,广东革命政府决定恢复全省警务处。广东省政府颁布命令称:"警察为内治要政,本宜设置专管机关,随时考核整顿。查本省从前原设有警务处,嗣以民选县长成立,各县警政,由县长专办,该处因而裁撤。现查各属办理警政,类多有名无实。当此军事结束,清匪善后,警察尤关紧要,亟应规复全省警务处,俾资提携而策进行。"② 警务处职员,大部分由广州市公安局的职员兼任。广州市公安局局长吴铁城兼任全省警务处处长,公安局警务课课长潘歌雅兼任警务处第一科科长,公安局消防课课长关翼周兼任警务处第二科科长,公安局司法课课长陈鸿慈兼任警务处第三科科长,公安局侦缉课课长吴国英兼任警务处第四科科长。③ 1923年11月1日,吴铁城在市公安局就任全省警务处处长职,广东全省警务处正式成立。④

2. 复设副局长以佐理局务

公安局曾设有副局长一职,后因时势迁移,政策更变,旋经裁撤。到1926年实行北伐,后方治安关系尤重,"如以局长一人独任,或不免有千虑一失之虞。于是呈请复设副局长,市政府及省政府均以此事为适当之请求,即奉准转呈,并准予添委。自此佐理得人,事无不举,局务之进行更无稍有停滞之虑"。⑤ 广州公安局设

① 吴铁城:《广州市警察民国十四年进行之状况》,《广州市市政公报》第210号(1925年)。
② 《规复全省警务处之省令》,《广州民国日报》1923年10月24日。
③ 《警务处员题名》,《广州民国日报》1924年2月27日。
④ 《吴铁城今日就警务处长职》,《广州民国日报》1923年11月2日。
⑤ 钱大钧:《民国十五年广州市警察进行之状况》,《广州市市政公报》第244号(1926年)。

立副局长后，通过办事规程和条例明确其职责，加强了局内的管理。

3. 设立警察审判所和取消消防课

1925 年 11 月，广州市公安局的司法课改称警察审判所，并制定了《广州市公安局警察审判所组织条例》。根据条例规定，该所的组织原则和职能如下。

第一条：凡关于违警罚法所揭之案件，由警察审判所审判之。刑事嫌疑人为警察所发觉或逮捕者，由警察审判所传讯之。惩戒不良少年、诉追租项、匿报警捐，由警察审判所审理之，其依据公用事业原定罚则之处罚执行事项亦同。

第二条：警察各区署对于违警罚法之案件，处罚不过十五元者，得自行处理之，但不得加以拘留，并须于一个小时内审理之，不服区署之处理者，得即时声明不服，由警察审判所再行审理，该区署应于一小时内解送之。警察各区署关于处理违警案件，除前项规定外，对于在该区署投诉或发觉而传拘到区署之案内人，须于一小时内解送审判所处理，其被告人如无湮灭证据及逃走之虞者，得先行释放，谕知候所传讯，不必取保。

第三条：警察审判所，以广州市警察所辖地为管辖区域。

第四条：警察审判所为独裁制，其审判权，以审判员一员独任行之，但须受公安局长之指挥监督。

第五条：警察审判所设所长一人，审判员若干人。

第六条：警察审判所所长，总理全所事务，并监督其行政事务，仍兼充审判员。审判员掌理审判案件

第七条：审判员如有事故时，得互相代理。

第八条：审判所长、审判员，以在政法大学或法政专门学校毕业，曾充推事或检察官一年以上，或警察正科毕业、警监专门学校毕业，曾办警政一年以上者为合格。

第九条：警察审判所，置书记员若干人，以资格深者一人

为书记长，监督其余各员。

……

第十三条：开庭审理，以公开为原则，但有必要时，得禁止旁听。

……①

通过条例，可以看出对审判所的成员要求具有较高的专业水平，其职权也相对扩大。

将消防课合并于行政课，并非减轻了公安局负责全市消防的责任，而是将消防直接放在行政课的管辖之下，更便于临时调度和调配。1924年，公安局提出整顿广州市消防警察计划：

（一）总所。设总队长1员，总队副1员，警长2员，警察50名，保护老新城及兼管各分所。现有大救火机1辆，50匹马力，每分钟能吸水250加仑，现拟再添置1辆，每分钟吸水500加仑。连长绞梯一度。

（二）第一分所。设队长1员，警长1员，警察20名，保护西关，现有救火机重约1吨，每分钟能够吸水200加仑。

（三）第二分所。设队长1员，警长1员，警察20名，保护西关，现有救火机重约1吨，每分钟能够吸水200加仑。

（四）设队长1员，警长1员，警察20名，保护河南，拟置新机1架。

（五）东山分所。设队长1员，警长1员，警察20名，保护东山一带。将大沙头飞机厂现有之机移用。

（六）黄沙分所，设警长1员，警察10名，保护黄沙一带。

（七）花地分所。②

---

① 《广州市公安局警察审判所组织条例》，《广州市市政公报》第210号（1925年）。
② 《议决消防计划》，《广州市市政公报》第159号（1924年）。

为了广筹款项添置消防器具，公安局建议向市内铺户征收消防年捐，得到了广州市政府的批准。其办法：每月租额不及 5 元者免收，5 元以上不及 15 元者，每年征收 5 毫。15 元以上不及 30 元者，征收 1 元。30 元以上不及 50 元者，征收 2 元。50 元以上者，征收 5 元。自业者照产价每千元作每月租额 6 元计算征收。此项年捐，均由业主负担，租户代缴。[1]

4. 拓展警区，增设岗段

20 世纪 20 年代，随着广州市政建设的发展，广州日趋繁盛，人口也大幅增加。1923 年广州市政厅决定扩大广州的市区。这次扩大，北部以白云山为界，西部以增步对河之两岛为界，西南部至贝底水、石围塘、白鹤洞、芳村等地，南部将河南全岛及黄埔划入市区，东到东圃，[2] 市区面积大为扩大。市区的扩大，必然要求警区也相应扩大。这样，在一些重要的地方，广州市公安局拓展了警区、增设了岗段。

广州河南十一区警界外凤凰岗，20 世纪 20 年代以来，此处人烟稠密，商户繁盛，且为理船厅所在地。公安局长吴飞在任时曾经计划将此地扩充为警区，开办警察，后因地方多故中止。吴铁城上任后，认为此地实有设置警区之必要，便派员勘察该处，由凤安桥起，东至蛋家基，西至江边新堤，南至太古货仓，北至凤安街，划岗位 30 段，设立警察第十三区署。公安局得知凤凰岗有旗产一段，便呈请市政厅传令拨出该旗产公地，面积约为 177 井 72 方尺，作为建筑区署之用。[3]

河南十一区二分署附近草芳一带，1924 年亦添设岗警 9 小段，出勤则每日夜共出 6 班队，日则分段守望，夜则二段或三段联合巡

---

① 吴铁城：《广州市警察民国十三年进行之状况》，《广州市市政公报》第 166 号（1924 年）。

② 《展拓市区》《展拓市区界限之测定》，《广州民国日报》1923 年 8 月 27 日、12 月 11 日、12 月 12 日、12 月 13 日等。

③ 《扩充警区》，《广州民国日报》1923 年 10 月 18 日。

逻；广东街、石涌口设派出所，出勤则每日夜共出 4 班队，日则守望、值班、巡逻各分其责，夜则值班警外，守望、巡逻两警，联合巡逻。①

鉴于河南十一区三分署为市区极南边地，该署警界以外，盗匪出没频繁，治安隐患很多，于是在该处增设岗警，严密巡察。② 此后，广州河南一带治安形势明显好转。

西郊泥城、增步经常有土匪出没，广州市公安局曾于 1922 年计划在此设警，时因款项无着而落空，然终于 1924 年得以实现。因该地与七区四分署接近，由四分署增设段警 21 名。泥城地面设四小段，增步地面设三小段。日则分段守望，夜则联队巡逻。③

1924 年公安局又在四区二分署范围内增设岗警。在东郊东山新河浦堤岸设二小段，新河浦乡设一小段，教练所地方设二小段，合共五小段。警察出勤班数，每日夜均出六班队。勤务方法，新河浦堤岸二小段，与新河浦乡一小段，日则分段守望，夜则三段合巡，教练所地方二小段，亦如是。④

在清末和民国头 10 年，广州的警力基本集中在城内，只是临时出城执勤；到了 20 世纪 20 年代，经过采取以上的措施，警力延伸到远近郊区，并在郊区设置了一批常驻警察机构。

二 在警察局建立国民党组织

1. 组织警察特别党部

公安局长吴铁城非常重视在警察中发展国民党员。他曾在公安局发起组织警察同志会，意在鼓动警察加入国民党。⑤ 在他的推动

---

① 《扩充近郊警察》，《广州民国日报》1924 年 4 月 12 日。
② 钱大钧：《民国十五年广州市警察进行之状况》，《广州市市政公报》第 244 号（1926 年）。
③ 《泥城增步设警》，《广州民国日报》1924 年 3 月 24 日。
④ 《新沙涌设警察》，《广州民国日报》1924 年 4 月 4 日。
⑤ 《吴局长热心党务》，《广州民国日报》1924 年 4 月 8 日。

下，公安局人员加入国民党颇为踊跃。国民党在广州市警察中的组织得到大发展，警察在广州市党员中的比例大大提高。据统计，从1924年4月到1925年9月，国民党广州市第一区党部[①]中有警察党员290名，占该区全体党员的13%，第二区党部，有警察党员516名，占24%，第三区党部，有警察党员110名，占18%，第四区党部，有警察党员469名，占34%，第五区党部，有警察党员212名，占7%，第六区党部，有警察党员62名，占12%，第七区党部，有警察党员531名，占58%，第八区党部，有警察党员210名，占36%，第九区党部，有警察党员318名，占56%，第十区党部，有警察党员158名，占37%，第十一区党部，有警察党员357名，占18%，第十二区党部，有警察党员46名，占6%，第十三区党部，没有警察。这一段时间里，国民党广州市13个区党部，共有党员15650名，警察党员有3279名，占21%，人数比例排第二位（第一位是工界，共4160名，占27%）。[②] 在如此多警察党员的情况下，广州市公安局成立了警察特别党部，该党部设执行委员5人，监察委员2人。下辖40分部，每分部设执行委员2人。又党部直辖11小组，各分部设小组若干，依人数多寡而定。每小组设正副组长各一人，依法投票选定。[③] 另外，广州市公安局教练所全体员生也都加入了国民党。[④]

2. 设立政治训练部

1926年5月，广州市公安局设立政治训练部（简称"政治

---

① 国民党在广州市的分区与广州市警察区署的划分不一样，因此，国民党广州市第一区党部与广州市警察第一区署并不一样。以此类推。

② 《各区党政的党员职业分类统计（1924年4月至1925年9月）》，〔日〕深町英夫《近代广东的政党·社会·国家》，北京：社会科学文献出版社，2003，第226页。又据《广州民国日报》载，到1924年4月，公安局的警察加入国民党者，"数达三千以上"（见《组织警察党团》，《广州民国日报》1924年4月10日）。

③ 吴铁城：《广州市警察民国十四年进行之状况》，《广州市市政公报》第210号（1925年12月）。《警察党团组织》，《广州民国日报》1924年3月18日。

④ 《教练员生入党》，《广州民国日报》1924年3月27日。

部")。政治部商承公安局长，办理全市警察政治训练事宜，并受
军事委员会政治训练部之指导。政治训练部设主任一人，设总务
科、组织科、宣传科、政治训练委员。组织科主要负责全市警察党
区的组织及指导，拟定有关政治及文化教育的一切规程条例，开展
政治训练的统计调查，并考核政治训练的发展情形，对外政治训练
的辅助事项等；宣传科主要负责拟定关于政治教育及各种定期政治
宣传的计划方针、宣传大纲，指导政治训练的施行，各种宣传品的
编纂发刊及分配，本部政治训练报告的搜集及整理，本部应备图书
的鉴定及保管，输入警察界各印刷品的检查或取缔，对外政治训练
的宣传事项等。依照各警区数目，设政治训练委员 20 人，每位政
治训练委员担任两个警区的政治训练工作。①

3. 设立中国国民党警察教导团

公安局建立了中国国民党警察教导团，吴铁城说明了建立该团
的理由："查警察教导团之设，系因本市警察程度幼稚，半属临时
募充，未受教育者居多数。若非及时妥为教导，难期普及。虽职局
有警察教练所，然亦只造就少数之警材，未能普遍。况市政进行愈
速，警察事务愈繁。倘以未受教育程度幼稚之警察应付之，未有不
偾事者。局长有见及此，故设立中国国民党警察教导团，派员妥为
教导，藉以普及教育，发扬党义，并于警察章程规则之外，兼及三
民主义、五权宪法等项，以期贯彻而收速效。更按期散给党义指导
周刊及警政周刊等书类，以资启迪。计每月用款不过千余元，而收
效甚大。广州市为西南政府策源之地，警察维持后方，即以奠安全
国"；请求"体察本市地方重要，警察程度幼稚，派员教导，发扬
党义，实为当务之急，迅予转呈省长，俯准将中国国民党教导团议
决原案，照案核准，俾得进行"。② 由此可见，建立国民党警察教

---

① 《修正广州市公安局政治训练部组织章程》《广州市公安局政治训练部组织细
  则》，《广州市市政公报》第 222~225 号（1926 年）。
② 《呈省长据公安局呈请，将国民党警察教导团经费照案核准由》，《广州市市政
  公报》第 138 期（1924 年）。

导团的主要目的，是增强对警察党义的培养教育，使其能够为国民党的壮大提供保障。

为了加强对警察的武装训练，公安局长吴铁城奉大元帅孙中山的指示，聘定德人穆赖尔为教导团的教官，月薪毫银800元，翻译官范望170元。双方签订合同，初以6个月为限，期满后察看情形，如认为合格，仍得赓续订约。第一段聘期为1924年2月1日到7月30日。[①]

第二节　警察队伍的扩大

一　增设新警种

1. 建立骑巡警察

广州市公安局长吴铁城认为，时当军务倥偬，地方戒严之时，广州市为护法首都，防范保护，不容稍微懈怠。市警界区域，东至东山，西至南岸花棣，北至上下塘，南至河南，均设置警察分段站岗，治安保护工作，不能说不周密。然而，东北两郊，衢道纵横，住户店铺，并非衔接，且多荒僻山坳，碍难设置岗警巡察，而强梁巨盗，亦以近郊荒僻，多由此处出没，若非有呼捷应速、奔驰灵敏之警察，不足以资救济。民国初年，东北郊曾设有马巡警队，后因经费支绌中止。有鉴于此，吴铁城即饬员筹划规复昔时马巡，组织骑巡队，为东北郊一带之梭巡防范。在吴铁城的努力下，广州市公安局骑巡警察队于1923年6月1日组织成立。

骑巡警察以弥补岗警及警察游击队力量不足和维持治安为宗旨。计划设120名，照警察游击队编制，分为4队，每队设队警

---

① 《呈省署委员会议决公安局聘定德人为武装警察训练官追加预算请备案由》，《广州市市政公报》第139期（1924年）。

20 名。因经费短缺，一开始设 3 队。每队设队长 1 员。① 队长之上，设总队长 1 员，调委公安局勤务督察长梁禹平充任，直接受公安局长领导。每队中挑选骑术精良、办事稳练的队警 2 名，以 1 名为正目，以 1 名为副目，辅助队长执行任务。骑巡警察，分 4 处驻扎，以 1 队驻扎大北门外，专管大北、小北郊外治安事宜，大北自大北门外以迄升豆基、三元里，小北自小北门外以迄大凤冈一带等地方，均归其管辖。以 1 队驻扎大东门外，专管东郊外治安事宜，凡大东门外以迄燕塘旁，南至白云路广九车站止，北至造币厂等一带地方，均归其管辖。以 1 队驻东堤附近，专管长堤以内各马路治安事宜，凡东自广九车站起，沿东堤以迄西堤，及原日老新城地点之各马路一带地方，均归其管辖。以 1 队驻扎河南士敏土厂附近，专管河南及连毗河南尾等地方治安事宜，凡河南尾东至鸭墩关，南至马涌桥外，西至凤凰岗一带地方，均归其管辖。骑巡警察总队部，设于东堤附近适当地点，以期地点适中，而易调遣。从各区抽调马枪配给骑巡警察，整个骑巡警察队配置短枪 6 支，以供官长郊外出勤时使用。骑巡警察备马 87 匹，每队分配 21 匹，总队长 1 匹，马术教官 1 匹，副官 1 匹。骑巡警察出巡采取联队办法，每班以十人出巡，俾资联络。②

　　警察骑巡队建立以后，公安局对其建设颇为重视。公安局长吴铁城经常视察骑巡队，还请省长廖仲恺、市长孙科等国民党要员来视察、训话，③ 对骑巡队委以重任。骑巡队除担任本职的郊外巡逻任务外，遇有紧急或特殊情况，还经常被抽调到市面执行巡察任务。④

---

① 《呈省长公安局骑巡队成立日期及缴简章名册履历请备案由》，《广州市市政公报》第 87 号（1923 年）；又见《广州市市政公报》第 92 号（1923 年）。
② 《广州市公安局骑巡警察简章》，《广州市市政公报》第 87 号（1923 年）。
③ 《吴局长检阅各队》，《广州民国日报》1923 年 8 月 4 日；《检阅骑巡游击两队详记》，《广州民国日报》1923 年 8 月 6 日。
④ 《派骑巡队巡查市面》，《广州民国日报》1923 年 11 月 17 日。

警察骑巡队建立以后，在打击犯罪、维护治安、保护人民生命财产安全方面发挥了作用。1923 年 8 月 15 日晚，十几个手持长短枪的歹徒妄图抢劫东山猫儿岗脚的三座洋楼（一座为前水上警察厅长龙荣轩的住宅，另两座均为德国人住宅）。12 时许，被巡逻至此的 5 名骑巡队员发觉。骑巡队挫败了这一次抢劫行动，使三座洋楼免于被劫，避免了一次外交纠纷。① 1924 年 4 月 11 日上午 9 时，广州市民李叔才在四区一分署段内前鉴街云香茶楼品茗时，被假冒军人持枪指吓，强行掳去，四区一分署派警尾追，并电知骑巡队第二队分途兜截，在省会前马路截回，使其免入虎穴。事后李叔才在《广州民国日报》登报感谢骑巡队第二队和四区一分署警察，称赞他们"训练有方""赴援迅速"。②

2. 整顿警卫军和保安警察

辛亥革命后，广东战乱不断，"兵匪不分，盗贼如毛"，社会秩序混乱，地方士绅借维持治安名义，自筹款项，购买枪弹，成立"民团""商团"。这些组织各自为政，不相隶属，乡村民团头头一般是当地的地主恶霸等封建代表人物或代理人。广州商团后来成为英帝国主义支持下的买办资产阶级武装组织。1924 年商团事变期间，广东省长公署颁布《广东全省民团统率处章程》《广东全省民团条例》，规定所有农团、工团、商团、民团都由省长委任督办的民团统率处统率，凡有反抗政府、违反条例、接济盗匪等行为的民间自卫组织，将予以惩戒或解散缴械。③ 商团叛乱平息后，广州商团被解散，枪械被收缴。到 1929 年，广州市各种保卫团总共只有 165 名职员、504 名团丁，有枪 556 支。④ 解决商团后，民国前期

---

① 《公安局骑巡队之得力》，《广州民国日报》1923 年 8 月 17 日。

② 《恭颂公安局骑巡队第二队警察四区一分署长员截回被掳之得力》，《广州民国日报》1924 年 4 月 16 日。

③ 中国第二历史档案馆编《中华民国史档案资料汇编》第 4 辑（上），南京：江苏古籍出版社，1986，第 93～99 页。

④ 《广州市各种保卫团人员枪械及经费调查表》，《广州市政府统计年鉴（第一回）》，1929 年 12 月，第 85 页。

商团参与维持广州社会秩序、分享警察权的局面结束。

吴铁城除统率广州的警察外，还兼统警卫军。①

公安局原有警察游击队的设置，② 这是一支有实力集中应对重大治安事件的警察武装。警卫军成立后，警察游击队裁并到警卫军中去，已隶军队范围，与警察性质判然不同。警卫军开始尚分驻市内，协助维护治安。但如遇军事发生，即须调往前方冲锋拒敌。嗣后警卫军又改编为独立第一师，完全成为正规军，辅助警察的职责荡漾无存。其时全市警察 4400 余名，枪 3200 余支，平时轮班值岗已难于应付，更无法集中武装警力平息严重治安事故。于是，广州市公安局决定于 1926 年 5 月规复保安队，作为市公安局集中使用的机动武装警察队伍，保安队分驻市内要冲，一闻警耗，立即出队，与岗警合作。希望警察赖此辅助，实力既充，盗匪自不敢轻易尝试。③

设置保安队的经费由原来警卫军的经费转移而来。警卫军未改编为军队时，公安局按月拨助警卫军经费 20000 元，迨警卫军改编，1925 年 12 月份起，不再受公安局补助费。公安局提出，将此项经费拨支办理警察保安队，并在 1926 年度的预算案内列入开办费 5000 元，招募费 3000 元，服装费 48914 元，每月经常费 17446元，枪支由军事委员会拨给，不再购置，以省经费。广州市公安局的这一建议在 1926 年 5 月 11 日第 49 次广州市行政会议上被原则通过。④ 此后保安警察队很快建立起来，设立 2 个大队 6 个中队，

---

① 《广东省志·公安志》，广州：广东人民出版社，2001，第 194 页。

② 民国元年（1912 年），广东警察厅编练警察游击队 3 个中队 1500 人，分驻广州市内各地，施以军事训练，配备精良装械，协同岗警维持治安，并负有缉捕等特别任务，翌年缩编为 2 个中队。魏邦平任广东省会警察厅长，扩充警察游击队为 1 个总队 4 个中队，补足枪械，严加训练〔见《广州市志》（第 12 卷），广州：广州出版社，1998 年，第 117 页〕。

③ 钱大钧：《民国十五年广州市警察进行之状况》，《广州市市政公报》第 244 号（1926 年）

④ 《广州市公安局关于设置保安警察及枪支之呈复原文》，《广州市市政公报》第223～225 号合刊（1926 年）。

与岗警相辅巡逻。1927 年扩编，到 1928 年已经有 3 个大队 9 个中队。[①]

3. 正式建立交通警察

1918 年，魏邦平虽设立警察指挥交通，但人数有限，也没有专门的机构，因此还不能说广州市已经真正有了交通警察。然而，随着广州市马路的开辟和近代交通的日益发展，设置专门的交通警察以管理城市交通被提上了日程。1923 年 4 月 21 日，广州市公安局在局内设立交通警察部门，附属于警务课，标志着广州市交通警察的正式成立。[②] 按照交通警察的简章，交通警察的管理和执勤办法摘录如下。

（二）交通警察事宜设某等主任课员 1 人、助理员 3 人办理之。

（三）交通警察暂设 72 名，分为甲乙丙三班，每班 24 名。

（四）交通警察应受该课长员督察长员及局内各长员之指挥监督，与岗警同。

（六）交通警察按照岗位地点各隶属于该管警署，其轮班及勤务时间与普通岗警同，其出勤与收队仍由警长带领之。

（七）交通警察出勤时，遇有发生关于交通事件，当必要时，除报告该管警署外，并得直接报告主任课员及助理员。

（八）主任交通警察课员及助理员，凡遇关于马路交通事项，得直接指挥，各交通警察处理之。如遇事情紧急时，并得指挥，普通警察协助之，惟事后须得报告本管长官。

（九）主任交通警察课员及助理员每日须分赴各马路巡察，随时督饬各交通警察执行职务，并将情形逐日列表报告。

[①]　《广州市志》（第 12 卷），广州：广州出版社，1998，第 117 页。

[②]　《交通警察与市民生命之关系》，《广州市市政公报》第 75 号（1923 年）。

（十一）交通警察之选补升降赏罚应由主任课员随时呈请核办。

（十二）交通警察之教授训练由主任课员专任之。①

交通警察执勤后，制定和颁布各种交通规则，并着手整顿马路交通，取缔乱摆、乱停、乱放、乱搭、乱占等危害市内交通的行为。

（一）马路两旁铺户，所有货架什物，应缩入该铺墙格内，不得摆列于行人路；

（二）铺户招牌或布帐，须离地十二尺，及不得将招牌告白等，横拦马路中；

（三）各小贩挑担不得在行人路边，摆卖什物，只准在行人路旁之铺位空地摆卖；

（四）各铺户所用货车，除载运时，不得停放马路边；

（五）各商店如有用布帐遮日光或作告白者，日久霉烂，应即除去；

（六）各铺户因工程建筑，欲将砖瓦木石，暂放行人路者，须报明该管区署，得许可方能行之；

（七）各挑夫挑物，应向马路最左边往来，不得混入行人路，阻碍行人；

（八）各肩舆及货车，应向马路左边往来，不得在马路中行驶；

（九）各车夫轿夫，暨受乘客所雇，非到订明地点，无正当理由，不准中途将车轿放下；

（十）各乞丐不准沿马路及行人路，追人求乞。②

① 《举办交通警察》，《广州市市政公报》第 92 号（1923 年）。
② 《警区取缔马路交通》，《广州民国日报》1923 年 11 月 23 日。

这些措施取得了良好的效果，使广州市的交通管理水平上了一个新台阶。当时的广州市政府公报曾评价说："迩来对于车辆交通之管理，极形得手，未始非该队之训练有素所致也。"[1] 1924 年 3 月 6 ～ 8 日，世界游历团曾到广州游览，对于广州市警察办理的成绩，特别是交通管理的成绩，"备极称许"，并由港沪联合酒店公司司理（经理）保眉，致函公安局道谢：

> 此次 1924 年游历团团员到省游览，备蒙尊处指导，对于一概交通规则，管理备极完善，鄙人谨代表旅行团专函致谢。致该团团员全体，均谓此种秩序，纯由警察之组织妥善所致……[2]

设立交通警察虽然是加强交通管理的一个重要措施，然而完善交通制度和法规也不可缺少。有鉴于此，广东省政府制定了《车轿交通罚则》等规则，于 1923 年 4 月 23 日公布施行，规定由广州市公安局监督执行。[3] 在此基础上，1926 年广州市政府又制定了《广州市车轿交通规则》，进一步完善对广州市车轿的管理。该规则规定概要如下：

> 手车、马车、汽车、人力或兽力货车以及其他各车，必须领有执照，如未领有执照，或执照过期未领新照者，不准执业，如违查出拘罚。
> 车夫执照不得借与别人，应随身携带。车夫执照只适用于照内所指定之车辆。
> 车夫、轿夫不准任意停放车轿于冲繁街道。

---

① 《举办交通警察》，《广州市市政公报》第 92 号（1923 年）。
② 《游历团鸣谢广州警察》，《广州民国日报》1924 年 3 月 16 日。
③ 《交通警察与市民生命之关系》，《广州市市政公报》第 75 号（1923 年）。

车夫、轿夫须遵照警察及财政局稽查员之指挥。

凡患神经病或眼病及醉酒者，不得充当车夫、轿夫。

车轿须靠马路左边而行。驾驶慢行车须循马路之最左而行。由小路或支路而出之车辆，须让干路之车辆先行。

车辆撞伤行人或牲口，及毁坏他人品物时，车当立刻停止，由警察或稽查处理。

行车不得超过规定速度。

入黑时凡车轿无号不准行驶。

机器发动之车辆，其警号用响角，人力或兽力及单车用铃响。车辆响器必须装置，但非红角及十字路口暨行人拥挤地点，不得无故乱响。轿得免用响器。①

为了使市民知晓这些交通制度和法规，公安局将这些印成传单分发，俾众周知。②

随着国民革命形势的发展，驻扎于广州的国民革命军越来越多，军事交通日益繁忙。广州市公安局认为，广州市为国民政府所在地，华洋杂处，奸宄潜滋，所有军事交通，必须派员调查，以杜乱萌。此项提议得到军队的支持，国民革命军总监蒋介石答应每月给予广州市公安局2万元，补助调查员薪水及调查费用。③

4. 建立义务警察

为了训练市民自卫、巩固市内治安，广州市公安局特建立义务警察，以补现役警察的不足，树立治安的基础。1923年制定的《广州市义务警察章程》被市政府通过。该《章程》中有如下规定。

"义务警察由各区署编练，即归各警署统辖"。"由该区署长指挥调遣"。每个警署编练义务警察20名至50名。义务警察自备服

---

① 《广州市车轿交通规则》，《广州市市政公报》第239号（1926年）。

② 《公安局注重交通》，《广州民国日报》1923年8月21日。

③ 《广州市公安局提议设立军事交通调查及警察教练所意见书》，《广州市市政公报》第223～225号合刊（1926年）。

装、枪械，服装式样由公安局统一规定，以求统一。

"义务警察服务原无定时，有事时则招集服务，事毕遣回。其服务分配及班数，临时由各区署定之"。义务警察凡招集服务及遣回时，必须先由该管区署将事由呈报公安局核准，方可进行。服务时，不论时间长短，"概由公家供膳，所用膳费，作正报销，惟寝睡则各自回家，必要时，并得在警署留宿"。义务警察服务以一年为期，期满后可以继续申请服务。

凡广州市男子具有下列资格者，可以被选为义务警察：第一，年满20岁以上者；第二，身体强健及无嗜好者；第三，粗通文字者；第四，品行端正者；第五，在本市居住二年以上及有一定职业者。

凡市民具备上述资格而愿当义务警察者，须向公安局或该管警察区署申请报名，以备挑选。由警察区署进行挑选，送公安局复选。凡被选为义务警察者，须填写志愿书，并"妥觅殷实商店担保，如商团员有愿充义务警察，由该管团部保送者，不须商店担保"。

"各区署所辖义务警察，须由该管区署长员或局分派督察员，担任训练，但训练时间，以不妨碍其普通职业为限"。义务警察训练的内容主要有：警察要旨，服务细则，现行法令，市政例规，违警罚法，兵操等。义务警察每星期由各区警署召集训练二次。

"义务警察服务完了，即给予证书，以警长巡官三等督察员署唱补用，或派往各厅局县任用"。"义务警察如有因执行职务，以致残废，不能谋职业者，由政府给予一次过养老金五百元；若死亡，给予一次过恤金五百元，由政府备棺殡殓，并将姓名勒碑，以彰功绩。"

5. 设立谍捕队

当时，陈炯明的间谍散布广州市，或搜集情报，或散布谣言，或进行破坏活动。广州市公安局认为，广州"为护法首都帅府所在地，维持本市市政，即所以巩卫护法全局，现当军事未定，逆党

爪牙到处潜匿，思逞狡谋，原有侦缉员，只可侦拿盗匪，及拐骗等
案匪犯，对于逆党方面，虽亦负侦缉之责，然职非专任，神有外
驰，执行未免疏漏"，因此，奉大元帅孙中山之令于 1923 年 3 月成
立特别侦缉队。① 该队"全为侦查各处逆党而设，与原有侦缉任
务，仅限于市区一隅，办理普通侦缉事务者，各有不同"。② 1926
年，国民革命军北伐后，公安局又设立谍捕队，专门对付敌对势力
以及同国民党新右派持不同政见的人，按照公安局当局的说法是：
"惟当北伐时期，反动派妄思摇动后方，必多潜踪市内，侦查逮
捕，职责至重，亟宜另设部队，俾专责成。因特增设谍捕队，专管
查缉逆党事务，及刺探匪徒消息。港澳与各江要地，均派队员查
报，与侦缉课之缉捕市内盗匪维护治安者，并行不悖。" 1926 年
底，谍捕队合并于侦缉课，原有谍捕队员更名为特别侦缉队员。课
长之下增设队长，为全课队员之指挥统率。③

二 警察的训练和教育

鉴于广州警察素质低下，公安局及时设立机构、采取措施以提
高警察的专业能力和执法水平。

1. 恢复警察教练所

公安局原来有警察教练所，是专门训练、培养警察人才的机
构，后因经费不敷、军事影响于 1922 年 12 月办至第 17 期而停办。
该所裁撤后，就没有了培养警察的学校，现役警察也没有了再受教
育的场所。1923 年 8 月，市公安局决定恢复警察教练所第 18 期招
生，要求有志求学的社会青年考取该所。结果报名应考者百余名，

---

① 《追加侦缉经费》，《广州民国日报》1924 年 4 月 9 日。
② 《咨审计处据公安局呈复遵令拟设特别侦缉队，经费碍难删减情形，请转咨查
照由》，《广州市市政公报》第 77 号（1923 年）。
③ 钱大钧：《民国十五年广州市警察进行之状况》《广州市市政公报》第 244 号
（1926 年）。

又令每区选送警察 4 名入所学习，并要求各县选送警察入教练所培训。[①] 1924 年 2 月，公安局还在警察教练所附设全省警务处警察学习班，要求各厅、局、县选送现役长警者入所学习，一俟学习期满，即发给证书，仍回原单位服务。[②]

2. 设立警察补习所

1926 年 6 月，广州市公安局筹资成立了警察补习所，制定了《广州市公安局警察补习所简章》。简章规定，该所"以普及本市现役警察之教育为宗旨，训练以职务上必须之学术"，要求公安局所辖之现役警察，一律次第抽送补习。学额初定为 240 名，按 38 个区署共有 75 大段，及 5 个分驻所，每一分驻所作一大段算，每一大段抽送 3 名，总计为 240 名。补习日期，每期定为 5 个星期，第一期补习完满后，第二期继续抽送补习，以此类推，希望在较短时间内对现役警察全部进行一次训练和补习。警察补习所将全市警署分为 6 段，每段设教场 1 所，设立于各段适中之区署，定名为广州市公安局警察补习所某教育场。因训练时间短促，所授课程务求适用。警察补习所设所长 1 员，学科教员 6 员，术科教员 6 员，均按照规定时间前往教场教授。各教员均选督察处及政治部职员兼任（政治训练由政治部选任），有课到各教场教授，无课仍回督察处服务。各教员均不另支薪，每月酌给津贴。参加补习的警察为学警，在补习期内以学习为主，一切任务暂停派充。学警膳宿均回原署，于授课时如有延误或失队者，严厉处罚。学警原署如有距离教场过远，来往跋涉者，得暂迁往设置教场之署住宿搭膳，由该署长分拨各班警长管理之。各区挑选学警入所补习时，须经考验合格，方准入所补习，如本署无具学警资格者，应另行募选，以养成学警

---

① 《广州市警察教练所招生广告》，《广州民国日报》1923 年 8 月 24 日。

② 《令送警察入所教练》，《广州民国日报》1924 年 2 月 28 日；《设警长补习班》，《广州民国日报》1924 年 4 月 14 日；《吴铁城造就各属警才》，《广州民国日报》1924 年 4 月 23 日。

人格。① 为了保证学警的学习质量，简章还规定，警察补习所毕业学生，以成绩之高下，作为职务升降的依据，这样不仅增进了每个警察的文化与技能，还提升了警察的职业道德水准。

警察补习所的设置，为广州的警察初级教育提供了培训场所。通过轮训，广州市内基本上无未受警察教育之警士。②

3. 制定奖惩章程

为了防止警察玩忽职守，督促警察严密防范、积极破案，1924年3月，广州市公安局制定《各区署分署盗窃、强盗案功过章程》，明定赏罚，以示惩劝。该章程规定：

（一）各区段内发生入铺屋行窃案，已破获者，署长或分署长，管兵署员，各记小功一次。

（二）各区段内发生强抢强劫案，已破获者，署长或分署长，管兵署员，各记大功一次。

（三）各区段内发生入铺屋行窃案，未破获者，署长或分署长，管兵署员，各记小过一次。

（四）各区段内发生强抢强劫案，未破获者，署长或分署长，管兵署员，各记大过一次。

（五）事后查缉破获，与当场破获者，同一记功。

（六）积三次小功，成一大功，积三次小过，成一大过。

（七）非入屋行窃案件，如各区辖段，一月内发生至七起者，即临时核定功过，令行踊缉。

（八）各区段内发生谋杀案件，已破获未破获，临时体察案内情形，核定功过。

（九）各区段内发生窃盗（无论在铺屋内外，及盗赃大

---

① 《广州市公安局警察补习所简章》，《广州市市政公报》第223~225号（1926年）。

② 钱大钧：《民国十五年广州市警察进行之状况》，《广州市市政公报》第244号（1926年）。

小）及强抢强劫谋杀等案，均限三日内先行呈报，不得以
"正在查缉""设法查缉"及别项情节等词，推诿延报。如有
延期呈报，一经查确，无论如何，均立将该署长或分署长撤
差。

（十）各区呈报窃盗、强劫、强抢、谋杀等案，责在署长
或分署长，不得以经管署员或录事办理迟延为推诿。[①]

对于有功之警察，公安局除物质奖励外，还通报表扬。[②] 如此
明定赏罚，激发了警察维护治安的积极性。

三　增加警费与提高警察待遇

警察经费在广州市的财政支出中占有很大比重。据市政厅长孙
科统计，1921 年，广州的市政经费，共支出 300 余万元，其用途
的分配，最多的是警察费，约占总岁出的 40%；次为马路工程费，
约占 25%；次为教育费，约占 20%；又次为卫生费，约占 10%。[③]
广州警察经费主要靠收取房捐、警费。然而这些远不能满足开
支的需要。例如，民国 10 年度（1921 年）广州市的房捐、警费收
入只有 60 余万元，而是年的预算支出 130 余万元，[④] 收入不足支
出的一半。民国 13 年度（1924 年），公安局经常费支 1792000 余
元，月支 14 万多元，临时费支 842000 余元，月支 7 万余元，两项
月共 21 万多元，而房捐收入每月仅 12 万余元，[⑤] 入不敷出十分严
重。正因为入不敷出，广州警察经费奇绌，警察薪水很低，严重影
响了警察的从业积极性和队伍的稳定。广州市公安局曾向市政府报

---

① 《吴局长关心民瘼》，《广州民国日报》1924 年 3 月 16 日。
② 《吴铁城注意捕务之一斑》，《广州民国日报》1923 年 10 月 25 日。
③ 孙科：《广州市政实际的观察》，上海《民国日报》1922 年 10 月 10 日。
④ 《呈省长委员会议决房捐警费规复征收大元案请备案由》，广州市档案馆，全宗
号：资；目录号：政；案卷号：570。
⑤ 《呈省署委员会议决维持警饷请咨滇军总司令饬行将花筵捐交回接收由》，《广
州市市政公报》第 139 期（1924 年）。

告说："广州市迩因生活程度日高，而各区警察既以三级为最多，而月饷不过 8 元，除伙食外所余无几，实不足以资俯仰。矧各区三级警察实居大半，若无升级希望，往往以饷薄辞差，不独难于选充，甚至应募者亦属寥寥，似于警政前途不无妨碍。"① 因此，公安局采取了各种措施增加经费、提高警察待遇。

1. 缩减开支的措施

针对收支严重不敷的局面，广州公安局认为："非加级无以维持警察之生活，非减岗又恐愈重市库之负担"，提出实行减岗、加级、加薪的办法，即减少警察人数，将节省的经费用于因提高警察级别而增加的薪水。具体办法是：

> （公安局）原有一级警察额 506 名，每名月饷 12 元，二级警察额 1110 名，每名月饷 10 元，三级警察额 2372 名，每名月饷 8 元，兹酌加设特级警额 300 名，每名月饷 14 元，一级警额增至 1000 名，每名月饷 12 元，二级警额增至 2000 名，每名月饷 10 元，三级警额减至 438 名，每名月饷 8 元。综计原有警额 3988 名，现设警额 3738 名，减去警额 250 名。原有警额月需饷银 36148 元，加级后月需饷银 39704 元，实增月饷 3556 元。现本案议设特级警额 300 名，以为各区现役警察有特别劳绩或执务勤能者之奖励。酌留三级警额 400 余名，以为初补候升及降级示惩者之安置分配。各区为数无几，藉劝惩之妙用，为整顿之设施。揆诸旧制，较为妥善，惟岗段再难议减，而饷额亦无加增，自应照加预算，俾资办理……②

同时，公安局要求市政府追加民国 11 年度（1922 年）的经常

---

① 《训令公安局委员会通过警察减岗加级》，《广州市市政公报》第 57 号（1922 年）。

② 《训令公安局委员会通过警察减岗加级》，《广州市市政公报》第 57 号（1922 年）。

预算，从是年的 4 月 1 日起，每月追加 3550 元，以缓解收不敷支的困境。虽然 1922 年 3 月 14 日市行政委员会第 68 次会议表决通过了公安局的请求，[①] 但是当时市政府有时实在没有经费拨付，亦不得不拖欠警察薪饷。例如，1923 年 5 月至 7 月，广州市的警察就有 3 个月没有领到工资，队伍出现解体的危险，广州市公安局长吴铁城心急如焚，想方设法于 8 月 10 日将 5 月份的薪饷完全清发。[②] 同时，吴铁城又写信向广州市政府求救："职局积欠警饷，已三月有余。日内如不清发五月份饷，深虑警察解体，无术维持，影响租捐及地方治安。职局每日收入警捐一项，尚未足发给伙食之用，万难节留，租捐则每日所收，以之支配帅令指拨各机关款项，时虞不足，不得已思及变卖警还余地，然仍系缓不济急，惟有恳请钧厅饬财局自本月五日起，无论如何，按日拨职局银三千元，以便汇存发饷。"[③] 然而，市政府也是罗掘俱穷，市库奇绌，款额无可指拨，公安局只得自己催收旧欠警捐来解决 6、7、8 三个月的薪饷。于是，公安局饬令各区署积极调查积欠数额，要求按额催收。由于各区警察严厉催收，各店户把拖欠的警捐逐渐清缴，警费得以接济，警政乃能维持一时。[④] 然旧欠警捐终究有限，即使能够全部清缴，也不能满足庞大的警费开支。

2. 公安局解决经费问题的努力

公安局为了能够解决经费的严重不足，除了搏节外，还另谋良策，建议市政厅允许将房捐警费加五成征收，以及将被滇军霸收的省河花捐拨归公安局。

---

① 《训令公安局委员会通过警察减岗加级》，《广州市市政公报》第 57 号（1922年。

② 《发给警察薪饷》，《广州民国日报》1923 年 8 月 14 日。

③ 《笔函财局据公安局请每日拨款三千元发给警饷仰酌拨由》，《广州市市政公报》第 91 号（1923 年）。

④ 吴铁城：《广州市警察民国十三年进行之状况》，《广州市市政公报》第 166 号（1924 年）。又见《严催警捐》，《广州民国日报》1923 年 10 月 26 日；《严催警捐》，《广州民国日报》1923 年 11 月 12 日。

查市局从前每年开支经费 156 万余元，房捐警费每年仅得
90 万元之谱，不敷已巨，而财政局每月之补助费，则自十一
年底起，未曾拨发。此次军兴以后，敝局长为巩固护法首都，
维持市内治安计，复增设骑巡队开办交通警察，及拟扩充警察
游击队至 1500 名，并增加全市警察饷项统计每年增加经费约
60 余万元。而当军事时期，增设特别侦缉队，及火车船舶检
查所，又需费数万元，尚不与焉。似此经费之增加既巨，自不
得不求实在入收，以裕饷源，而资挹注。故拟将房捐警费加五
征收，豁免大洋补水，计每年可得 110 万余元，惟不敷尚巨，
非设法筹维，则巧妇难为无米之炊。查市内花捐，从前每月由
本局收取侦探费 750 元，年共 9000 元，又花捐项下拨收 15000
元，年共 18 万元，此二项亦于十一年底起未曾拨过，现拟将
省河花捐及侦探费全年收入约 60 万元全数拨归本局收用，以
期警费有着，不敷之数再行设法弥补，且以花捐充作警费，于
事理上原甚适当，且此项花捐从前原系全数拨充警费，现拟拨
回本局收用，不过系规复原案，并非奢求云……①

然而花捐是滇军嘴里的一块肥肉，岂能吐给公安局？于是，公
安局又向市政厅建议：

（一）加倍征收船户警费。查警察第十二区全区，系管理
附城一带河面地方，所需各巡轮舢板，经已多年，时有朽坏，
亟须随时改装，或大加修理，公家款项支绌，固无此款应支。
经于民八年由前省会警察厅长，呈奉省长批准，每年一次征收
船艇警费，分为四等：甲等收银一元五毫，乙等一元，丙等五
毫，丁等三毫，收入之款专拨为修理巡轮舢板之用，年约征收
警费六千余元。现在百物奇昂，所需装修一切工价，日益增

---

① 《公安局请拨花捐充警费》，《广州民国日报》1923 年 8 月 13 日。

加……，拟请将此项每年征收一次之船户警捐，酌予加倍增收，改为甲等征收三元，乙等二元，丙等一元，丁等六毫……，每年只收一次。

（二）征收省河横水渡搭客费。省河横水渡自前清迄今，番禺县定每过客一人，抽钱一文为该县警学等费，招商承办，年约得银一万余元。省河系属广州市范围，过客受市区警察之保护，拟酌予征收渡费，以助警用。现拟仿照番禺县办法，每过客一人，加抽一文，仍责成原办河横水渡捐商人带收汇缴。

（三）规复花楼房捐警费。前清三十三年开办省河巡警局时，抽收花楼捐，以助警费。系以妓女之等第，分为六等，计甲等月收二元七毫，乙等一元九毫，丙等得一元四毫五分，丁等一元三毫五分，戊等一元二毫五分，己等一元，招商承办，年约警费四万元。光复后，各妓馆妓艇停业，此项花楼警捐，亦即停办，现拟规复征收，酌改为甲等月收三元，乙等二元四毫，丙等二元，丁等一元六毫，戊等一元四毫，己等一元二毫，责成收捐司事兼收，或招商承办。①

1923年10月3日市行政委员会第120次会议讨论通过了公安局的建议，② 却没有将其落实。原因是花捐归滇军征收，不肯让出。广州市政府多次向滇军交涉，希望滇军能够将花捐拨归市公安局作经费，皆无结果。1924年7月，市长孙科只得向广东省省长廖仲恺报告公安局的困境，希望省府能够出面向滇军交涉，收回花捐归市公安局。

前警察厅时期，收入项下，除房警捐而外，复有手车捐、

---

① 《公安局提议》，《广州市市政公报》第98号（1923年）。
② 《准增警捐》，《广州民国日报》1923年10月15日。

花捐、探费等项，不敷之数，更可按月向财政厅领取，毫无欠缺。改公安局以来，财政局尚复源源接济。局长接任而后，手车捐早已划归财政局，花捐复归军人掌握，屡讨不交，不敷之款，迭向财政局领取，均无拨给。所赖以维持警饷者，全恃房捐警费一项，挖肉补疮，已觉困苦。去年警察饷项，所以能维持者，全赖催收旧欠警捐一途，今则罗握俱穷。而月中代支各军给养费，及由财政委员会摊派担任者，尚难缕数。然为大局计，不得不尽力支撑。勉为其难。计奉令代收租捐，入数出先，后在警费项下挪垫过银30余万元，至今仍无从归还。因之各区警饷，已积欠三月余矣。……当于本（7）月9日市行政委员会第150次会议时，提交讨论。以警察关系全市治安，维持自不容稍缓。查警饷一项，向日所赖以接济者，除房警捐收入外，本以省河水陆花筵捐为大宗。乃上年军兴以来，滇军先将此项捐务踞收，藉充军饷，屡经交涉无效，致令警饷无着。计积欠三个月有奇，无法垫付。……深恐激成变端，妨碍大局，自应设法将此项花筵捐及早收回，以维警政而卫地方，即经议决照办在案。理合备文呈请钧署察核，迅赐咨行滇军总司令饬令廖师长，将市内水陆花筵捐一项，克交回市财政局接收，以符统一，而重警饷。①

即便如此，省政府仍然不能指挥滇军，直到一年后滇军和桂军被打垮，这项花捐才真正拨归到公安局。

公安局一直担心薪饷太低不利于警察队伍的稳定，认为，"警长警士薪饷甚薄，责任极重，故非久经锻炼，确具忍苦耐劳之恒心者，必不能久于其事"，② 故曾多次计划为全市警察加薪和提高待

---

① 《呈省署委员会议决维持警饷请咨滇军总司令饬行将花筵捐交回接收由》，《广州市市政公报》第139号（1924年）。

② 钱大钧：《民国十五年广州市警察进行之状况》，《广州市市政公报》第244号（1926年）。

遇。公安局长吴铁城在办理民国 12 年度（1923 年）预算时，曾打算为警长、警察、雇员、录事等酌量加饷。计划警长分为三级，一级月饷 30 元，二级 28 元，三级 26 元，比较原饷，略为增加。而警察分为五级，一级月饷 16 元，二级 14 元，三级 12 元，四级 10 元，五级 8 元，比之原饷每增 2 元，其余雇员录事等，每增 4 元，共月增 11000 余元。1924 年 7 月广州市政厅第 1555 号训令及省长公署第 803 号指令批准该项计划，但当时只因省河花筵捐为滇军霸收，不能收回，故未实行。滇桂叛军被勘定后，此项花捐悉缴公安局拨济警饷，原来计划给警察加薪的愿望才得到部分实现。但公安局经费需用甚大，不敷仍巨，仅仅于 1925 年 8 月 1 日将长警、雇员、录事等先行加饷，[①] 其余的只得等待时日。后来，公安局为了稳定军心，提高士气，还给资深的警长升级，给予年老退伍之警士以长俸，规定警长之供职满 10 年者均递升一级，警士服务满 10 年而年愈 60 者准其退伍，给予长俸，[②] 对稳定警察队伍起到了一定作用。

3. 节流的措施

筹集警费，开源固然重要，节流亦不是无足轻重。为了节流，堵塞漏洞，公安局除了在 1922 年实行减岗、加级、加薪等办法外，还采取了以下措施。

第一，设置审计委员会以严核出纳。公安局每月支出十余万元，警员薪饷及各区公费虽有额定，而购置消耗的开支亦为数不少，"稍失精严之考核，公家帑金固受损失，而办理者亦遭浮滥之嫌"，因此设立审计委员会，专门负责审核购置物品款目。该委员会设主席 1 员，委员 2 员，小额用途须经主席许可，大宗支款必须主席及委员通过方准支付。该会设立后，庶务之购置，与各方消

---

① 《指令公安局该局长警雇员录事等薪饷提交市行政会议决办理由》，《广州市市政公报》第 192 号（1925 年 8 月）。

② 钱大钧：《民国十五年广州市警察进行之状况》，《广州市市政公报》第 244 号（1926 年）。

耗，均不能稍有浪费，而公款自不致略涉虚糜。[①]

第二，节省经费。广州市公安局还从服装置换、日常费用中节约开支。如 1925 年广州市公安局从厚绒大衣、警察雨衣、轮船煤炭、建筑费、预备金等项开支中节省经费 411959 元，[②] 相当于常年开支总额的 26% 左右。可见，警察经费的使用也有节约的可能性。

第三节 整顿治安的措施

1923 年 1 月，入粤驱陈（炯明）的孙（中山）系讨贼联军进入广州。此后，广州驻有许崇智的粤军、李福林的福军（驻河南）、杨希闵的滇军、刘震寰的桂军、谭延闿的湘军、樊钟秀的豫军等多支军队。市内军民集处，良莠不齐，军人抢劫以及假冒军人掳劫之事，时有发生；[③] 散兵抢匪，朋比为奸，杀人越货，习为故常，日或数起，报不绝书。广州的警察防不胜防，打不胜打。为了维护治安，保护人民生命财产安全，保卫革命政府，广州市公安局采取了以下措施。

一 防范与军队有关的不法行为

1. 移军郊外

军民杂处，最容易滋生事端，特别容易发生冒军行劫之事。发

---

① 钱大钧：《民国十五年广州市警察进行之状况》，《广州市市政公报》第 244 号（1926 年）。

② 吴铁城：《广州市警察民国十四年进行之状况》，《广州市市政公报》第 210 号（1925 年）。

③ 查阅这一时期的《广州民国日报》，几乎无日不有关于冒军劫掠和抢劫偷盗之案发生的报道。《广州民国日报》1923 年 10 月 22 日之《奖励员警》载："迩来盗匪猖獗，抢劫偷盗之案，几于无日不有。"《广州民国日报》1923 年 11 月 3 日之《本市劫案》载："广州自烟赌复活后，打单劫掠，掳人勒赎，强抢暗杀之举，书不胜书。"

生这类事时，往往军事当局亦有鞭长莫及、无可奈何之叹。1924年3月，粤军张民达旅由东江前线开拔来省，一律驻扎郊外白云山一带，就地搭盖蓬厂住宿。有人认为此种办法一则可以免除弊混，一则可以勤加操练，各军亟宜仿行，特向孙中山提议移军郊外，现在驻扎省城之军队，或嗣后如有大军过省，通令各军遵照，均应在郊外择地搭蓬驻扎，不得再任意侵占民房。① 大元帅孙中山鉴于冒军抢劫之案层出不穷，警察疲于奔命应对，接受这一建议，命令移军郊外，令饬卫戍司令部及广州市公安局执行。公安局奉令行动后，部分军队遵令迁出。但仍然有部队拒不执行。如西路讨贼军第五旅旅长胡迪镛，不仅拒绝执行交还民业、移驻郊外的命令，且同前来执行公务的警员发生冲突，并发表通电，诬称警员"藉搜查之名，行抢掠之实"；历数吴铁城"刻薄军人"的罪状。吴铁城顶住压力，坚决执行命令，并通电说明事实真相。② 公安局费尽周折，受尽诽谤，监督该部移出市区。③

2. 设立军警联合督察处

军队杂处市内，假冒军人骚扰社会之事层见叠出，需要军警协力维持，来维护社会治安。有鉴于此，1924年3月，广州市决定设立军警联合督察处。④ 督察处由驻省军警共同组成，专任督察职务，以维护地方治安。联合督察处设处长1员、副处长若干员、督察长1员、督察若干员、秘书2员、执法长1员、执法员若干员，均以军警现职人员兼充。联合督察处设立3个分处，第一分处附设总部内，第二分处设西关中部，第三分处设河南海幢寺，分处内设1位主任、2位办事员。联合督察处配置宪兵二连或一连、滇军二

---

① 《移军郊外亟宜实行》，《广州民国日报》1924年3月13日。

② 《公安局对阻碍移军占驻之通电》，《香港华字日报》1924年8月8日。

③ 吴铁城：《广州市警察民国十三年进行之状况》，《广州市市政公报》第166号（1924年）。

④ 《呈省署据公安呈设立军警督察处由》，《广州市市政公报》第69号（1924年）。

排、桂军二排、粤军一排、警察一小队。处长、副处长均由大元帅孙中山委任,其余总处及分处职员,由处长委充,但特派员应由各军长官派其参谋或副官充任。各分处所属区域治安,由各该分处负责。凡出巡时,遇有不法之徒,发生骚扰或抢劫情事,立即拘解究办,如有抗拒,得强力制止,或当场枪决;在必要时,可商同就近军队、警署,协同办理。该处专备汽车数辆,以备日夜梭巡和用最短时间到达发生事故地点。① 由于冒军抢劫案甚多,且市内街道复杂,匪徒出没无常,耳目难以遍及,军警联合督察处还于处内设立"秘告柜",如有人知道匪徒藏匿住处,可向"秘告柜"投书举报,给予重奖。如因此追回失物,则以失物的 30% 奖励。②

3. 军警联合巡查

鉴于广州五方杂处,事务纷繁,特别是军民杂处,发生治安事件日益增多的形势,公安局长吴铁城于 1924 年 4 月决定区署、分署,各增加巡官一员,加强梭巡。③

公安局除命令骑巡队加强市郊和市面巡查外,还鉴于市内屡次发生劫掳重案的严峻治安形势,于 1924 年 4 月建立汽车巡查队,配合步行巡查队出巡。汽车巡查队主要巡查马路,每车派警察游击队 4 名,全副武装,不分昼夜,轮流出巡市内各马路。在夜间巡逻时,尤其注意各僻静地点。如遇发生抢劫等案,立即协同段内各警察,分头追缉。步行巡查队则主要巡查市内各内街。④

除公安局的警察巡查外,驻扎于广州的湘军、滇军、商团军等也从 1924 年 4 月 22 日起派队出巡。各路巡查划定不同的旗帜,以示区别:公安局的警察巡查队以红地白字旗为标志;湘军的巡查队持总司令谭延闿的大令巡逻;滇军(第二军)巡查队,均穿灰衣军服红边帽,出巡时所有长枪均上刺刀,每队派有长官 2 人,佩剑

① 《广州市军警联合督察处简章》,《广州市市政公报》第 69 号 (1923 年)。
② 《秘告柜之设置》,《广州市市政公报》第 167 号 (1925 年)。
③ 《警区增设巡官》,《广州民国日报》1924 年 4 月 3 日。
④ 《举行全市巡查》,《广州民国日报》1924 年 4 月 17 日。

督队，夜间则持灯笼为标志；商团军以蓝地白字巡查旗及号带为标志。①

二　加强治安管理

1. 枪支管理

由于广州长期处在各路军阀驻扎和纷争之中，军民混杂，民间藏有大量武器，很多盗匪团伙枪械精良，猖獗作案。为了防止枪支为匪徒利用危害治安，广州市公安局采取了加强枪支管理的措施。

一是各警察区队每月必须如实填报枪弹表。公安局规定，各警察区队每月必须填报一次枪弹月报表，于次月 3 日以前送公安局警务课，以凭查核。② 这项规定，有利于防止警察枪支弹药流散、失落于社会，为匪所得。

二是禁止军人外出携带军械。公安局再次通电各军长官，请各军除执行重要任务外不准士兵携带军械外出。该倡议得到各军赞同，士兵出外不携带军械，盗贼无可假冒，公安局乃分饬侦探卫兵便装怀令，分道检查，遇到携带枪械者予以拘捕，年内搜获此类案件十余起。③

三是检查枪照。按规定民团、商团、私人合法持有枪械必须有军事机关或公安局颁发的枪照，但近代广东违法贩械、购械和无照持械的情况非常严重。④ 公安局于要冲地点，派出得力警长警员，督饬武装警察检查枪械、枪照，见有形迹可疑者，即行搜检。市内各区同时并举，匪徒稍稍敛迹，抢案有所减少。⑤

---

① 《设汽车巡查队》，《广州民国日报》1924 年 4 月 24 日；《派队巡察市面》，《广州民国日报》1924 年 4 月 23 日。

② 《公安局令所属照章填报枪弹》，《广州民国日报》1923 年 11 月 3 日。

③ 吴铁城：《广州市警察民国十三年进行之状况》，《广州市市政公报》第 166 号（1924 年）。

④ 邱捷、何文平：《民国初年广东的民间武器》，《中国社会科学》2005 年第 1 期。

⑤ 吴铁城：《广州市警察民国十四年进行之状况》，《广州市市政公报》第 210 号（1925 年）。

四是加强对修整枪械营业的管理。1926 年 2 月 31 日，广东省政府核准《广州市公安局取缔修整枪械营业暂行规则》，对广州市以承修枪械为营业之大小机械厂及商店进行严格的检查和管理。该《规则》规定：凡在广州市开设修整枪械之机械厂和商店，须向公安局呈报注册，领有认许证，方得营业；凡开设修整枪械机厂、商店，于呈报注册时，须填表（包括详细地址、开业时间以及保证无私造军火接济匪人、铸造违禁物品等）一纸，并觅本市同种类营业之工店式工厂，具备保结联保存案；凡开设修整枪械机厂、商店，注册领证后，只准接修旧枪，不得制造新枪；凡已注册修整枪械之机厂、商店，遇有接修枪械，必须填表，填表内容包括付修人姓名或机关名称、住址或机关所在、付修枪械名目及号数，应修何项机件，执照或证明等；凡开设修整枪械机厂、商店，应受公安局及该管警署随时检查。①

2. 加强冬防

冬天是广州治安案件的多发季节。民国以前广州即有办理冬防的传统，一直沿袭下来。1924 年冬季，由于商团叛乱等事件的影响，广州的治安形势比较严峻，为了加强治安，广州市公安局咨请广东省警卫军会同办理是年的冬防并制定了《广州市公安局会同警卫办理冬防简章》。简章规定，驻扎公安局的警卫军，除照往年冬防办法，分班梭巡各马路及马路附属各街道外，无论日夜，均须另有 50 名在局武装警备，遇各地方有劫掠或其他重要案件发生时，即乘汽车驰赴救援。西关是案件的高发区，且当年在商团叛乱中破坏严重，因此是警卫军与公安局联防的重点。公安局的冬防简章对西关警卫军的驻防和勤务作了十分详细的规定。如向该地派警卫军一班或两班，常川驻扎；分驻西关的警卫军，除了出巡外，其余一

---

① 《广州市公安局取缔修整枪械营业暂行规则》，《广州市市政公报》第 223～225 号合刊（1926 年）（编者注：此处日期 1926 年 2 月 31 日是一个明显的错误，但作者核查原文确实如此。编者无法判断究竟是月份错误，还是日期错误，因此未敢擅改，予以保留）。

律在警署防备，不得擅行外出；并应不分日夜，分班梭巡各街道，其巡班数人数时间，由警卫军拟定。警卫军分驻西关各警署，须以各该班长或排长常川督率，藉资管理。分驻西关的警卫军察觉有违法住户，应搜查或逮捕时，须会同区署派警办理，在急要时亦须协同岗警办理，以明权限。分驻西关的警卫军，如遇各邻署地段有劫掠或其他案件发生，认为紧急需要援助时，应听该管官长或警署长官命令，不分畛域，立即前往协助。[①]

3. 保护商旅

各路军队驻扎广州，为了解决军费，时常勒索商民，滥立名目，强行收取各种捐税。在省河河面上，就有不少军队机构强行勒收"保护费"，如沙基涌口之江防司令部北江护商队，以保护商船为名，每船经过时勒收领旗费 2 元以上，泮塘涌口之滇军第二师保商队，对西江、北江来往船只，每船勒收 6 元之多。此外，勒收省河各船保护费的还有泮塘涌口之卫戍司令部护商监理分处、十二区三分署之湘军第五路第四游击统领部、如意坊附近河面之滇军西江保商队等。[②] 各军各占河段，层层设卡，有的船艇纳费六七次仍难通过。致使商贾裹足、行旅戒心，严重妨碍商业，人民深受其害。这些勒收机关有些确系军队所为，有些则是假冒军队名义而设。孙中山命令广州市公安局会同江防司令部查禁、解散这些勒收机关。广州市公安局奉命行动，在泮塘口、如意坊等处查获假冒湘军名义勒收保护费机关 1 所，拿获人犯 9 名；在东堤冠月楼对面河面，查获假冒北伐军名义勒收保护费机关 1 所，拿获人犯 3 名；在芳村涌口查获假冒滇军名义勒收保护费机关 1 所，拿获人犯 4 名；在石涌口、沙基涌、南石头等处拿获假冒江防司令护商大队名义勒收保护费机关 1 所，拿获人犯 7 名。[③] 这些勒收机关的铲除，保护了商旅的畅通。

---

① 《广州市公安局会同警卫办理冬防简章》，《广州市市政公报》第 159 号（1924 年）。
② 《帅令解散勒收机关》，《广州民国日报》1924 年 3 月 17 日。
③ 《海军警察协拿匪犯》，《广州民国日报》1924 年 3 月 17 日；《勒收机关解散续记》，《广州民国日报》1924 年 3 月 18 日。

4. 清剿盗匪

因为广东的盗匪装备精良，公安局的清剿行动往往不得不出动警察游击队（有时还会同军队）进行剿匪。如 1923 年，广东的台山、开平两地土匪猖獗，扰乱地方，危害人民。广东革命政府乃命令东路讨贼军第一路司令兼广州市公安局长吴铁城率部剿匪。8 月 13 日，吴铁城命警察游击队 500 余人，携水机关枪 2 挺、旱机关枪 2 挺、驳壳枪 80 余支及其他武器前往台山、开平，16 日又调遣原来在讨伐龙济光战役中表现出色的警察游击队第七中队，开赴两地剿匪。①

阳江、阳春一带有李耀汉残部徐东海匪部作乱。1923 年，西路讨贼联军攻克广西梧州，驻守阳江、阳春一带讨贼联军一部溯西江而上增援，徐东海乃乘虚滋扰，啸聚匪党，仍挂李耀汉招牌，以为号召，并勾结陈章甫等旧部散军，虚张声势，蠢蠢欲动。警备司令王体端即电广州请派大军驰往会同清剿。吴铁城加调警察游击队第三、第五中队前往剿办，很快就一举肃清。② 警察游击队经常会同军队开展清剿等军事行动。

广州市公安局的其他部门也经常支持和配合警察游击队的清剿行动，如 1926 年公安局谍捕班对珠江三角洲一带活动的主要几股盗匪的匪首、匪伙人数、活动地点、武器情况等作了详细的调查，为清剿盗匪提供了重要的情报。③

三　加强户籍管理

广州市居海陆交通之冲，人员杂处，流动人口多，户籍一直纷乱难理。自 1917 年广东省会警察厅设置户籍股后，广州市户籍始由警官掌管。但居民不了解户籍调查的意义，怀疑观望，甚至虚

---

① 《警察游击出发台开剿匪》，《广州民国日报》1923 年 8 月 14 日；《游击队出发剿匪》，《广州民国日报》1923 年 8 月 18 日。

② 《出发两阳游击之凯旋》，《广州民国日报》1923 年 9 月 30 日。

③ 《各属堂口调查》，《广州民国日报》1926 年 11 月 2 日。

报。而各区公事繁忙，警员兼理户籍调查登记工作，更难做好。因此，广州自民国以来，因循蹈袭，户籍一直没有翔实真确的统计。于是公安局将户籍股重新改组，厘定办事章程，积极整顿户籍，加强户籍管理，采取了以下措施。

1. 积极调查户口

当日一般市民由于文化水平较低，多未能很好填写户籍表，导致全市人口难得真实数据。公安局乃筹商各校学生协助办理，按户派送户口表式，指导市民依照表式填写。为调查户口，特地招募户籍员，通过报考录取的户籍员先在局内实地练习，练习纯熟后再派赴各区署专办户籍事务，使户籍有真实的登录，而后作为警政施行的依据。① 公安局为了掌握人口的流动，还制订《租屋新条例》，规定市内迁居，以及由外地来广州者，必须报明公安局，待查访明确，担保可信，方可入伙居住，否则，无论何人，不发给入伙证。旅客入住旅店，必须填报真实姓名，如填报假名以军法处置。②

2. 换钉门牌

公安局制定门牌编号钉换简章，共40条。简章规定：凡独立一座房屋，只编一号门牌，其房屋附属并后门、旁门、横门，则设别式牌号，注明某署某街某号之后门、旁门、横门等字样，以示区别。至于洋楼式房屋，屋内上层不相通连而楼梯直达街外者，则依地下号数，以第某号之二楼三楼等编钉。街道上房屋的编号，左单数，右双数；如是东西走向的街道，则自东端起计，南是单数号数，北是双数号数；如是南北走向的街道，则自南端起计，西是单数号数，东是双数号数；只有一端通行的街道，则自通行之端起计，仍依左单数右双数办法编钉。全市皆按照此方法实行，以示一致和统一。③

① 钱大钧：《民国十五年广州市警察进行之状况》，《广州市市政公报》第 244 号（1926 年）。

② 《公安局大举清查户口》，《广州民国日报》1923 年 11 月 22 日。

③ 吴铁城：《广州市警察民国十四年进行之状况》，《广州市市政公报》第 210 号（1925 年）。

3. 重新编订户口册

民国 4 年（1915 年），王顺存任警察厅长时，曾编刊广州全市街道、户口册，分发各区存查。但广州建市以后，市政建设大规模进行，新开辟了很多马路，原来的门牌号数，或增或减，大有变更，原来的街道、户口册已不适用，公安局饬员重新编订，定印千本，分发各区署。①

第四节　广州警察与革命运动

一　参加军事行动

广州警察除了维护广州社会治安、间接支持孙中山和国民党领导的民主革命以外，还直接参加革命。

1. 直接参加讨伐陈炯明叛军的战斗

广州市公安局警察游击队，训练有素，原为警察厅长魏邦平所倚重。1917 年底，在讨伐龙济光的战役中，魏邦平曾率领警察游击队赴高（州）、雷（州）等地作战，已如前述。吴铁城任公安局长以后，加意训练，警察游击队作战能力更为增强。1923 年，在讨伐陈炯明的东江战事中，警察游击队奉命调赴增城助战，协同讨贼联军，克复龙华、龙门，立下战功。1923 年 10 月，孙中山调动大军，向盘踞在惠州一带的陈炯明军进攻，在向老隆施行总攻击的战役中，吴铁城命令警察游击队总队长司徒非率领游击队 2 中队赴赴前敌助战。②

2. 赴前线保卫孙中山

1923 年 8 月底，大元帅孙中山出巡东江前线，亲自指挥对陈炯明军队的作战。23 日抵达石龙，设立大本营行营。广州市公安

———

①　《公安局新编户口册》，《广州民国日报》1923 年 11 月 3 日。

②　《警察游击队加入助战》，《广州民国日报》1923 年 10 月 25 日。

局特派警察游击队 2 中队以及马巡队 1 队，于 28 日开赴石龙行营，随孙中山前往博罗，执行保卫任务。① 后因东江大水，无法继续前进，孙中山返驻石龙休息，公安局长吴铁城以省城广州警察力量单薄，石龙亦无须太多警力保卫为由，乃命警察游击队及骑巡队回省。9 月初，东江大水已退，平山亦已经攻下，博罗之围又解，孙中山亲自再赴前线指挥各军，急攻海陆丰及河源，亟须得力员兵随营巩卫，吴铁城乃于 4 日命令全体警察游击队，克日出发前线。原来守卫公安局前之游击队，亦已另调骑巡队 2 小队填驻。②

3. 打扫战场，办理善后

1923 年 4 月，桂军沈鸿英部叛乱，围攻省城广州。当时大军正在前方杀敌，省城空虚。警察游击队此前曾经被沈鸿英缴械，这时发还枪械并整备队伍，立即投入保卫广州的战斗，不仅承担前敌杀敌任务，所有的后方任务，如运输饷弹、看守俘虏、巡查市面、维护治安等，均由警察游击队担任。③

1924 年 10 月，商团叛乱被镇压后，善后事宜基本上由广州的警察完成。公安局长吴铁城说："事后收拾，如尸体之殓埋、瓦砾之搬运、缴械之调处、罚款之代征、灾区之调查、急赈之救济，凡此种种，皆初意所不及料，而垂涕尽虑以为之者。"④ 1925 年 6 月，驻粤滇军总司令杨希闵、驻粤桂军总司令刘震寰在广州发动的叛乱被镇压后，广州警察即承担了打扫战场等善后任务。如清理街道、殓埋路上尸体、收容俘虏、搜查藏匿的敌军、调查溃兵情况、调查流弹伤毙人命情况、医治伤残、督拆赌棚等。⑤

---

① 《游击队马巡赴石龙巩卫》，《广州民国日报》1923 年 8 月 29 日。
② 《游击队巩卫帅驾》，《广州民国日报》1923 年 9 月 6 日。
③ 广州市市政厅总务科编辑股：《广州市市政报告汇刊·民国十二年》，第 213 页，1924 年 2 月印行。
④ 吴铁城：《广州市警察民国十三年进行之状况》，《广州市市政公报》第 166 号（1924 年）。
⑤ 吴铁城：《广州市警察民国十四年进行之状况》，《广州市市政公报》第 210 号（1925 年）。

收容、遣散俘虏也是广州警察的一项重要任务。1926 年初，公安局先后收容陆军军官学校教导师解来残废俘虏共 285 名，皆不能再服兵役。这些俘虏每月伙食 1500 余元，始由公安局垫支。此后，公安局认为垫付万余元，养此无用之残废俘虏，殊属非常之举，即设法筹垫资金，悉数遣散。①

二 参与平定商团事变

1. 事变前的团警冲突

这一时期，广州的警察与商人发生了密切的关系，一方面，警察要保护商旅，维护商人的利益，另一方面，警察与商人的武装团体商团经常发生冲突，导致警商关系紧张。

辛亥革命后，广东社会秩序混乱，广州商人借维持治安、保护商人利益的名义，自筹款项，购买枪弹，成立了商团。由于民国初年战乱、动乱不断，军队、警察都不能有效地维护社会治安，商团承担了不少警察机构应承担的责任。商团曾自称："十数年来，粤垣政局迭变，商场未大受蹂躏，皆商团自卫之力；居恒御盗制暴，军警有不能为力者，独商团毅然任之;"② 商团"平时则分班教练，作育人才；有事则协力布防，保卫闾里。遇有水旱偏灾，无不分途散赈"。③ 商团自身的评价，自有过头之处，但商团在维持地方治安和社会救济两个方面确实都发挥了作用，因而得到很大发展。到1924 年商团事变发生前夕，广州有常备商团军 4000 人，后备军4000 人，每人有长短枪各一支。④ 附城商团与城中商团全副武装者合有 27000 人。⑤ 无论装备和人数都超过广州的警察。

---

① 《广州市公安局提议拟筹垫款项悉数遣散滇桂军俘虏案》，《广州市市政公报》第 223 - 225 号合刊（1926 年）。
② 香港华字日报社编《广东扣械潮》，卷 1 "事实"，香港，1924，第 1 页。
③ 《附录粤商团总公所为扣留军械通电》，《香港华字日报》1924 年 8 月 16 日。
④ 《全粤商团大会之经过》，《申报》1924 年 6 月 7 日。
⑤ 《广州扣械潮之扩大》，《申报》1924 年 8 月 26 日。

由于广州警察站在广东革命政府一边，因而遭到商团的仇恨和嫉视，这样，警察与商团经常交恶。

1923 年 8 月 12 日早晨，九区二分署段内警察追捕一抢匪，鸣笛召唤同伴，有商团上前阻止，意欲询问来历，但该警察急于追捕，未暇详细说明，而商团执意阻止，因是口角相争，继而动手，该警察竟被殴伤头部，致使全街轰动。该署警察闻声前来交涉，警察与商团几至冲突。警察认为商团无理，一时怒不可遏，终于引起罢岗。当晚 10 时至 13 日凌晨 2 时，扬仁里一带段内，警察停止出勤。13 日凌晨 1 时以后罢岗风潮愈加扩大。13 日凌晨 2 时至早 6 时一班，以及 13 日早 6 时至 10 时一班均全体罢岗，要求公安局长为警察做主。①

广州市公安局长吴铁城认为警察与商团同为维护地方治安而设，职责上既有协作的必要，感情上尤其要互相联络，故于 1924 年 1 月 14 日，柬请广州市商团及各区警察长员共 2700 余人，在广东高等师范学校大礼堂开茶话会，以联络感情，并请孙中山到会发表演说。孙中山在演说中称"商团是人民的机关"，希望"以后商团同警察要同力合作，维持广州的治安"。② 孙中山希望警察、商团合作，共同维持地方治安，为促成革命成功而贡献力量。③ 1924 年 4 月，公安局长吴铁城曾致函商团总公所，要求商团规复巡查队在晚上出巡保卫商场。商团总公所立即召集各分团会议，议决"不分昼夜，派队出巡"。④ 同月，湘军的粤闽湘司令部第四旅因搜查军火，拘捕了一名商团团员。商团公所立即"召集东西南北各团军千数百人，排队联往公安局，会同警察游击，前往起掳"，公

---

① 《商团殴伤警察之风潮》，《广州民国日报》1923 年 8 月 14 日。

② 《孙中山全集》第 9 卷，北京：中华书局，1986，第 61 页。

③ 《商团警察之大会集》，《广州民国日报》1924 年 1 月 14 日；《警团联欢大会纪盛》，《广州民国日报》1924 年 1 月 15 日；《大元帅对广州市商团及警察演说词》，《广州民国日报》1924 年 1 月 23 日。

④ 《商团议决规复巡查队》《商团不分日夜出巡之通令》，《七十二行商报》（广州）1924 年 4 月 23 日、25 日。

安局出面交涉，使被捕者获释。① 于此可见，公安局方面确有同商团合作的诚意。

6月29日，孙中山为争取商团，组织了一次军警、商团会操，分别给警卫军、警察、商团授旗。仪式前还宣读了孙中山的训词，其中说到"维军与警，卫民有责。民能自卫，更宜扶植"。② 但此时广州商团已经成为英帝国主义支持下的买办资产阶级武装组织，与孙中山领导的广东革命政府为敌，孙中山和吴铁城争取商团的努力没有收效。

2. 商团事变中的广州警察

广州警察在商团事变发生后，坚决执行孙中山和革命政府的命令，在维持社会治安、平定叛乱过程中发挥了很重要的作用。③

因为革命政府拒绝了商团全省"联防"的要求，扣留了商团私购的武器，商团与孙中山领导的革命政府展开了全面的对抗，一面策动罢市，一面肆无忌惮地进行反政府宣传，散发反对政府的传单，投寄号召罢市的信件，甚至公开搭起牌楼，悬挂攻击孙中山及革命政府的对联。商团企图迫使孙中山让步，趁机搞垮革命政府。在此期间，吴铁城属下的警察和警卫军是孙中山维持广州秩序的重要力量。在国共两党发动的要求政府以强硬态度对待商团的群众大会上，吴铁城表示："如商团开仗，则只用吴某三数百警卫军，于两小时内，便可将商团逐一缴械。"对商团的反革命宣传活动，公安局"加派暗探，日夕巡逻商团总所，截缉函件，侦察举动；又凡开会议，公安局派员入座监视。又令市民印刷传单，非经警区许可，不准付印"。④

---

① 《商团公所请禁军队擅行拿捕》《商团通令协拿犯法军队》，《七十二行商报》1924年4月24日、26日。

② 陈锡祺主编《孙中山年谱长编》（下册），北京：中华书局，1991，第1936~1938页。

③ 吴铁城本人对警察在平定商团事变中的作用有详细的回忆。参看《吴铁城回忆录》（台北：三民书局，1968年）有关记述。

④ 《官商争械潮》，《香港华字日报》1924年8月19日。

在商团事变期间，广州市公安局加强搜捕盗匪，维持市内治安。如在 8 月初破获了"十九友"盗匪集团，在围捕中击毙匪首蒙震廷，其他三名首要分子也被捕判处死刑。[①]

在商团发动全市商店罢市后，公安局派出警员和警卫军，"手执白旗，上书'广东警卫军保护开市'，并沿途派员按店劝告"，分发吴铁城劝告开市布告。[②] 由于商团发动罢市，革命政府宣布戒严。公安局派出铁甲车及员警、警卫军维持秩序。为保证粮食供应，广州市公安局执行省署命令，保护米埠米行，禁止米粮偷运出口。[③]

8 月 28 日，商团第九分团中队长邹竞先派送攻击政府的传单、调查军队驻防情形，被捕后被解送公安局，吴铁城亲自审讯；鉴于此时是军事戒严时期，吴经请示省长廖仲恺，将邹竞先枪决。事后，商团提出"罢免吴铁城"，为革命政府拒绝。[④] 商团的一些狂热分子甚至要求"将胡汉民、廖仲恺、蒋介石、吴铁城枪毙"。[⑤]这也从反面证实吴铁城和广州警察、警卫军在同商团的斗争中，坚定地拥护孙中山和革命政府。

在商团事变期间，吴铁城一度离开广州市公安局长的职位，率领警卫军跟随孙中山到韶关北伐。职位由李朗如继任。李朗如是大成药业陈李济的股东，曾亲到商会劝告商人不要轻举妄动，商会只是对李敷衍。在商团实行武力对抗政府的时刻，李朗如犹豫不决，不愿意用坚决的手段平息叛乱，故政府在决定武力平定商团叛乱后，将李朗如免职，仍由吴铁城回任。[⑥]

1924 年 9 月，北京的直系军阀政府任命刘焕为广东警务处长，吴佩孚认为可以利用商团反对孙中山的时机，让刘焕"以警长名

① 《公安局枪决十九友匪党详情》，《香港华字日报》1924 年 8 月 14 日。
② 《罢市中之官厅文告》，《香港华字日报》1924 年 8 月 28 日。
③ 《广州罢市之见闻》《罢市中之官厅文告》，《香港华字日报》1924 年 8 月 30 日。
④ 香港华字日报社编《广东扣械潮》卷 1 "事实"，香港，1924，第 54～55 页。
⑤ 《专电·香港电》，《申报》1924 年 10 月 16 日。
⑥ 李朗如等：《广州商团叛乱始末》，《广东文史资料》（第 42 辑），广州：广东人民出版社，1984，第 254 页。

义，设法运用指挥，联络地方固有实力，与国军内外策应，粤局可望速定"。① 但局势逐渐有利于广东革命政府，广东警察也坚决拥护孙中山，刘焕无法到任，直系军阀的企图未能得逞。

10 月 10 日，包括工人、学生、黄埔军校学员、警卫军等在内的游行队伍，遭到商团枪击。警卫军数人被打死。商团与革命政府终于发生军事冲突，孙中山决心以武力镇压商团的叛乱，并取得革命政府主要领导成员的赞同。中国共产党人和工人、农民、学生更是支持政府的决定，吴铁城属下的警卫军和警察都参加了平定商团叛乱的军事行动。

孙中山把在韶关准备北伐的警卫军调回广州，吴铁城亲自指挥。14 日，一度卸职的吴铁城代替李朗如，回任广州市公安局长。② 吴铁城在接任一个小时后，立即下令把广州西关的电话线完全割断，阻止商团的联络。警卫军率先于下午 7 时向商团总公所发动进攻，③ 警察与消防队也参加了战斗。据商团方面称，九区二分署的警察"不知占据扬仁里何处高楼，开枪向打铜街、桨栏街射击，火力甚烈。商团乃登瓦面还击，看见警察倒毙数人"。④ 商团事变平定之后，广州市公安局根据革命政府的命令，按照商团名册（事先公安局已作过细致调查），对商团实行缴械、罚款。⑤ 后来，商团在 1924 年 12 月 11 日的《香港华字日报》上以《造成羊城浩劫之主要人物》为标题，刊登了孙中山、许崇智、吴铁城、廖仲恺、胡汉民等人的照片，这也又一次从反面显示了广州警察在平定商团事变中的重要作用。

① 《广东全省警务处官吏任免有关文件》，中国第二历史档案馆藏，全宗号：1001，目录号：2551。
② 《吴铁城回任公安局长》，《香港华字日报》1924 年 10 月 16 日。
③ 《孙军队焚劫商场之大惨剧》，《香港华字日报》1924 年 10 月 17 日。
④ 香港华字日报社编《广东扣械潮》卷 1 "事实"，香港，1924，第 96～98 页。
⑤ 香港华字日报社编《广东扣械潮》卷 1 "事实"，香港，1924，第 103～104 页。

第四章

国民政府前期的广州警察

本章论述 1927 年 4 月"四一五"反共事变到 1938 年 10 月广州沦陷前这 11 年的广州警政。这一时期，一方面国民党新军阀轮流执政，继续演绎政局变幻的局面，另一方面广州经济明显发展，又需要政府对工商业提供更为具体和有力的保护。广州的警政也反映出这两个特点，在警察主官轮番上任的同时，有关警察制度趋于完善，警力也大幅度增强，更加彰显出近代警察在治理社会治安和管理城市各项行政事务中的作用。

第一节　国民政府前期广州警政变化的背景

一　广东政局相对稳定和经济发展

1. 广东政局的变化

国民政府于 1925 年 7 月在广州成立，学术界习惯上把 1927 年 4 月作为国民政府在全国建立统治的开始。在 1927 年广东"四一五"政变后十余年，广东经历了李济深、汪精卫派军人（张发奎、黄琪翔）、陈济棠、余汉谋等国民党新军阀的统治。这十余年中，广东还一再独立或半独立于南京中央政府之外，1931 年成立的中国国民党中央执行委员会西南执行部和国民政府西南政务委员会，正式规定了包括广东的西南对于南京的半独立地位，这种状况延续到 1936 年 6 月陈济棠下台。

陈济棠踞粤的军事专政维持了 8 年时间。1936 年 6 月，陈济棠发动反蒋的"两广事变"，却被自己的部下背叛。其手下的大将余汉谋、李汉魂等纷纷通电反陈，大势已去的陈济棠不得不于 7 月 18 日宣布下野。在倒戈反陈中起关键作用的余汉谋被蒋介石任命为广东绥靖主任兼第四路军总司令，掌握了广东的军政实权，从此到 1938 年 10 月广州沦陷于日军之手这段时间，是余汉谋统治广东的时期。

这种翻云覆雨的政治形势，深刻地反映了国民党各派之间错综复杂的矛盾和争权夺利的斗争。每当广东政治易主，作为军阀专政的重要工具——警察机构必然随之大换班。因此，在这一时期，作为广东省会城市的广州，其警察机构的负责人亦数度更换。

2. 1930 年代广东经济的发展

1930 年代以后，广东局势逐渐稳定，尤其是在陈济棠统治时期，广东的经济有明显的发展。1930 年，广州市所有新式工业的资本额，合计只有 6547950 元，其中公用事业（主要为电厂和自来水厂）已占 500 万元，民营工业寥寥无几。广州如此，全省也就可想而知了。但经过陈济棠主政时期大力发展实业，在几年间全省新建省营大型近代企业 20 多家，民营企业也从几百家发展到 2000 多家，其中新式企业达到 350 余家。新建官办省营企业原来只有资本 5 万元，不出 10 年，总资产增至 7000 万元；民营企业的总资产也从 1929 年的 654 万元，发展到 1936 年的 1500 万元左右。广州市的各种商业、服务业有了很大发展，全省的交通、农林等建设也有不少成就。① 清末民初，广东财政年年入不敷出，纸币贬值，民生艰难；社会动乱，盗贼如毛。1930 年代广东财政状况有了很大改善，省市政府得以安排较多资金从事各项建设，包括广州市的市

---

① 参看《简明广东史》，广州：广东人民出版社，1987，第 14 章第 3 节；肖自力：《陈济棠》，广州：广东人民出版社，2002，第 326～327 页。

政建设。在经济发展和财政相对充裕的背景之下，广州警政的制度化、现代化也较清末民初有了较快的发展。

二　广州警察主官的变动

广州警察主官的变更仍旧与前期相同，随着省市政权统治者的派系变换不已。

1. 公安局的升格

先是李济深的第四军系统的邓彦华任广州市公安局长（1927年1月），1927年9月，汪精卫派的军阀张发奎率军到达广东后，广州的政治、军事为汪派所操纵。10月，汪派的朱晖日被任命为广州市公安局长。12月中旬，中国共产党发动的广州起义失败后，汪派被李济深逐出广东，广东政权又重新回到桂系手中，属于该系的邓彦华于12月30日重任广州市公安局长。2个多月以后，邓彦华去职，邓世增继任。邓世增仅充任广州市公安局长一年多，但对广州市的警政建设有些作为。后来欧阳驹的某些措施，也可说是继续和完善了邓彦华的做法。

1928年12月，陈铭枢任广东省政府主席，林云陔任广州市长，陈铭枢的亲信欧阳驹于1929年4月4日被任命为广州市公安局局长。1930年1月广州市改为特别市，由行政院直辖。陈铭枢有意把广州的警权抓到自己手里，便请准南京政府将原辖于市府的广州市公安局，改名为广东省会公安局，直属于广东省政府，欧阳驹仍任局长,① 但从等级上与市政府平行，不受市政府管辖。那时的广州市政府，不仅没有设区以下的行政机构，而且也没有民政局。一切区以下基层工作，都由公安局办理，因此市府和公安局之间常常发生职权上的矛盾，公安局内部组织，也复杂庞大，俨然和市政府分庭抗礼。欧阳驹上任后，针对警政中存在的弊端进行了一系列改革。

---

① 《广东省政府训令，民字第5043号》（1930年8月9日），广州市档案馆藏，全宗号：资，目录号：政，案卷号：118。

2. 依附于新军阀的警察主官

欧阳驹去职后，继任的陈庆云和香翰屏都政绩平平，对广州的警政建设皆无甚作为。陈济棠掌握广东实权后，他的心腹何荦于1932年3月当上了广州市公安局长。何荦在任4年多，直到1936年7月"两广事变"陈济棠下台后才去职出走。

何荦字公卓，广东徐闻人，保定军官学校毕业，与陈济棠是清末黄埔陆军小学同学，何是第二期，陈是第四期。陈任粤军第十一师师长时，何任师部副官长，对陈甚为卖力。后来陈任第八路总指挥，改委何为石井兵工厂厂长。何当厂长后，除了照常生产外，每月还能节存十多万元，所以陈对何特别信任。因此，陈济棠取得广东统治地位以后，特任何荦为石井兵工厂厂长兼广东省会公安局局长，掌握省会的治安警察大权，为他的军事独裁专政服务。

1936年6月陈济棠反蒋失败下台，广东的统治者随即易主，余汉谋主政，省会公安局仍然直属省府，除专管治安外还掌握了一部分民政范围的业务，从来就是一个为各方争夺的"肥缺"。余汉谋对此当然十分重视，一定要掌握在自己人手中。何荦曾进行活动，幻想保住自己的位置。但他曾奉陈济棠命令枪杀蓝衣社成员，担心报复，7月23日便溜到香港，从此不敢回来。最初，余汉谋曾考虑第一师师长莫希德或第三师师长张瑞贵出任，但第二师师长叶肇对这一个要缺很感兴趣，于是余汉谋计划由叶肇出任公安局长。但是，叶肇回到驻地召集各团长开会讨论接任公安局之事时，师参谋长黄植楠认为，蒋介石来了绝不会同意师长兼公安局长，如果一定要出任公安局长，便得准备把师长职务交出来。叶顾虑到自己会被解除兵权，便赶回广州对余汉谋表示，第二师同袍反对，自己不能担任公安局长。余汉谋经过反复酝酿，决定提请省政府主席林云陔委任李洁之为广东省会公安局局长。①

---

① 李洁之：《余汉谋踞粤时的广州警务亲历记》，《广州文史资料》（第11辑），广州，1964，第122~123页。

　　李洁之在众多人选中能够被看中为广东省会公安局局长，是与他个人的经历和在反陈（济棠）中的态度分不开的。第一，在陈济棠统治广东时期，李洁之长期担任虎门要塞司令职务，陈推行"西南抗日联军"时又委他为联军的兵站总监。但在筹备期间，李洁之便参加了余汉谋的倒陈运动，离职到香港通电反陈。由于李洁之参加反陈，余汉谋自然把他看作是自己人，对李洁之这样一位在广东军界中原本就有较高地位的人委以重任是自然的。第二，陈济棠垮台后，蒋介石立即委派陈策接任虎门要塞司令职务，李洁之从香港回来一时没有实职。余汉谋曾下手令派李为他的四路军总部军需处长，李辞不就。7月25日余汉谋又派李为总部副官处长，李也推辞担任幕僚之长。对李洁之这样一位重要反陈人物长时间不委以实职，余汉谋也难以安慰人心。第三，李洁之不是余汉谋系统中的人，将公安局长的肥缺给他也不会授人（特别是蒋介石）以"有意照顾嫡系"的口实。第四，李洁之是军人。民国以来，特别是1916年魏邦平任广东省警察厅长以来，历任广州市公安局长皆系军人，[①] 这已经成为一个惯例。正因如此，作为军人的李洁之才有可能担任此职。就这样，在各种条件的作用下，李洁之在众人的逐鹿之中当上了广东省会公安局局长。

　　"七七"事变后，广州环境复杂，蓝衣社实力增强，李洁之苦于应付，曾多次向余汉谋要求调任军职参加抗日前线工作。但各路诸侯都想得到这个肥缺，余汉谋迟迟没有决定，直到1938年下半年才接受李洁之的建议，任命兴梅行政区督察专员李郁焜继任。9月18日李洁之接到军委会派他为第四战区兵站总监的命令，即发电报催李郁焜早日来局接事，但李推说省府命令还没有收到。直至28日，省府公事发出，李洁之又催李郁焜前来交接，李郁焜10月3日到广州，由于忙着拼凑班底，延至11日仍没有赴局接事。

---

　　① 《有关广州旧警察史料前记》，《广州文史资料》（第11辑），广州，1964，第86页。

1938 年 10 月 12 日，日军登陆大鹏湾，广州已成敌人攻击的目标，广州的军政机构乱成一团。13 日余汉谋在大福岭的四路军指挥所开会，参谋长王俊大骂李郁焜不去接警察局的事，李被骂后不得已才于 15 日正式就职，李洁之正式交卸给李郁焜。21 日广州弃守，李郁焜狼狈逃到清远，统计在广州干警察局长一职只有一个星期的时间。[1]

三 蒋介石对广州警察权的争夺

1. 蓝衣社的渗透

在陈济棠垮台之前，蒋介石的特务——蓝衣社分子便秘密向广东党政军各方面渗入，陈所部各军（包括余汉谋的第一军）也有一些军官被勾引秘密参加蓝衣社的活动。陈济棠垮台后，这一特务组织在蒋的军事委员会广州行营的掩护下，更加活跃。但广州市的警察权力没有落入蒋的直系分子的手中，对蒋来说就是一个遗憾，既不能供蓝衣社分子自由指挥和使用，相反还是蓝衣社分子为所欲为的障碍。于是，蓝衣社一再使用吓、拆、骗的手法，对省会警察局长李洁之威逼利诱，要他交出警察局长由蒋派人充任。

蒋介石见到李洁之以余汉谋为依靠，不肯上钩，最后便向余汉谋施加压力。首先是从警察局当时废止居民入伙担保办法这一点入手，以委员长广州行营名义，命令余汉谋立刻恢复居民入伙担保办法，理由是严密控制户口流动，以防"敌人"渗入活动。余汉谋在蒋介石的高压下不敢违抗，一再督促公安局长马上遵命实行，经过了多次争论，李洁之只好重新恢复担保的规定，但暗中授意各分局不要认真执行，对蒋的命令采取消极敷衍态度。自此以后，蓝衣社的活动日益猖獗，在一个时期他们曾连续在广州市不通过宪、警秘密捕人 27 次，造成各界人心惶惶。李洁之不得已出面干涉，通

---

① 李洁之：《余汉谋踞粤时的广州警务亲历记》，《广州文史资料》（第 11 辑），广州，1964，第 133～136 页，138～140 页。

过省港各报报道此种非法捕人的行为，借部分报纸加以抨击，并在警察局纪念周上作报告，对他们提出警告，公开责成各分局以后遇有此事件发生，应以土匪绑票看待，加以逮捕，处以枪决。蓝衣社方面看到警察局强硬起来，便暂时稍敛凶焰。但过了不久，他们又借抗战需要为名，另搞一些新的花样。

2. 广东实力派的对策

抗战发生后不久，南京政府曾通令各大城市组织"社训队"，调集各行业的成员，施以必要的抗战知识和军事技术的训练。这一项新做法，原来规定由当地警察局会同宪兵司令部主办，但命令到达广州之后，蓝衣社和 CC 分子便勾结在一起，坚持要在广州市政府下成立所谓广州市社训处，并派特务头子张君嵩和李节文二人分别兼任正副处长，以市府名义调集市内各行业成员约两千人成立所谓社训总队，借登峰路女子中学校舍为总队部，从事特务业务训练。他们一连办了几期，结业后即将队员分派到各街组织所谓"社训区队"，并发给枪支弹药，他们名为协助警察维持治安，实际上插手警政，如自行委派各个警察分区的分局长为社训区队的区队长。李洁之对蓝衣社直接越过警察局控制社会基层的举动颇为反感，在向余汉谋报告后，遵余指点直接和张君嵩交涉解决，强调警察职权不容分割，要求他们的"社训区队"迁入所属的警察分局办公，统一接受分局指挥监督，非经各分局长许可不得携带枪弹外出。如果他们不接受上述条件，便要将"社训区队"解散。张君嵩见警察局态度坚决，只好答应照办。

为了平衡蓝衣社控制下社训处的影响，李洁之向广东省动员委员会建议，在广州市成立一个劳工训练班，招集市内青年工人，分批入班接受战时知识和军事技术训练，使之从事防止汉奸匪徒破坏的活动，以协助警察维持治安。这个班以李洁之为主任，由他派警察局督察员陈丽洲负责实际训练工作，这个班开办以后，蓝衣社分子虽然很不高兴，但也无可如何。

1938 年夏季，蓝衣社通过广州行营要求余汉谋命令广东区宪兵司令部派兵到中山大学和其他学校拘捕进步学生李寿康、邓演犹等 26 人，并要求警察局警探处为之协助，将这些人拘押在警察局。他们的做法一方面是直接打击进步力量，另一方面也显然是有意把拘捕青年的责任推到警察局身上。李洁之知道后，便与广东绥靖主任公署军法处长李景颐交涉，要他将所有被捕的学生立即释放，不能寄押在警察局。李表示不敢做主，翌日李洁之亲自见余汉谋，陈述对此案的意见，揭穿蓝衣社借刀杀人、蓄意嫁祸的手法，力促余汉谋不要上当，替他们担负政治责任，招致社会各方舆论的批评。在李洁之的据理力争下，寄押在警察局的那批青年全数交保释放。

第二节　机构建置的变化

一　警察机构的变化

1927 年南京国民政府制定并颁布了《特别市组织法》和《市组织法》，标志着以城市为单位的行政管理机构正式成立。该组织法对各个部门的名称和配置等有详细的规定，使得各省市的行政管理机构有规可循。广州作为特别市，其公安局也根据《特别市组织法》的规定，设立各种机构。

根据 1929 年广州市政府的资料，当时广州市公安局局长下辖秘书处、总务课、行政课、侦缉课、洁净课、督察处、警察审判所、消防所、保安队、惩教场、警察教练所、特别侦缉队以及 40 个区署和分署。

总务课课长下辖统计股、宣传股以及第一至第四股；行政课课长下辖劳资股、第一至第五股、济良所；侦缉课不分股，课长下辖课员、侦缉员、驻港澳侦缉、港澳提犯委员；洁净课也不分股，课长下辖课员、管理员、稽查员。

警察审判所下辖男、女拘留所；消防所下辖第一至第四分所；保安队下辖三个大队；特别侦缉队没有分队；惩教场场长下辖管理员和营业部主任；警察教练所所长由局长兼任，下辖教务主任（督察长兼）、教官、庶务副官、高级班区队长、初级班区队长。各机构课员以下还有事务员。[①] 这时广州市 13 个警区 40 个正署、分署共有职员 527 人，队警 4940 人，枪 4940 支，实现了一人一枪。[②]

以后，各届公安局局长对机构曾经有所调整，但整体格局没有改变，只是增减合并了一些部门和区署。如增设警察医院、警察家属小学、警探养成所、保安总队、消防总队、消防舰、清洁队等。[③]

李洁之继任公安局长后认为，以前其组织机构，"向来缺乏系统，就是组织条例，也欠完备，以致用人漫无限制，预算无法确定，骈枝机关过多，既耗公帑，又碍指挥，精神散漫，工作迟钝，结果成为一种畸形制度"。[④] 所以对制度进行了改革。

第一，将省会公安局改名为省会警察局。陈济棠时期，广州市政府，不特设区以下的行政机构，而且也没有民政局。一切区以下基层工作，都由公安局办理，因此市府和公安局之间往往发生职权上的矛盾，而省会公安局在 1930 年后改隶省政府，公安局内部组织，也就复杂庞大，俨然和市府分庭抗礼。1936 年 2 月，南京行政院曾通令全国各省，着将所属各级公安局一律改称警察局，当陈济棠统治末期，并未执行。李洁之接任后，呈准广东省政府，于 9 月 11 日，把原广东省会公安局改名为广东省会警察局，直属广东省政府，和广州市政府平行，分工负责相关事务。[⑤]

第二，对公安局的组织机构进行调整和改组。组织机构具体调

---

① 《广州市公安局组织系统图》，广州市市政府统计股编《广州市政府统计年鉴》（第一回），1929 年 12 月，第 54 页。

② 《广州市各区警察队人员枪械及经费调查表》，《广州市政府统计年鉴》（第一回），1929 年 12 月，第 83 页。

③ 《省公安局组织说明》，《警察杂志》1933 年第 254 号。麦思敬：《陈济棠踞粤时的广东省会公安局见闻》，《广州文史资料》（第 11 辑），广州，1964。

④ 李洁之：《一年来之回顾》，广州：广东省会警察局总务科编辑股编印，1937，第 4~5 页。

⑤ 《令知广东省会公安局改名省会警察局》，广州市档案馆，全宗号：资，目录号：政，案卷号141。1937 年 7 月 1 日后广东省会公安局隶属于省民政厅。

整为：设立秘书室；原行政课改为保安科，下设户籍、保安正俗、洁净、防空消防、外事等股；警察审判所改为司法科，下设收解、审讯、指纹、拘留、济良等股；总务课易课为科，下设人事、统计、监印、收发、庶务、宣传等股；添设经理科，下设审计、出纳、兵实、警捐等股和技术室；将侦缉课及特别侦缉队合编为侦缉队，后又改为警探处，下设侦查、管理、外事、文书 4 组，另辖 7 个区队；原来的警政设计委员会和警务会议、督察处仍保留，沿袭旧称。1937 年 7 月又把总务科的宣传股，督察处的训练组及新生活运动指导员办公室三部分，合组为训练处，另加民训组。经过这样改组以后，系统严明，职务也划得清清楚楚了。①

第三，缩编分局。李洁之上任时，广东省会公安局原辖有 29 个分局，李洁之认为："当时，马路大都未辟，交通不便，为维持治安，施行警政计，分局的设立，自应繁密一点。现在马路四通八达，交通十分利便，加以年来地方治安巩固，市民智识程度提高，各分局的设置，自应酌量减少。其次，以前各分局距离过近，区界的划分又未能合理化，对于执行职务，不免参差窒碍。"② 因此，他重新厘定各分局管辖的区界，通过合并、裁撤和添设分局，整合了下属的警力。

第四，缩编保安队。李洁之认为，本省会及近郊各地的治安，年来已渐巩固，自然不需要像从前那样多的保安队，所以于 1936 年 11 月实行缩编，只留存 2 个大队，每大队直辖 4 个中队，另直属机关及特务各 1 中队。后来又鉴于使用兵力很少以两个中队出

---

① 李洁之：《一年来之回顾》，广州：广东省会警察局总务科编辑股编印，1937；李洁之：《余汉谋踞粤时的广州警务亲历记》，《广州文史资料》（第 11 辑），1964；李洁之：《广东省会警察局沿革概述》（未刊稿），原件存广东省公安厅史志办，1983 年 3 月；并参照《广东省会公安局组织系统图》（1936 年 6 月）及《广东省会公安局组织系统图》（1936 年 9 月），这两个系统图见李洁之编《广东省会警察局统计汇刊》，1937。

② 李洁之：《一年来之回顾》，广州：广东省会警察局总务科编辑股编印，1937，第 5~6 页。

动，实际上大队部形同虚设，故裁去大队部，让各中队统归总队部直辖，以期指挥敏捷，节省费用。

第五，改革外勤制度。警察局原来实行外勤三班制，每班每日夜要服务八小时，而且还要加派临时勤务二三小时。这种制度的弊病，首先是站岗时间过长，警察易感疲倦；其次是警察劳逸没有适度的调节，精神一天天趋于萎靡；最后是没有巡逻勤务的规定，难以严密地防护治安。所以为适应地方需要、减少警士疲劳、增加防护力量起见，实有改善的必要。经过规划，李洁之决定采用七人三部巡守互换制，并于1937年4月19日在靖海分局试行。发现成效良好，他便决定全部改行这项新外勤制度。

由于采取以上几项措施，共裁减了400名警佐、1000名警士、数百名清洁夫。[①] 裁汰了冗员，节省了经费，提高了警政效率，推动了广州警政的发展。

尽管李洁之采取了措施裁汰冗员，但因各种原因，几年间公安局警察总人数仍有较大增长。1933年，广东省会公安局警察人数为7217人，分警长、警士和队兵三大类，[②] 如果再将警官计算在内，估计在8000人以上。1937年，全局有警官420人、警佐（即事务员）800人、警士5600人（包括"特警"，即私营银行或企业商号雇用的警士300多人在内）、保安队士兵1200人、消防队员300人、清洁夫2300人，总计为10600余人。[③]

二　警区设置的变化

1920年代广州市的警区设置有很多弊端，欧阳驹上任后曾总结了这些弊端：

---

① 李洁之：《余汉谋踞粤时的广州警务亲历记》，《广州文史资料》（第11辑），广州，1964，第126页。
② 《广东省会公安局警察人数》（民国22年），广东省档案馆藏，警保类－254。
③ 李洁之：《余汉谋踞粤时的广州警务亲历记》，《广州文史资料》（第11辑），广州，1964年，第126。

（一）警区设置过多。警察区署之设置，应依据该地人口之密度与其面积之广狭以为衡，本市人口仅82万8千余，面积仅52平方里几，而设置警署，乃至40所，实嫌过多。盖设署过多，则辖段自狭，辖段既狭，斯畛域愈纷，公帑固嫌虚縻，统辖亦多窒碍，况拆城开路后，市区形势不变，交通已便，衡量现在情势实无设此多量警署之必要。

（二）警区界线不齐。时各区界线，大都沿袭前清之旧，当时有城垣为限，及濠涌相隔，且又逐渐扩充，无远大计划，故此疆彼界，错落参差，有甲区之一部，而伸入乙区之范围者，有甲区警察出勤，而经过乙区地段者，又有密连甲区署之住户，而反受乙区署管辖者，……既感管理困难，尤易令人民误会。

（四）分署名称不当。各区分署，系于民元时将前清之分驻所改设相沿至今。惟当时之分署，所有领缴款项、黜陟长警、报告功过、领用器具及造报预决算书等项，均呈由正署汇办，其余公事悉呈由正署核转，间有速件，直接报厅者，亦须分报正署，系统分明，权责各别，名为分署，亦固其所。但自民国十年改制后，各分署已一律直隶于局，所有款项公文均与局直接（交涉），于正署绝无关系。涉夫（正署、分署）彼此职权无别，责任相同，而犹存分署之制，既乖名实，自紊系统。

（六）以番号编定各区之不当。警署名称以番号编定为某区署第某区某分署，虽久居市内者，亦未易知其署址之所在，故关于案件之投诉，或户口之迁移，往往原属甲区管辖者，而误赴乙区投报，殊非便民之道。①

1924年公安局长吴铁城为了消除这些弊端，曾计划重新规划警区，裁撤分署，将原有的37个区署、分署合并为28个，另设数

---

① 《广州市公安局整理警政计划大纲》，《警察杂志》第1卷第8、9期合刊（1929年）。

个分驻所。[①] 邓彦华任广州市公安局局长时，也有裁并分署、将警署从 40 个减为 30 个的计划（河北的警署及区分署减为 24 个署，河南 3 个，水上 3 个，取消分署）。但当时多停留在计划上，由于战乱等缘故，都未能实行。

欧阳驹接任后，认为改划警区，对行政上有利，且将省下经费，可作提高警区人员生活之用，于是组织广州市改划警区区域委员会，委任公安局总务课长、行政课长、督察长和一些区署长为委员，共计 11 人，又由欧阳驹指定常务委员，调督察员和测绘员梁喧协助工作，每日上午 8 时至 12 时分区踏勘。委员会成立后，每逢星期五上午 8 时开会筹备一切。最后议定改划警区办法三项：第一，取消区分署制度，以署之所在地为中心点，而划定区；第二，以方形为准，不若以前行宛委曲之不便管理；第三，以人口之密度为准，如人口稀疏之地，则设分驻所，将原有区署撤销，如小北四区三分署。区数仍以邓彦华时所计划的 30 个为度。[②] 1930 年元旦这一天，正式实行裁减区数、扩充辖段，裁去 1/4 数量的警区，将原来的 40 余个警区合并为 30 个，设 29 个分局，1 个总局，正署、分署一律改称公安分局。分局名称，则冠以当处显著之地名，以明系统，便于记忆，而符内政部新颁章制。其裁去之区原辖地段，则划入毗连各区域内。鉴于区域界线不齐，诸多窒碍，各区域重新划定后，派员分别履勘，使各区域界线一律整齐，凡以前参差错落者，悉予改正，以期管辖便利而免致市民误会。[③] 公安分局成立后，欧阳驹又将划区委员会改为整理警政设计委员会，以资设计而便整顿；[④] 并建立了东山模范警区。[⑤]

---

① 《警区重新规划》，《广州民国日报》1924 年 2 月 28 日。

② 《广州特别市公安局整顿警政之进行》，《警察杂志》第 1 卷第 5 期（1929 年）

③ 《广州市公安局整理警政计划大纲》，《警察杂志》第 1 卷第 8、9 期合刊（1929 年）。

④ 《公安局设立整理警政设计委员会》，《广州市市政公报》第 351 期（1929 年）

⑤ 《规划办理东山模范区》，《广州市市政公报》第 342 期（1930 年）。

三 其他附属机构

1. 整顿惩戒场

广州市公安局的惩戒场，能容人犯千余名，各人犯无所事事，办理极为窳败。1927 年 1 月，邓彦华任公安局长后，为改良狱政，减轻犯人在押期间之痛苦，及为犯人谋出狱后的正当生活考虑，特筹集巨款，将惩戒场大加整顿，在场内设立草鞋、革履、印刷、车衣、机织、毛巾等工厂 6 所，聘请专门技师，按各人犯在押年期长短，分别授以各种工艺，自是该场遂顿改旧观。迨邓氏去职，历几任局长对此多未注意，于是又日趋黑暗，后来欧阳驹任公安局长后，锐意改良警政，曾计划对该场加以整顿，但仍未见起色。①

最初，惩教场只有男犯，女犯无处可拘。当时广州市私娼充斥，捕不胜捕，罚款又不能遏制，公安局在惩教场内设女犯习艺所，凡犯私娼卖淫 3 次以上者皆送女犯习艺所。据说，女犯习艺所建立后，私娼卖淫案比以前减少一半。②

迨何荦任公安局长以后，犯人日众，原有工厂已不敷分配学习之用。而织袜厂所生产的袜子款式太旧，没有市场，卖不出去。何荦乃于 1934 年在惩戒场设立了织笠衫（针织内衣）和造扫把的两个工厂，工厂增至 8 间，1935 年又增至 9 间。教习的技术，原来只有做草鞋、革履、藤器、织巾、织袜、印务六种，后增加了做竹器、麻鞋、扫把、牙刷、木屐和织布、车衣、做肥皂、锤石等，全场囚犯都技术化。何荦称，囚犯的薪金及奖金，惩戒场都提成若干代为储蓄，如积至 200 元，则代为存于广州邮政储金局，以便邮寄家人。此项服务开办 4 个月就为囚犯代存了 1400 余元。③ 鉴于惩

① 《筹划整理惩戒场》，《广州市市政公报》第 328 期（1929 年）。
② 何荦：《二十三年度广东省会公安概况》，《警察杂志》第 5 卷第 3 期（1934 年）上。
③ 何荦：《广东省会公安局一年来设施之概况——民国二十四年度》，《警察杂志》第 6 卷第 1 期（1935 年）。

戒场的犯人每日除习艺和接受教诲外，缺乏运动和娱乐活动以调剂其生活，公安局在场内设立了一台无线电收音机广播和一具风琴，以作收听市内播音台所播音乐和教授囚歌之用。①

2. 广州的警察刊物

在这一阶段，广州警察机构创办了一些有关警政的刊物，出版了大量有关警政的图书和专门出版物。特别值得一提的是广东警察学会在广州市创办的《警察杂志》，这是一个水平较高的警察刊物。《警察杂志》作者队伍中不少是现役的警察官员，杂志除刊登广东作者的稿件外，也刊登外省来搞。例如，曾留学美国的浙江省警官学校教授兼浙江省会公安局设计委员余秀豪的文章《公安局长与警察行政》，就刊登在该杂志的第 5 卷第 3 期（1934 年）上。

下面举例说明该杂志内容。如第 1 卷第 3 期共有四个栏目七篇文章。专论栏目：曾磊：《怎样研究警察法令》；何剑锋：《娼妓存废问题之我见》。研究栏目：石顽：《指纹及其制度之研究》（续）；方乃卓：《警探如何破案》（续）；梁泰嵩：《我的警犬训练经验谈》。人物介绍栏目：宏：《聪明果断的徐中齐先生》。译著栏目：曾磊译著《德国刑事警察制度》。尽管文章不多，但从警察学术研究的角度看，这些文章的题目都非常专业。

该杂志也设立了《法规》栏目，刊登中央和地方的重要法律法规。例如，该杂志第 4 卷第 1 期就全文刊登了中央政府的《户籍法》以及广东的《广东省会公安局长警赏罚章程》《广东省会公安局长警赏罚章程施行细则》《广东省会公安局各分局长员考勤规则》《广东省会公安局所属内外部长员身故公赙简章》《广东省会公安局所辖各分局枪械保管规则》《广东省会公安局编钉门牌规则》《广东省会公安局派遣特务警察章程》《广东省会公安局取缔成衣店规则》《广东省会公安局指纹处暂行办事规则》《广东省会

---

① 何苹：《二十三年度广东省会公安概况》，《警察杂志》第 5 卷第 3 期（1934 年）。

公安局取缔武技教习馆规则》等法规。显然，这是为了满足各地各级警署的需要。当日法令法规的印刷、下发、保存等条件远不如今天，估计广东各级警察机构都会订阅该刊，及时刊登重要的新法规，可便于各级警察（尤其是下级警署的长警）查阅和学习。

广东警察机构的主管官员也利用这个刊物进行总结和宣传，如何荦的《二十三年度广东省会公安概况》（第5卷第3期）以及《广东省会公安局一年来设施之概况——民国二十四年度》（第6卷第1期）就是典型的例子。

该杂志《论著》栏目刊出不少有一定深度的文章，还能结合广东的实际情况讨论有关警政问题。如有人撰文对日后警察改良提出十点意见：一要训练党化的警察；二要使警察的职权独立；三要确定警察经费；四要增设警察的额数；五要注重警察的人格；六要严订警察的赏罚；七要多设警察学校；八要器重警察人才；九要改善警察教材；十要实行警察考试。①

1932年底，陈济棠在西南政务委员会提出"广东三年施政计划"，但该计划"对于警政办理，如何才能使之完善，完全没有提及"，广东警察学会于1933年5月做出"呈广东省政府请于三年施政计划中增加整顿警政一章俾臻完善案"。此后各方先后提出关于整顿警政的提案，有人便在该刊发表文章对这些整顿的提案予以点评。②

警察训练方面，也有人撰文论述，认为必须注重三大要素：第一，警察训练，即各种警察学术、警察法规的训练。第二，党义训练，希望把警察训练成"党化的警察"，加强三民主义、五权宪法、建国方略、建国大纲以及国民党党史、党纲、党的政策等方面

---

① 王希曾：《今后之警察改良问题》，《警察杂志》第1卷第7期及第8、9期合刊连载。

② 林文敫：《省行政会议中关于各方整顿警政提案之检讨》，《警察杂志》第4卷第3期（1933年）。

的教育。第三，军事训练，包括武器使用、跟踪术、拳术、剑术等。①

该刊文章还对当日中国警政的一些薄弱环节进行讨论。如《女警运动在今日》一文，先阐明采用女警是文明国的表征、采用女警的必要性，介绍西方一些国家女警的情况，对中国未能采用女警感到遗憾，对杭州率先培养女警表示赞许。文章也提及广州警政当局虽有采用女警的动议，但阻力很多，恐怕不易实现。②

对外国警政的介绍，是该刊的一个重要内容。如曾磊翻译的《德国刑事警察制度》（第1卷第2期）、蔡孝慈翻译的《美国最近警察管理制度》（第4卷第1期）、王斌翻译的《英国警察制度》（第3卷第5、6期合刊）、孔遴的《美国警察的述要和批评》（第4卷第3期）、李腾的《世界警察制度的面面观》（第4卷第8、9期合刊）、黄亦骞的《英国警察制度改革问题》（第5卷第3期）等。

该刊的《司法警察试验录》栏目，是警察破案的案例介绍。如1929年，汕头发生富商张逸侬被绑架杀害一案，汕头公安局侦破此案后，杂志刊登的文章详细介绍了破案经过、事主与疑犯的情况、各犯的供词、局长对此案的谈话、破案警察的奖励、犯人执行枪决的经过。文章颇具文学笔法，且注重细节，既考虑到警察吸收经验，也注意吸引一般读者。③ 这个栏目的文章，作用有点近于今日的"警察公关"，通过报道重大案件的文学作品，提高警察机关的形象。

警察局还参与出版报纸。报纸是党政的宣传喉舌，陈济棠一垮台，CC系的人马立刻通过党部，抓住了省党部机关报《中山日报》，同时也向其他商办报纸分别渗入。余汉谋当时要和蒋介石合作，对这一局面虽然没有表示反对，但他的左右人物总觉得自身没

---

① 朱则文：《训练警察的三大要素》，《警察杂志》第1卷第6期（1929年）。
② 杜子云：《女警运动在今日》，《警察杂志》第3卷第1期（1931年）。
③ 《汕头市公安局破获骗绑谋杀案之详情》，《警察杂志》第1卷第8、9期合刊。

有一个宣传机构难以掌控政局。刚巧当时香港《循环日报》在广州分支的《群声报》决定停办，李洁之得知后对余汉谋建议接收该报使之办成四路军的喉舌，得到余汉谋的同意。李洁之提出办报的经费问题，余汉谋要求警察局想办法替报馆解决。李洁之立刻接受他的意见，派人接办了《群声报》。经费方面，每月由警察局方面筹拨约 1500 元（平均数），该报出版将近两年，警察局津贴费用共约广东毫券 32000 元。

《群声报》复刊以后宣传团结抗日，受到蒋介石分子，特别是 CC 分子的嫉视，但因为他们也知道报纸后台是余汉谋，因此也无可奈何。

在办《群声报》的同时，第三党在广州出版《南针》周刊。李洁之过去和第三党创办人邓演达先生是第一师时期的袍泽。邓遇难后，李洁之和一些第三党的朋友还经常有来往。他接任警察局后，也延揽了该党的李伯球、郭翘然等为警政设计委员。李煦寰一向对邓演达有好感，当郭冠杰、李伯球等向李洁之提出办《南针》周刊时，李洁之便找李煦寰谈，说明这是邓演达方面的关系，应该支持。李煦寰同意李洁之的意见，李洁之便决定每月由警察局方面津贴《南针》杂志 500 元，交由李伯球负责出版。这个刊物也维持了将近 2 年，总共由警局方面津贴了广东毫券约 12000 元。①

第三节　警察办公与生活条件的改善

一　办公条件的改善

1. 建设新警署

警察区署，本应居于所辖警区之中心，但在 1930 年代以前，

① 李洁之：《余汉谋踞粤时的广州警务亲历记》，《广州文史资料》（第 11 辑），广州，1964，第 131～133 页。

广州市各区区署，位置多不适中，及后拆城辟路填濠为街，影响所及，尤觉错杂不齐。如第二、第三、第四、第七各区正署及九区一分署，皆位于境内西端，五区正署、六区分署、九区二分署皆位于境内东端，十区一分署则位于境内北端。又如二区正署与二区二分署、三区正署与七区三分署、五区正署与五区一分署、七区正署与七区二分署皆相距仅约里许，此位置既偏，又相距太密，带来管辖的不便。而且，区署建筑简陋。从前各区区署多就庙寺废署等旧建筑物修改为之，湫隘简陋，由来已久，其中虽有数署系民国8年新建，规模仍属简陋。其弊害有：外观无庄严气象，人民难免轻视；内容无适宜布置，居处易感不宁；警士住室迫仄肮脏，几类牢狱，每易发生疾病，故统计每月各区警察患病人数，常占10％，其因病死亡人数，常占1％，足见各区警室之不够卫生，致因警室不良影响，各警士心理日超苦闷，人格遂沦卑污。①

　　鉴于各警署建筑简陋，又多不适中，欧阳驹上任后决心移建或修缮各警署。他决定将偏于一隅者，另择适中地点，重新建筑。其地点尚属可用者，一律加以修改，或增建层楼，或收用毗连民地，增建房舍。② 由此，他通令各分局，无论是应裁撤改变者，或应新择地址移建者，还是应照原址增建者，均着手先行测勘规划，以凭核办。他要求，应另择地址、移建新署者，必须测量该地面积，并根据该区新制职员人数表，规划建筑工程，绘具详细图则及说明书；如收用民地，须将收买若干面积，该地及建筑约值若干等，一一绘图注说，全区面积以足一百井为适合。就旧署原址增建者，如果旧署房地宽敞，除原有房舍外，可以增建警室者，应勘明绘图，说明在原署某部增建，增建后于原有光线及空气有无妨碍；旧署如地方不甚宽敞可以加建层楼者，应注意原建筑物是否坚固，有无危险；旧署如缺乏一、二项条件须收用毗连民地者，应将面积及每井

　　① 《广州市公安局整理警政计划大纲》，《警察杂志》第1卷第8、9期合刊（1929年）。
　　② 《广州市公安局整理警政计划大纲》，《警察杂志》第1卷第8、9期合刊（1929年）。

约略值价，绘图注说，仍以凑足一百二十井为佳；凡旧署加建层楼者，以四邻确无民地可以收用者为限，如有地可购，仍以收用为佳；警署应裁撤投变原址者，应将旧署面积勘明，估定每井值价，绘图说明，并将各旧署上建筑等约值若干，分别开列详细数目。①

建设警署的经费来源，除了向省市有关部门申请批拨外，欧阳驹还将被裁的 10 个分署之产业招商投变，得到的款项用来建设警署。② 由于欧阳驹筹款有方，措施得力，建设警署取得不少成绩。有的分局重新建设，有的分局大加修建，有的分局因经费未备先行小修，也有的分局就地扩建。公安局新建办公楼也在他任上落成，建成一幢三层洋楼，于 1929 年双十节迁入办公。③

欧阳驹认为，各分局为执行政令机关，自应气象焕然，方足以得市民之信仰。各区署改制为分局后，虽分别移建或修缮，然风雨侵蚀，易致残旧，必须时以修饰，藉壮观瞻。故特规定分局每年修饰一次，其经费亦酌量规定，列入预算，著为定例。④

2. 更换水警装备

广州水警，辖段广阔，因为河涌分歧，防范稍疏，匪徒即乘隙思逞，扰乱治安。而水上各区所有汽轮电船舢板，均已船龄过长，速率甚低，其中舢板更是落伍之物，在平时用以巡查，已不适用，若猝遇匪警，追截困难。欧阳驹上任后，给各水面分局购置速率最高、长约 30 英尺之电轮 3 艘，四周护以钢板，并配备枪械，每大段一艘为巡缉之用，其余一艘留备有警随时差遣，其旧有舢板，除每大段留回一艘外，余悉裁去。这样，既可收敏捷之效，也可减少水警名额，一举两得。⑤

① 《改建全市各局警署》，《广州市市政公报》第 338 期（1929 年）。
② 《扩充公安分局局址》，《广州市市政公报》第 352 号（1930 年）。
③ 《公安局新建局址将落成》，《广州市市政公报》第 342 号（1930 年）。
④ 《广州市公安局整理警政计划大纲》，《警察杂志》第 1 卷第 8、9 期合刊（1929 年）；《广州市市政公报》第 352 号（1930 年）。
⑤ 《广州市公安局整理警政计划大纲》，《警察杂志》第 1 卷第 8、9 期合刊（1929 年）。

二　警察福利待遇的提高

1. 薪饷的提高

吴铁城在任时曾努力提高警察待遇，但未能解决警察（特别是下层警员）生活水平低下的问题。欧阳驹上任后大幅提高了广州警察的待遇。

欧阳驹上任时，广州各区警察共有"职员"527 人，"队警"4940 人，每月经费 98853. 88 元，人均经费每月不足 20 元。① 当时，总局警长分为三等，其最多者月饷不过 30 元；警员分为 4 等10 级，其最多者不过 21 元，最少者仅 12 元。计领特等饷项者，约占 4.5%，领一等饷者每级约占 4.5%，领二等饷者每级约占7%，领三等一二级饷者每级约占 9%，领三等三级饷者约占 44%。警士更低，月俸仅 10 余元。以当日广州的物价水平，下层警员的收入只能维持个人生活。经济所限，帐被衣履等虽极破旧，也无钱添置，若不幸染病，更无钱医治。由于待遇太低，员警中见异思迁、玩忽职守、贪污索贿者不少。至于各警察区薪饷数额，署长月薪 120 元、分署长 105 元、一等署员 67. 5 元、二等署员 60 元、三等署员 52. 5 元，警长计分三级，至多不过 30 元，警兵分为四等十级，最多者 21 元，仅占 4% 或 5%，少者仅 12 元，占 44%，实不足维持生活。且警饷等级太繁、距离过近，即获升擢，也起不到激励作用。欧阳驹在对警察进行加薪的同时，也改革了薪饷，其办法为：分局长改为 220 元，分局员一等 100 元、二等 80 元、三等 60元，巡官 50 元。警察一级 24 元，占全额 10%；二级 20 元，占全额 30%；三级 16 元，占全额 60%；其余事务员、助理员，亦酌量增加，使他们能够维持生活，专心服务。

除提高警察的薪饷外，还对警察的生活条件作以下改善：改

---

① 《广州市各区警察队人员枪械及经费调查表》，广州市市政府统计股编《广州市政府统计年鉴》（第一回），1929 年 12 月印行。

建、修缮警察住室，务期符合卫生条件；各警被服帐席等件悉由警局发给，以期整齐划一；每区增设预备警察6%，以备为确实因病或亲丧大故请假之警察替代勤务；建设体育场，以供警察之锻炼。以上各项改良待遇，目的是提高警察的服务精神，增强其工作积极性。① 欧阳驹还发现，每届严寒，出勤各警多将两手藏缩，实在有失观瞻，有的警察因缺其他鞋子，终日穿着皮靴。他特购备一批白色手套，发给各警出勤时穿戴，并购买帆布鞋以供各警休班时穿着。② 对被裁者，鉴于有生活困难之虞，欧阳驹决定一律着给恩饷1月，以示体恤。

2. 其他警察福利事业

欧阳驹还设立了如下的警察福利。

第一，呈请规定警官保障、递年晋级增薪和养老金条例。欧阳驹认为，外国警察官吏，非因过犯，不轻更动，且官阶按年递进，薪俸按年递增，服务至一定年限，就给予养老金，但广州市警察，则没有这些福利，因之警官缺乏长期服务的思想，办事不免敷衍。公安局即呈请政府从速规定警官保障及递年晋级增薪并养老金等条例，使警察安心服务、恪尽职守。

第二，改编民警队。广州市民警队，系商民组织，管理和训练松懈，既浪费饷糈，且容易滋生流弊。公安局计划分期调入警察教练所训练，待训练完毕，改为警察义勇队，归警局直接管辖，以补警力之不足。

第三，修建警察坟场。警察坟场，虽设置已久，唯形同义冢，缺乏修筑，较之附近陆军坟场之建筑壮丽，差别极大。公安局认为，军警同为政权服务，若有所轩轾，则无以慰死者之灵，而动生者之气，因此重新修筑和布置坟场，以期与陆军坟场相埒。

第四，组织消费合作社。公安局认为，消费合作社可以节省费

---

① 《广州市公安局整理警政计划大纲》，《警察杂志》第1卷第8、9期合刊（1929年）。
② 《广州市市政公报》第351号（1929年）。

用，发扬合作精神，能使社员生活安适、储贮容易、养成节俭习惯，而免除商人居中盘剥。警察为固定机关，仿行尤易收效。因此公安局着手组织警察消费合作社，凡内外部职员、长警、夫役均得认股为社员，给以纳股证，得向该社购取日用必需物品，享受平价利益，减少经济负担。①

何荦当上了广东省会公安局长后，又进行了如下几项建设。

第一，建设警察医院。以前有此计划，由于各种原因没有建成。警察患病要到市立医院就医。但市立医院分配给警察系统的住院床位不多，往往人满为患。有的警察不得不去私立医院就医或住院。但医药费必须自己负担。这对于薪金微薄的警察来说难以承受，公安局不得不为警察寻找临时的定点医院，要求如有省会公安局警察去就医，医院须从廉收费，一切药费，皆由公安局承担。②鉴于缺乏专门的警察医院、警察就医不便的状况，何荦上任后，加紧建设警察医院。该医院于1934年1月建成投入使用，共耗费10余万元。医院位于西瓜园原来的警察同乐会，地点适中，空气充足清新，开辟了普通病室、长员病室、隔离病室、囚犯留医室4个病区，设有病床160张。设施也比较齐备，拥有手术室、X光镜室、检验室、牙科室，还开办了一所附属的护士学校。医院开办一段时间以后，发现规模不够使用，于1935年又增建了长员病室1座，另建了护士学校学生宿舍和教室各1所，并将原隔离病室改为赠医所。后又增建疗养室1座、电疗室1座，并在原内科、外科的基础上增设了眼耳鼻喉科，相应添置了一批医疗设备，设施更为齐备。③

该院聘请了一些富有学识和经验的医生，回归热、恶性疟疾

①　《广州市公安局整理警政计划大纲》，《警察杂志》第1卷第8、9期合刊（1929年）；《广州市市政公报》第352号（1930年）。

②　《公安局指定病警治疗所》，《广州市市政公报》第380期（1931年）。

③　何荦：《广东省会公安局一年来设施之概况——民国二十四年度》，《警察杂志》第6卷第1期（1935年）。

等恶性传染病在这里都能得到医治，死亡极少。警察医院的建成，对于保障警察的健康提供了必要条件，大大降低了病警的死亡率。欧阳驹上任时，公安局曾统计，每月各区警察患病人数，常占 10%，其因病死亡人数，常占 1%。① 这就是说，死亡警察占患病警察的比例高达 10%。死亡率这样高主要是因为警察有病不便就医。警察医院建成后，警察就医方便了许多，警察患病往往能够得到及时治疗，由此病警的死亡率大大降低。据统计，警察医院营业的第一年（1934 年），共接治住院的警察 1800 多人，门诊的警察 6300 余人，死亡 83 人，死亡警察占住院警察的 4.61%，仅占患病警察的 1%。② 营业的第二年（1935 年），住院的警察 2129 人，治愈 2039 人，死亡 67 人，死亡警察占住院警察的 3.14%，死亡率更低了。③ 警察医院还对外营业，1935 年外界来警察医院就医的人数达到 8693 人。它还开展向贫民赠医活动，为市民义诊，1935 年接受赠医施药的平民达到 14050 人。④ 可见警察医院的建成，对广州市民的健康也做出了一定的贡献。

第二，建设警察同乐会。原来的警察同乐会位于西瓜园，离公安局总部较远，不适合警察经常开展娱乐活动，被改建成警察医院。公安局在毗邻公安局总部的南朝街，重新建立了警察同乐会，将原来的警察体育会、警察图书室等并入，扩大规模。内分总务、游艺、体育各部，建有多种游艺、体育设施，可供警察公余之暇进行各种有益身心之娱乐及适当之运动。

---

① 《广州市公安局整理警政计划大纲》，《警察杂志》第 1 卷第 8、9 期合刊（1929 年）。

② 何莘：《二十三年度广东省会公安概况》，《警察杂志》第 5 卷第 3 期（1934 年）。

③ 何莘：《广东省会公安局一年来设施之概况——民国二十四年度》，《警察杂志》第 6 卷第 1 期（1935 年）。

④ 何莘：《广东省会公安局一年来设施之概况——民国二十四年度》，《警察杂志》第 6 卷第 1 期（1935 年）。

三　执勤制度的改进

1. 合理分配警察岗段

在清末，各警区岗段并未设定，管辖街道既无一定标准，设置亦疏密不匀。民国初年各警区岗段一度抽减，益形紊乱，往往繁盛地带一个岗段管辖数条街道，而属偏僻一掌之地却密布数个岗段。例如，四区二分署每站岗所管理之面积，105 余亩。而十一区一分署，则每站岗平均所管不过 10 余亩。幅员之差，达到 10 倍以上。① 又如，十二区正署，属内有人口 4123 人，有警察 108 名，每千市民的警察数为 26 人。而六区正署，属内有人口 42781 人，仅有警察 136 名，每千市民的警察数为 3 人。八区分署属内有人口32776 人，有警察 109 名，每千市民的警察数也为 3 人。② 如此看来，警察人数配置以及岗段配置失当，疏密不匀，既不能平均警士劳逸，尤易影响地方治安。有鉴于此，本着"岗段之编配，应体察地方之繁简，及街道之长短而定"的宗旨，公安局派员重新调配，逐一划定，力矫以前疏密不匀之弊，以期岗警便于互相关照，也利于平衡劳逸。③

2. 改三班制为四班制

警察值勤，负维持段内安宁秩序之责，必须体魄强健、精神贯注，才能胜任愉快。京沪平津警察外勤采用四班制，但广州市采用三班制，每班每日除值勤 8 小时外，尚须轮任巡查、解犯，平均每日工作总在 10 小时以上。而起居饮食，又日日异时，年富力强者尚可勉强支持，而体质较弱者难以承受。以有限的精神，承担过度

---

① 《广州市警察概况》之五"警察站岗之密度"，《广州市公安局年刊》，1929，广东省档案馆，警保类，305。

② 《各区署辖内人口与警察之比率》，《广州市公安局年刊》，1929，广东省档案馆，警保类，305。

③ 《广州市公安局整理警政计划大纲》，《警察杂志》第 1 卷第 8、9 期合刊（1929年）。

的任务，警员难免会精神萎靡。且因为勤务过多，无暇训练，致使警政日趋废弛，无从整饬。欧阳驹决定增加警额，把三班制改为四班制，即将各警分为甲乙丙丁四班，每日夜共值勤 6 小时，或轮流每日以三班值勤 8 小时，而以一班全休。为此计约增警额千余名。① 对警察岗位也作明令规定，即依次钉挂形如市徽之白地黑字木牌。②

第四节　改进警察的教育和管理

一　完善警察教育机构

各届警察主官程度不同地认识到，广州为华洋杂居之处，警务烦琐复杂，需要有得力的警察，故警察素质至关重要，而警察素质有赖于警察教育的提高。然而，当时广州的警察，受教育的水平普遍不高，各区警察由警察教练所毕业者，不过约占 3/10，其余 7/10 多以未经教练之余丁充数。③ 这种余丁，不少是市井无业游民，对于警察职务，茫无所知。以如此未经训练、绝无警察知识者，肩负公安重责，必致放弃职权、消失效能。欧阳驹上任后，极为重视警察教育建设及改革，采取了以下措施。

第一，设立警官学校。为造就警官人才、整顿警政，广东省政府决定重新筹办警官学校，拟由公安局长欧阳驹为警官学校筹备主任，就组织警官学校制定办法。欧阳驹制定的警察学校学制，分三种科班，一为本科，二为特别班，三为速成班，本科招考中学毕业程度学生 100 名，限 2 年毕业，特别班招考前军官团学生 100 名，

①　《广州市公安局整理警政计划大纲》，《警察杂志》第 1 卷第 8、9 期合刊（1929年）。

②　《编配警察岗位》，《广州市市政公报》第 352 号（1930 年）。

③　《广州市公安局整理警政计划大纲》，《警察杂志》第 1 卷第 8、9 期合刊（1929年）。

限 1 年毕业（因军官团学生皆有相当军事学识，故为特别班），速成班系曾由警校毕业及曾在警界服务多年者 100 名，限 4 个月毕业。欧阳驹规定，该校教育方针是，训练有军队精神之警员，严加陶冶，以应目前之需求。①

广东省警官学校校址选定在大沙头，欧阳驹被省政府任命为校长。该校在校舍正式建成前暂借大佛寺为校舍，先行组织考试委员会招考特别班学生。以欧阳驹为主试委员长，另有主试委员、襄校委员、监视委员数十人均由该校教职员及延聘专门人员充当，学生考试及格便即入校，迅速开课。本科及训练班学生，意欲广招各县人才应考，由民政厅通令各县，一体布告，于 1929 年 11 月 10 开始报名招考。②

第二，建设警察教练所。1929 年 11 月，南京国民政府内政部通令各特别市，应设立警士教练所，造就实用警材。③ 广州虽已设立警察教练所，但规模过小，每期毕业学警为数不过二三百名。教练所原借用大佛寺为所址，但该寺房屋颓旧破烂，不堪使用。且寺内大块空地，早拍卖别人，已被买主收回，再无场地可供训练。欧阳驹计划要在 3 年内将未受培训者次第拨所培训，使各分局警察尽受教育，如此规模显然不能满足需要。④ 他曾择南石头为新所址，计划新建教练所，但没有建成。何荦任局长后，加紧建设，新教练所于 1934 年 10 月在南石头落成，耗费 14 万多元，占地数十亩。其规模之大，建筑物之壮观，在全国警察系统中位居首位。⑤ 教练所设施齐全，有办公楼、教室、饭堂、长官住室、学警住室、医务室、图书室、储藏室、浴室、操场等。次年 4 月警士教练所移驻新

---

① 《本省最近警政之设施》，《广东民政公报》第 46 期（1929 年）。

② 《广东省警官学校之近讯》，《警察杂志》第 1 卷第 10 期（1929 年）。

③ 《关于筹设警士教练所案》，《广州市市政公报》第 348 号（1929 年）。

④ 《广东省会公安局三年警政设施计划概要》，广州市档案馆，全宗号：资；目录号：政；案卷号：129；期号：213。

⑤ 何荦：《二十三年度广东省会公安概况》，《警察杂志》第 5 卷第 3 期（1934年）。

址，结束了靠借用寺庙为场地的历史。教练所内原设有图书室，但因资金缺乏，图书资料添置较少。从 1934 年度起，公安局决定从所内合作社的利润中定期拿出一部分资金用于购买图书资料。教练所鉴于警察书籍缺乏、学术落后的状况，决定成立编纂委员会，编纂警察丛书，陆续刊行，以供警察学习、研究参考之用。

鉴于警察教练所管理过宽，无以养成学警服从习惯，教授科学知识太多，则导致实用知识缺乏，① 欧阳驹制订了警察教练所扩充和改革计划：扩充每期学额至 800 名，分为 7 个区队，以期造就多量、实用警材。将原计划于 3 年之内全部警士悉受培训，改为 2 年之内。2 年以后，将学额减少，再择各区学警优秀者，抽调入所，授以较高学术，以资深造。② 从 1934 年第 14 期起，便不再招考粗通文字者，只有高小毕业且领有证件者方可投考，提高了学警入学的门槛，但该届报名者并未因此减少，反而达到千余名之多。这说明警察的学历在提高。何荦上任后决定，扩大警察教练所的招生规模，增加学警学习的课程。从第 16 期起，增招 150 名学警，增设助教 4 名，增授"防空常识""地形学""街巷战术""夺枪术""军事驾驶法"等课程。③

此外，开办了交通警士训练班。省会公安局按照 1934 年 7 月全国交通警察专员会议做出的"各都市警察教育机关内应设法设置交通警察专班或补习班，以培养专门人材"的决定，④ 在警察教练所开设了交通警士训练班，挑选曾在警察教练所初级班毕业且手眼灵敏的警士入班进行为期 3 个月的培训。以后，警察教练所除了扩大招考警员和增加短期培训班、补习班外，还开办了外事警察与

① 《扩充警察教练所组织》，《广州市市政公报》第 352 号（1930 年）。

② 《广州市公安局整理警政计划大纲》，《警察杂志》第 1 卷第 8、9 期合刊（1929 年）。

③ 何荦：《广东省会公安局一年来设施之概况——民国二十四年度》，《警察杂志》第 6 卷第 1 期（1935 年）。

④ 韩延龙、苏亦工等：《中国近代警察史》（下），北京：社会科学文献出版社，2000，第 667 页。

水警的特种警察教育，如开办水警训练班，1936 年 9 月遵照内政部颁布的外事警察训练班纲要，创设外事警察训练班，招收学警 120 名，训练 6 个月等。

1929 年曾对广州公安局 1015 名官员的学历做过调查统计：留学国外的有 8 人，在国内大专学校毕业、修业的 169 人，师范学校毕业、修业的 49 人，军警学校毕业、修业的 270 人，职业学校毕业的 22 人，普通中学毕业、修业的 241 人，高等学校毕业的 76 人，清朝科举 5 人，未详 255 人。① 以后，公安局官员的文化水平仍在不断提高。

二　加强管理考核

1. 加强巡查和督察

民国初期，广州市连年受军事政潮的影响，未暇对各区警察进行有力的检查和监督，特别是对各区署员警的考勤、考核大多流于形式，造成弊端不少。② 为振兴警察服务精神、整饬警察风纪，以及检查各区署公务，1929 年 10 月公安局长欧阳驹决定对全市警察进行一次大规模的检查和考核，重点是各区署（后为各分局）的警察。检查的内容包括内勤和外勤两大部分。内勤检查的内容有：警长警员服务的勤惰得失，其训育指导是否周到，司法案件的讯判解释是否妥帖，警捐收解的情况及其盈绌，户籍调查整理的情况及其成绩，迅速处分的设备是否周妥，办公地方及兵室的整理是否清洁及适合卫生，长警的精神姿势是否肃正，服装的整理、警械的整

---

① 《广州市市政府各机关职员学历统计表》，《广州市市政府统计年鉴》（第一回），1929 年 12 月，第 438 页。

② 欧阳驹在公安局一次警务会议上曾指出过这种弊端："关于外区长员长警之考成，向将全权付于督察处，惟近阅各督察员考察内勤外勤之报告表，其考语十九相同，大都无甚发见，可见其中不无偏私之弊，本人为欲明各区真实功过起见，除自赴各区考察外，并规定凡本局职员，对于各区长员长警之行动，均有调查报告之责，而结果虽间有报告者，亦类皆无关痛痒之事，收效依然甚微。"（《改革警界积弊》，《广州市市政公报》第 338 期。）

理是否合法，厨房、厕所、拘留所、考查所及其他工役住室的整理和卫生状况等。外勤检查的内容有：长警出勤的精神、姿势和服装，携带品物是否完备，警长是否依照定章巡段，督率段警是否注意周到，长警出勤时对于段落内应行注意或应干涉的事是否察视周到、办理妥善，长警出勤时对于段内户口是否纯熟、能否辨别其邪正，派出所是否整理清洁、轮流值勤，马路交通警察指挥是否纯熟，保护行人是否周到，马路交通整理是否合法，车辆小贩及商户货物有无阻碍交通，马路店铺篷帐招牌是否遵照工务局定规置办，长警出勤应接人民之态度是否和蔼等。①

检查采取秘密的方式。局长亲自带队赴各区巡查，另严格选定若干人，按日分赴各区，秘密调查。并规定，现在改区不日实行，届时对现有各区长之去留，即以此次检查成绩为标准。②

为了使巡查制度化、经常化，欧阳驹还决定在将警区改组为分局的同时，按照内政部颁布的《警官等级条例》，在各分局设立巡官，专巡察外勤长警之职责。巡官在任职前，必须见习半年，先以警士见习2个月，继以警长见习2个月，复以警员见习2个月，期满且见习成绩优良者才能被委派为巡官。③

2. 申明警察纪律

欧阳驹加强了各类警察的纪律。如他认为，交通警察之职责，至为重要，来往车辆，皆以其为眼目，断难一夕放弃，如果警察任意谈话，易生危险。然而有些交通警察值勤时，常有外人进入交通岗位，相与谈话。他严肃申令：交通警察出勤时，严禁与其他人在交通岗位倾谈。一经察觉，定即严惩不贷。④

---

① 《举行点验警察》，《广州市市政公报》第 342 期（1930 年）。

② 《改革警界积弊》，《广州市市政公报》第 338 期（1929 年）。

③ 《广东省会公安局三年警政设施计划概要》，广州市档案馆，全宗号：资；目录号：政；案卷号 129；期号：213。

④ 《广州市最近警政之设施》，《警察杂志》第 1 卷第 10 期（1929 年）；《公安局注意交通警察职务》，《广州市市政公报》第 342 期（1930 年）。

在广州市，军人、警察、宪兵和一些恶霸无赖，恃强不买票、"搭霸王车"的现象非常严重，欧阳驹上任后，着力整顿警察"搭霸王车"现象，规定公安局警察有公务须搭乘公共汽车，必须持证购买半票。[①]

李洁之继任后，继续整顿警察的作风。如禁止员警吸烟。国民党的新生活运动曾规定，凡公务人员在办公室内及行路时，绝对禁止吸食纸烟。警察局为响应新生活运动，彻底推行及铲除警察不良嗜好，特饬所属警务人员及警士兵役等，一律戒绝吸食纸烟熟烟，并规定罚则，严厉执行。

3. 加强警费的管理

警捐乃警察经费的主要来源之一，自清末开征以来，相沿已久，久未清厘，弊混甚多。因为有关册簿记账方式陈旧，手续缺略，难于稽核，致每年收入捐额，亦难得确数，各区收捐人员，不免因而从中舞弊，如大额小尾、移甲作乙之类，不一而足。鉴于这些弊端，公安局长欧阳驹决定切实清厘，重新核算，改用新式簿籍，分别登记，务使商店住户，已纳未纳捐额，一目了然，以便稽核，而杜弊混，同时并设簿记学夜班讲习所，令各区收捐人员，夜间入所补习，藉资造就，使其谙熟。[②]

在民国时期，广州警察（公安）局长是一个肥得流油的职位。局长即使不作任何非法的营私舞弊，也可以"堂堂正正"地每月坐享六七千元的额外收入。在 1924 年吴铁城任公安局长时，孙中山曾以大元帅名义给公安局下过这样一道手令："广州市公安局长每月特准支给特别办公费二万元。"这一道手令，从此作为向财政厅报销的合法根据，历任局长在交卸时都要把这一道手令密封交给下任，这是一个公开的秘密。这 2 万元特别费的用途大致作如下分配。

---

① 《公安局职员乘搭长途汽车须购半票》，《广州市市政公报》第 381 期（1931年）。

② 《广州市公安局整理警政计划大纲》，《警察杂志》第 1 卷第 8、9 期合刊（1929年）；《广州市市政公报》第 352 号（1930 年）。

第一，人到香港、澳门作坐探或侦缉费用约 8000 元（港方占 6000 元，澳方占 2000 元）。

第二，受委托派人到各县常驻或临时侦查有关奸、拐、盗、劫、杀五种刑事案件费用约 2000 元。

第三，警探处长每月活动费 2000 元（不用报销）。

第四，津贴特殊人物费用约 2000 元。

第五，其余即可作为局长本人的交际活动费。

李洁之到任第二年，曾自动把特别费削减为 1 万元，开支数目也削减半数，但他每月仍然可以在这一项目上获得四五千元工薪外的收入。

当时警察局还有所谓员警奖金一项，主要来源是从下列 4 方面收入中提成。

第一，交通违警罚款。过去，这些罚款的起罚点定得很高，例如车船违反交通，初犯罚 5 元，再犯罚 10 元。李洁之在任内削减为初犯罚 2 元，再犯罚 4 元。

第二，瞒捐罚款。过去市内私营店厂和私人住户，一律须缴纳 10% 的"房捐警费"，方法是"主客各半"，即业主负责"房捐"，住客负责"警费"，历届警察（公安）局均将此项收入列为"自筹自给"的经费收入。对于房捐、警费的瞒报，一向课以 10 倍的处罚，但也有漏洞。敢于瞒报的业主或住客，往往有其一定的军政人事关系为撑腰，事发后即四处托人要求减罚。警局方面，为了敷衍各方，结果也只好不同程度地给予酌减。在李洁之接任后第二年，警局的征收警捐机构全部被划归省财厅接管，警察局经费以后改由财政厅按预算拨发，而瞒捐罚款也将原来的 10 倍处罚，改为 5 成执行。

第三，市政府委托办理的水电偷漏罚款。过去此项罚款一般亦高达 20 倍，李洁之在任内改为偷漏自用罚 1 倍，偷漏营利则罚 5 倍。按规定，此项罚款收入，由市府拨出一定的百分比作为警局员警奖金。

　　第四，市府委托办理"广州市禁烟售吸所管理处"（当时广州全市烟馆计 240 多家）的收入提成。按规定，由市府在禁烟总收入项上拨出 3%（后增至 5%）为管理处经费和奖金。

　　以上几项收入的奖金提成分配，过去主管官和高级人员所占百分比很大，例如违警罚款的奖金提成，局长个人就占 40%，各级警官佐共占 40%，只有 20% 归公。李洁之到任后，把提成分配比例予以更改，提高了局库的收入比数，削减了个人方面（特别是高级人员方面）的所得。尽管如此，由于收入数额不小，李洁之在任内两年多的时间之内，照章获得的奖金，合计达广东毫券 9 万多元。李洁之曾将这一笔款项作为建筑私立实践中学校舍和投资从化新村之用。①

第五节　发挥治理社会治安和秩序的职能

　　近代中国的警察作为行政管理机构的重要组成部分，其职能是十分宽泛的。择其主要职能，首先是社会治安的管理，其次是户籍管理，这是统治者急需的；另外还有包括交通、消防和公共卫生等在内的社会秩序和环境的整治。随着政局的趋于稳定和经济的发展，愈发需要警察在社会治安和公共秩序，以及城市环境的治理中发挥更为重要的作用。

一　加强治安管理

1. 加强治安管理的措施

　　治安管理是警察的一项基本任务。李洁之上任后，采取以下措施加强治安管理。

　　第一，加强保甲制度。李洁之非常重视加强保甲制度。警察局

---

① 李洁之：《余汉谋踞粤时的广州警务亲历记》，《广州文史资料》（第 11 辑），广州，1964，第 127～128 页。

协助市政府保甲编查处办理广州市保甲，由各分局长兼任保甲区长，后更商请保甲编查处改委各分局巡官充任保甲助理员，一方面便利保甲的推行，一方面也便于战时指挥市民的工作。

第二，警探队、保安队实行分防。以前的保安队，平日除少数分防各地维持治安外，其余都集中训练，遇地方有事件发生时，派队赴援，对急务的处置，每易延误。李洁之到任后，对保安队、警探队的治安管防体制加以改革，实行分防制。1936年秋，他把大部分保安队队兵分别派到近郊各要地驻防。警探队也被编为8个区队，选择人地相宜的指定地区驻扎，每区队设正副队长各一员，就近指挥监督，随时与该地分局及保安队联络，形成一个大警探网。这种办法施行后，收到了很大的效果，改变了过去那种警探全数集中于警察局、遇有案件才分头侦缉，指挥过于迂缓、收效也很差的局面。

第三，订立赏罚法规。大凡工作效率，取决于赏罚严明者着实不少。这一点，作为军人出身的李洁之体会甚深。他上任后，订定警员服务规则，以明职守，并规定功过赏罚办法，做到赏罚分明。警探既已分区驻防，对于该管地段，如发生盗窃、掳掠、抢劫等案件，自应与各分局员警同样负责，论功行赏，按过处罚。自从严定此办法以后，破案的速度大大加快。为了禁止拘拿非现行犯，以杜绝流弊，还规定警探处只负责侦查缉捕的责任，审讯的工作却划归司法科办理。这样，在公安局内部开始推行司法和执法的分离，避免了职权混淆的现象。

第四，加强与宪兵的合作。李洁之认为，为巩固本省会的治安，警察局自己固然应该努力负责，但和治安有关的各机关，也必须互相取得切实联络，以求收到实际效果。他就任以后，处处都设法加强和宪兵的合作。由于警宪关系的改善，警察行动经常得到宪兵的支持，警察在维护治安方面的工作更为顺利。而且，宪兵驻扎的地方，宪兵自动负担了一部分治安的责任，公安局保安队便可以调到其他必要的地方加强力量。这对于加强广州市的治安显然很有意义。

第五，改善查栈办法。检查客栈的目的是防范歹徒，取缔私娟，但是以往的检查多只注意风化，而忽略了治安；而且检查时经常骚扰旅客，也造成对警察的恶感。李洁之上任后，通令各分局进行改善：如规定除另有命令外，每星期有一二次查栈；查栈时所有员警不得大声敲门，并不许栈内侍役人等高声传唤；查栈时所有警士应在该栈门口、楼梯口或路口防守，没有长员命令，不得随同入房；查栈时，须先检阅旅客登记簿及向侍役详细询问旅客情形，如果有认为可疑的，方才施行检查；非必要时，不得将男女隔别问话，员警的态度须和蔼，不得有粗暴的言语；等等。①

2. 运用指纹技术，提高破案率

各国警察机关，都设有指纹部门，为侦察犯罪提供技术支持。陈景华时期警察厅曾一度设立指纹处，颇有成效。1930 年，随着广州市犯罪的人日渐增多，公安局决定恢复指纹处，② 要求属下各级公安机关填报指纹调查表，以规范指纹调查的程序。③ 何荦任公安局长时，更加重视指纹处，并推动了指纹技术的广泛运用，如识别私娼、识别改名易姓或有前科的汽车司机、识破改名混进的警察、检查屡次犯罪的刑事犯等，都取得了较好的效果。正因为较为广泛地运用了指纹技术，办案效果相当明显，公安局以及其他管理部门相当重视指纹的采集、留存与交流。省会公安局指纹处采集和收存了 4 万份指纹纸。④

二　加强户籍人口管理

1. 清查户口，厘定街名

户籍管理是公安局的日常工作之一，从局到分局都有管理户籍

---

① 李洁之：《一年来之回顾》，广州：广东省会警察局总务科编辑股编印，1937，第 16 ~ 20 页。

② 《广州市公安局整理警政计划大纲》，《警察杂志》第 1 卷第 8、9 期合刊（1929年）；《广州市市政公报》第 352 号（1930 年）。

③ 《填报指纹调查表案》，《市政公报》第 357 号（1930 年）。

④ 何荦：《二十三年度广东省会公安概况》，《警察杂志》第 5 卷第 3 期（1934年）。

的专门部门。1929 年，国民政府通电全国，限三个月，至多半年即须办理保甲、清查户口完竣。广东省政府奉令后，下令民政厅，严饬各县、市长，克日加紧办理保甲及户口调查。[①] 广州市公安局督察长陶厚延建议："以一个月为期，由各区督饬专任户籍署员，及户籍助理员，认真整理，俟一个月之后，由督察处派员逐区抽段，将局内户籍册，与各区户籍册，暨警察手持户籍，互相印证，再按户复查，以审核其是否真确，倘有不符，则主任长官，难辞其咎。一面拟派员随时考核各区警察，对于户籍是否注意纯熟，评定甲乙，分别奖惩，并规定嗣后警察升级，以户籍为成绩基本。"[②] 欧阳驹基本上接受了这个建议。他从训练调查人员入手，增设户籍员警，施以相当训练，为调查户口做准备。[③]

欧阳驹还通令全市改换门牌，以归整齐划一。当时原有门牌，只用白色小板，既欠美观，又不耐用，改换的门牌用搪瓷片制成，并于号数之上方，用较小字体，加写某某分局字样，下方加写街道名称。[④] 在改换门牌时，公安局还厘定了全市街道名称。广州市的街道名称，有不少系清朝时所定，有 300 条街名重复，不仅容易混淆，遇事时也会引起延误；有的街名很难听，如猪屎巷、屎坑巷、猪屎寮等，粗俗不堪。欧阳驹决定重新厘定全市街道名称，[⑤] 将重复之街名查明，按设立先后，或地方繁简，分别予以保留更易；将极不雅的街道名称一律改名。[⑥] 还通告市民："本市街名门牌，业经

---

① 《广东省办理保甲清查户口之急进》，《警察杂志》第 1 卷第 10 期（1929 年）。

② 《广州特别市公安局整顿警政之进行》，《警察杂志》第 1 卷第 5 期（1929 年）。第 5 页。

③ 《广州市公安局整理警政计划大纲》，《警察杂志》第 1 卷第 8、9 期合刊（1929 年）；《警署改制后整顿警政之进行》，《广州市市政公报》第 352 号（1930 年）。

④ 《广州市公安局整理警政计划大纲》，《警察杂志》第 1 卷第 8、9 期合刊（1929 年）。

⑤ 《厘定本市街道名称》，《广州市市政公报》第 352 号（1930 年）。

⑥ 《广州市公安局整理警政计划大纲》，《警察杂志》第 1 卷第 8、9 期合刊（1929 年）。

钉换完竣，其有漏列者，亦经陆续补编，嗣后如有新辟街道，或改建屋宇，其街名门牌，自应由主管人报区呈局，以凭核定，毋得擅自编改，以昭划一而免错误。"① 规定市民不得擅自编改街名门牌。

2. 加强户政管理

广州市公安局的户政管理工作由户籍股专司其事，一般划分为内外两部，各分局负责经常性的具体工作（外部），如登记店户的迁移、人口的出生死亡与婚嫁，编订街道名称、门牌号码等，并分期报告总局。总局负责计划与整理工作（内部），如稽核各分局呈缴的各项户籍表册、整理户口变动、编制户口统计、核编街名及门牌号数等。何荦任公安局长后，为了加强户籍管理，进行了一些改革，如修正店户迁入觅保办法，一面扩大担保范围，使市民易于觅保，另一方面取消迁出户口之原保，使该保店得以另保一户。再如加强对祠堂试馆和杂居户口的管理，防止有人混迹其间；对于为数不少的无担保而私迁入市的居住者，公安局要派员调查清楚，并随时考验外勤长警，要求他们熟记所管的户籍，以防私迁。②

为了加强管理，清查户口，广州市在省会公安局的负责下，于1935 年 8 月 1 日进行了一次大规模的人口普查，持续了整整 1 个月。普查结果显示，广州市共有 215777 户，1142829 人。

三 整顿交通

广州市人口剧增和城市规模的扩大，带来了街道的开辟，而近代交通工具的广泛使用，也增加了广州市的交通负担。20 世纪 30年代，广州的机动车辆增加很多，1933 年全市行驶的汽车已达到2000 辆，比 1929 年增加 1180 辆。到 1936 年，市内新增公共汽车公司 5 家，开辟运营线路 19 条。③ 日益繁华的交通带来了城市交

① 《市民不得擅自编改街名门牌》，《广州市市政公报》第 342 期（1930 年）。

② 何荦：《二十三年度广东省会公安概况》，《警察杂志》第 5 卷第 3 期（1934 年）。

③ 蒋祖缘、方志钦主编《简明广东史》，广州：广东人民出版社，1993，第 798页。

通的混乱，也对交通管理提出了更高的要求，需要警察部门设置机构，制定规则和措施，规整城市的交通。因此，历任公安局长都不同程度地制定和修订交通规则，增设机构和警员，加强了对广州市交通的整顿。

1. 创建交通警察

1934 年 7 月，全国交通警察专员会议作出决议，各都市警察教育机关内应设法设置交通警察专班或补习班，以培养专门人才，并决定统一全国交通警察的服制，统一编订交通警察专用教材，统一交通警察的设岗标准，统一全国交通规则。交通警察仍隶属各警察机关，但应专设有交通科、交通股或交通组等相应的组织，其人员一般要从有一定资历、身材高大、机警干练者中选任，编制员额由各地视需要而定。按设岗标准，凡车辆往来频繁的十字路口、丁字路口、五条以上道路的交叉路口、电车交叉点、城门洞口、桥梁或坡路上下及交通事故发生较多的场所均应设置固定交通岗。交通警察执勤时专门管理交通，与交通无关的勤务则由普通警察负责办理，但附近遇有盗案、火警或其他重大事故发生，交通警察仍须负责处理。在未设交通岗的其他路口，则由普通警察于执行守望任务、维持治安的同时，兼管指挥车马行人。① 广东省会公安局相继采取了一系列相应的措施贯彻执行会议精神，到 1934 年广州市设置了交通警察岗位 105 个，交通警察 315 人。②

在创建交通警察和明确其职责的同时，公安局还确定并扩大了交通警察的督察任务。交通督察以前只负责巡察各分局交通警察的勤务和违章的汽车，忽略了其他交通上应该注意和办理的事情。公安局长李洁之规定，除原有责外，举凡水陆交通的维持，改善检查和取缔的手续，以至战时交通和通信的准备，都是交通督察的职

---

① 韩延龙、苏亦工等：《中国近代警察史》（下），北京：社会科学文献出版社，2000，第 667 页。

② 何荦：《二十三年度广东省会公安概况》，《警察杂志》第 5 卷第 3 期（1934 年）。

掌。李洁之还注意改善交通警察的姿态。他认为，交通警察值勤时的精神和站立的姿势，在观感上是十分重要的。以前交通警察那种懒散颓唐的精神、迂缓怠慢的动作，着实给人很不好的印象。所以他规定交通警察于指挥车辆行人时，须作立正的姿势，尤须熟记交通规则，认真执行职务。

2. 改善交通环境

历任公安局长皆通过对街道的管理来促进城市交通的顺畅。如欧阳驹 1929 年上任后，鉴于车辆众多，市民通过十字马路时慌忙不知所措，以致阻碍警察指挥，决定在各十字马路口建井字，凡井字范围内，不许行人闯入，免生危险。① 另外，采取取缔人行道障碍物②和没收马路旁堆置杂物③等措施，努力保障街道的通畅。

李洁之上任后也有大的举动。如鉴于广州市沟渠多淤塞，积聚污水，一遇大雨，宣泄不及，街面便完全被浸，既碍卫生，又阻交通。警察局函请工务局拟订清理内街渠道办法，把原日石面的暗渠，挖开石板，清除淤积沙泥，然后盖平街石；原日是明渠的，清去淤积的泥沙垃圾后，用砖石修理渠边渠底；原日没有沟渠的，则挖凿一道明渠。此外，警察局令饬各分局劝谕各街坊众，自动筹款修理不平街石及疏浚街渠；并禁止各店户跨在濠涌脉渠上面建筑厨房厕所，在濠内堆放杉木，或任意开凿厕所，使粪溺流入濠内。这些工作，在 1937 年 4 月以前，全部完成。统计全广州得到清理的沟渠濠涌共有 657 条。经过清理，广州市内街的观瞻和交通以及市民的生活环境都得到改善。为了解决随意停车的问题，李洁之规定马路两边，绝不能让车辆一齐停放，繁盛地带马路狭小，一律不准停放车辆，令各分局长参酌情形，重新规划停车场所。

3. 增强交通管理的措施

欧阳驹 1929 年上任后，在各交通岗位上增设了专用电话，以

① 《十字马路口拟建井字》，《广州市市政公报》第 328 期（1929 年）。
② 《取缔人行路障碍物》，《广州市市政公报》第 328 期（1929 年）。
③ 《没收马路旁堆置杂物》，《广州市市政公报》第 328 期（1929 年）。

使消息灵通，遇有肇事车辆，警察亦易及时兜截；并分划管理交通区域，多购摩托车，派定交通督察员，负责办理，务求完善。①

李洁之任公安局长后，开展了两方面的工作。一方面通过活动宣传交通法规。鉴于广州交通日臻拥挤，以致常常发生车祸危险的情况，1937 年 5 月警察局联合各机关举行了一次大规模的水陆安全运动，用宣传教育的方法，唤起市民对于水陆交通秩序的注意和遵守；并通过切实执行政府公布的各项交通规则，及新生活运动的"行路须知"，纠正车辆行人的错误，而达到维护市民生命安全的目的。

另一方面严厉惩治违反交通规则的行为。如改革处罚违反交通规则办法。为求交通的安全和交通秩序的调整，汽车的行驶和停放，都应该严格遵守交通规则。但有很多汽车往往有意或无意地违反了交通规则，以致触犯警律。警察若加取缔，往往受阻，不仅有失维持交通原意，而且还直接阻碍了交通。李洁之令饬各员警对于违章的汽车，除伤人生祸外，不得擅行拘留，只许将该车号数、司机姓名、违章时间地点（如属公共汽车则加上路线、公司名称及售票员姓名），一一填写，一面发通知单，一面向总局呈报，传案核办。在市区主要是整顿汽车不按照路线行驶或超速行驶等违章行为，在市外主要是整顿长途汽车超载滥载，以及搭霸王车的行为。为此公安局会同宪兵经常检查各长途汽车乘客，发现有恃强不买票者，军人交由宪兵司令部处理，普通人则由公安局处理。警察局还会同广州市新生活运动会及市政府订定艇舶和棚寮摊位整理办法，整顿沿岸码头各种艇舶漫无秩序的状况，广州堤岸有了很大改观。②

① 《扩充交通设备之规划》，《广州市市政公报》第 328 期（1929 年）；《广州市公安局整理警政计划大纲》，《警察杂志》第 1 卷第 8、9 期合刊（1929 年）。

② 李洁之：《一年来之回顾》，广州：广东省会警察局总务科编辑股编印，1937，第 21～27 页。

四　推动消防事业

1. 整合消防力量

广州的消防力量有民间的救火队和警察局的专业消防队。欧阳驹上任后，对消防工作非常重视，曾雄心勃勃决心整顿，制订了一个整顿广州市水陆消防的三年计划。这个计划分为三个步骤：第一年和第二年主要是购置设备，第三年即考察民办消防队之成绩，酌量收容归并，务使减轻民众缴纳消防费之负担，而收统一消防行政之实效。[①] 为培养消防技术专门人才起见，他还特地组织了消防队警模范教导班。该班定额 40 名，由公安局消防总队及各分所选拔人员入班学习，定 2 个月卒业，卒业后，仍调原单位工作。然后再组第二班，仍如前再抽拨 40 名入班学习，共分 4 期，限以 8 个月办理完毕，普训消防队所有警察。为免除后顾之忧、坚定就学决心，凡入班就学之警察，拟分 3 级，给予饷项，一级者月支 22 元，二级月支 20 元，三级者月支 18 元，未抽调入班学习的警察，饷项仍旧照原订饷额给发，入学后，再照上订给饷办法发饷。[②]

何荦的措施是，整顿各消防所和训练民办消防人员。广州市有十多个民办消防队，皆由商民自行组成。这些民办消防人员平时缺乏训练，业务素质不高。中间除慈善救火会设有常备队员并有教练员训练以外，其他民办消防队，队员皆为商店的伙计，遇警临时召集，一旦上阵救火，非常费力。鉴于这种情况，公安局决定加强对民办消防人员的训练。规定每周星期三和星期六两天，由市消防队各派 2 名教练员分赴各个民办消防队，教以技术与学识。慈善救火会原为民办的消防组织，公安局为了统一消防行政，以"办理不

---

① 《广东省会公安局三年警政设施计划概要》，广州市档案馆，全宗号：资；目录号：政；案卷号 129。

② 《组织消防队警模范教导班》，《警察杂志》第 1 卷第 5 期（1929 年）。

善、成绩太低、徒耗市民捐输"为理由，将该会撤销，由消防总所接收，改为消防第五所，其经费一律由公安局支给，不再向市民募捐。另增建东山消防分所，将黄沙救火分会、黄沙南约救火队合并，改组为黄沙民办消防队。[①]

2. 添置消防设施

欧阳驹在制订的整顿广州市水陆消防三年计划中，第一年计划筹款购置救火电话，作为救护水面火灾及预防沿堤自来水力不逮之用；第二年计划再增购大小救火机车，扩大消防组织，分划全市为若干区，或增设消防分驻所，以期出队敏捷，而收救护之效能。

水陆消防三年计划制订后，广州市公安局及其消防队积极按步骤实行，采取了一系列改良广州市消防事业的措施：如装设水面救火电话，筹各区火警钟，酒楼旅舍戏院等公共场所设立防火区，号召住宅须备软梯软绳，在有自来水的街道装上水掣，增添了救火轮船2艘以及梯机、喉车、十字车、救生网、救生绳钩、救护幕等一批消防设备，并于东山及河南增置消防分所。[②] 何荦也关注消防事业，添置了如救火自动机、救火轮船等消防设备。

五 环境与卫生的管理

民国时期，广州市公安局还负责广州市的清洁卫生、环境保护、市容管理等工作。李洁之对广州市的卫生管理进行了改革。

（一）改革卫生管理体制，让各分局直接管理。李洁之上任时，广州市的清洁卫生工作被分割成三大块：市工务局负责清理沟渠，警察局各分局负责打扫内街，警察局总局则办理马路的清洁。

---

① 何荦：《广东省会公安局一年来设施之概况——民国二十四年度》，《警察杂志》第6卷第1期（1935年）。

② 《广州市公安局整理警政计划大纲》，《警察杂志》第1卷第8、9期合刊（1929年）；《购置救生绳网》，《广州市市政公报》第348号（1929年）；《购置救火梯机》，《广州市市政公报》第348号（1929年）。

李洁之上任后，在自己管辖的警察局职权范围内，把警察局与各分局所负责的两部分工作合起来，让马路和内街全部的清洁都归各分局去负责，并把所有的清洁工人分拨各分局直接管理。如此事权集中，责任专一，提高了清洁工作的效率。

（二）举行四季清洁运动。过去警察局举行清洁运动，只注意打扫地面，而且每年仅有 1 次。李洁之决定每年举行 4 次，即每季举行 1 次，工作范围也较前扩大，即从地面以至于墙壁，从街道以至于楼屋，从戏院旅馆酒店，以至于学校会馆等公共场所；同时，劝令居民凡房屋内外墙壁地板，都须洗刷洁净，实行消毒。由警察局购买大量消毒药粉，分发各店户应用，以期扫灭苍蝇、蚊虫、老鼠等病媒。

（三）取缔不洁食物。李洁之认为，很多疾病都是从食物传染来的，特别在夏天，天气炎热，疫疠最易发生，各种不洁食品，更非切实取缔不可。为维护市民的康健，李洁之主持的省会警察局除认真注意清洁外，还注意取缔一切不洁的食物。举凡应该禁止售卖的食物，警察局严饬段警遵照执行。

（四）强制隔离麻风病人。20 世纪 30 年代的广东麻风病流行。广州市虽然屡将患风疾的人拘送卫生局隔离，但有些麻风病人迷信卖风的谬说，以为服药后，与异性性交，即可减轻本人的毒菌，所以这些人不肯到特定场所接受隔离。李洁之严令各分局侦查拘捕不肯隔离的病人，交由警察医院及市立医院复验后，分别送麻风院医治，不许在市区居住。

（五）"非声运动"，即限制噪声。以前广州市轮船汽车常喜乱放汽笛，加以小贩的大声叫卖，路人的狂歌高唱，整个城市日夜都充满喧嚣叫嚷的声音，市民受噪声污染严重。1936 年 7 月，李洁之刚刚到任，便立即着手整饬市容，尤其注意非声运动，如限制各茶楼、酒馆、戏院及其他公共娱乐场所夜间 12 时以后一律停止营业；商店住宅夜间 12 时后也不得聚众会谈，叫嚣扰攘；轮船汽车非必要时不得大放音响，挑卖食物者夜间 12 时后不准用响器或大声叫卖；及各寺观礼拜堂于晚 12 时后至黎明前不得鸣钟等。①

第六节　警察机构与"反共""抗日"

一　国民党新军阀的专政工具

1. "清党"后参与制造白色恐怖

1927 年国民党右派在广州发动"四一五"政变，广州警察同反动军队一起进攻粤汉铁路工人总工会等工人组织，搜捕共产党员和工农领袖，解除黄埔军校和省港罢工委员会的武装，杀害了大批共产党员和革命群众。② 据粤海关的记录，当时李济深交给公安局一份名单，命令逮捕 400 名共产党员。同年 6 月，广州警察同军队进行第二次大逮捕，"大约 40 个工会办事处遭到军警袭击"，事后，公安局长还发布告示，称被捕者为"反动分子"。10 月，广州公安局长朱晖日指挥警察部队袭击了罢工委员会和海员工会总部，55 人被捕，3 人被打死。朱晖日还发布告示，任何工会未经公安局批准不得集会，又命令罢工工人必须从罢工以来占用的房屋店铺中撤走。公安局解散了刚刚恢复的工人代表联合会，并将负责人逮捕。11 月，1000 多工人集会要求释放被捕共产党员，公安局立即派出武装警察拘捕了 20 多名请愿的工人。公安局还一再"破获"共产党的秘密机关，逮捕共产党人和革命群众。③

在 1927 年 12 月的广州起义中，警察基本站在国民党反动势力

---

① 李洁之：《一年来之回顾》，广州：广东省会警察局总务科编辑股编印，1937，第 27～30 页。

② 杨万秀、钟卓安主编《广州简史》，广州：广东人民出版社，1996，第 466～467 页。

③ 《广州起义前后的全国时局——粤海关情报记录译辑》，广东省档案馆，1982 年编印，第 1、48～49、113、115、117、122 等页。

一方。广州市公安局是国民党反动派在市中心的一个顽固堡垒，起义的教导团和工人赤卫队从开始就向公安局发动猛烈进攻，公安局里的军警利用装甲车和机关枪疯狂抵抗，但很快公安局被攻下，后来成为起义的指挥部。市内各警署和驻守石围塘火车站的 200 名警察也对起义的工人和革命军进行抵抗。广州公安局长朱晖日，乘坐英国军舰逃到珠江南岸，参与指挥镇压起义。在反动军队向广州反扑的时候，原来已经溃散的反动警察又重新纠合起来，在市内与工人赤卫队作战。起义失败后，警察也参与了逮捕和屠杀。①

2. 广州公安局的反共活动

据 1929 年 6 月的统计，广州市公安局机关当时共 1015 人，其中国民党员 612 人。在 445 名官员中，国民党员占 291 人。整个公安机关的官员和雇员当中，国民党员的比例为 60.3%。② 军政长官直接指挥公安局员警进行反共活动。

曾任广东省会警察局长的李洁之回忆说：蒋介石叛变革命后，镇压共产党人，"当时广东省也和全国各地一样执行这些反动措施的。它对政治犯，先则由反动的国民党、军、政和法院等高级机关派出要员，组成一个广东省清党委员会，以主持检举、侦查、缉捕、审判、杀害等工作。它认为'罪行'严重的共产党员，则判处死刑，加以杀害；它认为'罪行'较轻的共产党员，则判处徒刑，送往特设的'反省院'（后改称'感化院'）执行惩教。以后取消了清党委员会，将它的职权移交给广东绥靖主任公署接管。关于侦查、缉捕工作，多由各地驻军、宪兵、警察等担任，审判权则属绥靖公署"。③ 陈济棠统治广东时，任命何荦为广东省会公安局

---

① 广东人民武装斗争史编纂委员会：《广东人民武装斗争史》（第 2 卷），广州：广东人民出版社，1995，第 2 章"广州起义"。

② 《广州市市政府各机关职员党籍统计表》，广州市市政府统计股编《广州市政府统计年鉴》（第一回），1929 年 12 月印行。

③ 李洁之：《广东省会警察局释放政治犯经过及其他》，《广东文史资料》（第 33 辑），广州：广东人民出版社，1981。

局长。何荦掌握广州警察大权后，不经司法审判，随意杀人，杀害了很多共产党人和进步人士。为了侦察和镇压共产党人和进步势力，陈济棠还大搞特务统治。李洁之回忆说："陈济棠统治后期，还通过省会公安局特别侦缉队，在各大、中学校豢养了职业学生，不下 300 名，搞特务工作。"①

广州的警察还经常奉军阀的命令检查邮件，查禁进步书刊。1929 年国民党新军阀统治广东时，检查进步书刊和邮件尤其不遗余力。下面两件法案的内容都说明了这一点。

> 查此案前奉令行到府，经已转行公安局遵办，就本市情形而论，现当讨逆时期，对于反动派之侦查禁遏等事，公安局可以直接指挥员警办理，故关检查邮件，应仍公安局会同市宣传部及总指挥部办理，较为适宜。②
>
> 查近日市上发现共党所著刊物颇多，言论荒谬。或诋毁党国，或诱惑青年。查此类书籍，大都在租界内各小书坊寄售，……销售愈多，阅者愈众，而流毒亦愈深。无志之青年，每为诱惑，幼稚之工农，更易煽动，殊非党国之福。③

广州警察局不断逮捕共产党人和革命群众，1928～1929 年上半年，广州市公安局共拘捕了"共党"567 人，"反动及附逆"的"犯人"186 人。④ 仅 1929 年，专门"以防范共党为专责"的广州市公安局特别侦缉队，就在广州及其他地方逮捕了中共各级组织负责人数十人，所逮捕的一般党员和同情中共的人士

---

① 李洁之：《广东省会警察局释放政治犯经过及其他》，《广东文史资料》（第 33 辑），广州：广东人民出版社，1981。
② 《检查邮件办法案》，《广州市市政公报》第 346 号（1929 年）。
③ 《取缔印刷共产刊物办法案》，《广州市市政公报》第 340 号（1929 年）。
④ 《广州市警察捕获犯罪人数月别表》（民国 17 年）、《广州市警察捕获犯罪人数月结表》（民国 18 年上半年），广州市市政府统计股编《广州市市政府统计年鉴》（第一回），1929 年 12 月印行。

就更多了。[①] 1927～1929 年，仅公安局惩教场看管的未经判决而拘押的"共党嫌疑人"就超过 2000 人，拘押期间死亡的 129 人。[②] 考虑到被拘押的多数是年富力强者，这个死亡比例显然很高，于此可见公安局对"共党嫌疑人"的虐待。

民国时期，广州的警察到底逮捕、关押、杀害了多少共产党人和进步人士，因许多档案被反动派有意毁坏，无法统计，但可以肯定的是，这绝对不是一个小数目。

凡此种种，可见广州公安局是"四一五"政变后白色恐怖的重要工具。

3. 何荦对共产党人、革命群众的镇压

广州公安局作为国民党反对革命的专政工具，可以用陈济棠时期的公安局长何荦为例来进一步说明。

何荦任内，公安局对共产党人、革命群众以及不满陈济棠的异己分子都残酷镇压，积极充当陈济棠军事专政的工具，犯下了许多罪行。公安局这些镇压活动主要是通过特别侦缉队进行的。

逮捕或杀害共产党，特别侦缉队往往做得非常秘密，一般只有局长何荦、特别侦缉队队长梁子光和相关的办案人员才知道底细。与案件无关的公安局内部人员，即使在公安局内担任比较高级的职务也难以探听内幕。时任公安局督察长的麦思敬，受中山大学教授雷通群之托，打听其女儿瑞莹（18 岁，中山大学学生）失踪的下落。麦思敬找到特别侦缉队队长梁子光探问情况，梁虽承认特别侦缉队的警探拘捕了瑞莹，却告诉麦思敬："局长曾经吩咐，这类案件不准外泄，以不问为宜。"麦思敬又直接问何荦，何对麦说："你当督察长，只须管好督察处的事务，不是自己职权的事，不要过问。雷女的事，自有主办者，详细情况我还没有

---

① 《特别侦缉队十八年工作概况》，广州市公安局编《广州市公安局十八年年刊》，1929，第 202～205 页。

② 广东省省会公安局统计股编《治安纪实》，1931，第 139～140 页。

得到报告。"雷通群的女儿被释放后，麦思敬再问梁子光缘由，梁说，有人密报雷通群的女儿是共产党员，是局长下令逮捕的。连公安局的督察长都不能过问特别侦缉队经办的案件，可见其行动是多么诡秘。由于此类案件卷宗，随时被毁，档无存卷，难以知晓其具体情况。但可以肯定的是，被特别侦缉队秘密害死的人不在少数。①

何荦还多次镇压群众运动，比较典型的有"荔湾事件"。1935 年 12 月，广州学生响应北平"一二·九"学生运动组织示威游行，在荔湾桥遭到军警血腥镇压。这次流血事件就是广东省会公安局勾结广东国民党党、政、军、宪（兵）当局制造出来的。惨案发生后，公安局冒用各界联合会的名义，印发了传单，说这次事件全由"乱党"（指的是共产党）从中"捣乱"，商民应自惜生命，不可盲从等。这个传单是由公安局惩教场场长黄祖阳起草，经何荦亲笔修改的。公安局认为中山大学是学生运动的核心，首先要对中大学生下手。后来中大有几个学生"失踪"，停在文明路中大附中的六辆校车也于一夜之间"失踪"，这些都是梁子光干的。他们认为中大学生使用校车，支援他校，行动快捷，作用很大。②

4. 镇压异己分子

除了镇压共产党人和革命群众外，何荦和他主管的省会公安局还毫不留情地清除不满陈济棠的异己分子。以下仅举数例。当时永汉北路（今北京路）有一间"半闲俱乐部"，是一帮在野政客和帮闲文人吸烟、玩牌的地方。俱乐部的宁混元，广东广宁人，北京大学文科毕业，自视甚高，倾向孙科，是所谓"太子派"。当时汪精卫、孙科已与陈济棠决裂，宁混元在闲谈中曾指责陈济棠，说陈横

---

① 麦思敬：《陈济棠踞粤时的广东省会公安局见闻》，《广州文史资料》（第 11 辑），广州，1964，第 113～114 页。

② 麦竹轩、钟钲声：《"荔湾惨案"之我知我见》，《广州文史资料》（第 11 辑），广州，1964，第 153～156 页。

行专暴等。这事被暗探密报于何荦，何令梁子光将宁混元逮捕杀害。密探称公安局警察法规编纂委员会委员蓝铁珊有蓝色（指蒋介石系统的特务组织"蓝衣社"）嫌疑，随即遭梁子光捕杀。陈济棠的亲信缪培南（第一集团军总司令部参谋长）接到香港来的告密信，说是在乡豪绅伍观淇勾结广州近郊河南恶霸车从舟，密藏枪械数千，拟约集散兵土匪起事，推倒陈济棠，有信件为证。缪培南批交何荦办理，何荦派公安局督察长麦思敬到香港访告密人，致送港币 500 元，取得几张伍、车反陈的书信照片。何荦即令梁子光秘密拘捕伍观淇，囚禁于特别侦缉队监狱，但始终未破获所藏枪械，又未捕获车从舟，陈济棠垮台后伍始释出，但已坐牢 2 年。陈膺庸，保定军官学校及陆军大学毕业，多与权贵交游，好批评时政得失。陈膺庸曾当着多人指责陈济棠措施的缺点，认为陈济棠是个庸才，与总司令之名殊不相称。不料陈济棠当时正在内厅，这些话全都听到，过后密令何荦逮捕，陈膺庸被拘的当天晚上，就在郊外被秘密杀害。[①]

二　广州警察的抗战准备

七七事变前夕，广州已是日本帝国主义者侵华的"南进"目标之一，政府也需要稳定政局，安定民心，做一致对外进行抗战的准备，广州警察局为此也采取了一些措施。

1. 释放部分政治犯

为了缓和广州的政局，在一些进步朋友的推动下，警察局长李洁之曾经说过余汉谋应改变陈济棠时代的做法，在政治方面采取一些积极措施，在得到参谋长徐景唐的支持后，李洁之便将前任移交的政治犯共 214 名先后释放，其中有中共党员、左派爱国人士。与此同时，还取消了新闻邮电检查，取消了市民入伙担保

---

① 麦思敬：《陈济棠踞粤时的广东省会公安局见闻》，《广州文史资料》（第 11 辑），广州，1964，第 116～117 页。

办法，这些措施当然引起蒋介石和其他政客的不满，尤其是关于新闻邮电检查一项，应该是由省市党部、省市政府和警察局方面共同办理的，任何单位不能单方面改变。警察局决定取消检查后，本来没有公开宣布，但上海方面的《申报》却为此发了一条消息，广州市长曾养甫看了之后，大为光火，他在一个谈话的场合公开质问李洁之单方面取消检查，是奉了谁的命令行事的。李洁之也很不客气回答说，这是陈济棠时代的弊政，警察局不能继续执行，所以要把它取消。①

2. 参与备战

李洁之接任警察局之际，正是中日关系紧张之时，随后日本发动了全面侵华战争，中国的全面抗战已经开始。广东当局也积极准备抗战。警察局根据市政府的备战政策，进行了一些备战工作。

为了准备全面抗战的防护工作，警察局开展了大规模的市民战时志愿服务调查，内容有：（1）警备，即志愿担任义务警察工作的人数；（2）避难指导，即志愿担任管理避难所及指导出入的人数；（3）工务，志愿担任修补电气、水道、交通的人数；（4）交通管制，志愿担任指导与限制交通的人数；（5）消防，志愿担任一切灭火事宜的人数；（6）防毒消毒，志愿担任防止毒气蔓延及消除各处毒气的人数；（7）灯火管制，志愿担任灯火遮蔽及指挥查禁的人数；（8）警报，志愿担任各种警报传达的人数；（9）救护，志愿担任救急担架医疗的人数；（10）配给，志愿担任各种粮食车辆器材物品的调配供给的人数；等等。并调查了市内所有医师、看护、消防，及担架等人才，训练司机、人力车夫、挑夫等。这些调查，使广东当局能够了解省会可以动员的国防力量和资源，一到需要的时候，可以调动这些力量和资源及时投入抗战。并且，警察局利用各种渠道，劝告市民准备各种防毒消防用具、救伤药

① 李洁之：《余汉谋踞粤时的广州警务亲历记》，《广州文史资料》（第11辑），广州，1964，第132~133页。

品，规划了战时市民逃难场所与路线等。

3. 防范日本浪人、间谍

在陈济棠垮台后，日本浪人来粤很多，且常在市上滋事。据调查，从 1936 年 7 月到 10 月的 3 个多月时间内，广州的日本和台湾籍浪人人数由 120 多人增加到 210 多人，他们开设的商行也由 12 间增加到 19 间。不少浪人和间谍活动有联系，他们以沙面租界作为活动的巢穴，横行霸道，肆无忌惮，贩毒走私，刺探军情，制造谣言，扰乱治安，无恶不作。当时南京、上海各地也常有日本人制造事件，警察局长李洁之刻意提防，力求避免引起大的纠纷事故。

日本当时派驻广州的总领事名叫中村丰一，前日本首相犬养毅的外甥。由于犬养毅过去曾同情过孙中山先生的革命，因此中村经常以此为借口表示出一些"亲善"姿态。李洁之派负责搞外事工作的警察局秘书叶启芳同他经常联络，藉以了解日本人的动态。有一次，中村和叶启芳谈心，他对叶说：按日本外交官服务条例规定，在任内三年不出事故，便可以晋级升官。并和叶相约，今后有事情大家互相通知，力求彼此做到息事宁人。警察局摸到中村的底牌，以后便放手对付浪人的各种破坏活动。警察局一方面警告商人，不得和日台籍浪人互相勾结，做不正当的交易，一方面又增设便衣警探，对沙面租界和市内日本商行经常严密监视，还在火车站和轮渡码头布置便衣警探，对日台籍浪人的行踪予以"盯梢"，发觉有不轨行动，即加以拘捕。由于警察局经常派有警探分驻港澳，收集日台籍人物活动情报，他们获知日方有人乘火车或轮船来广州时，都打电话通知警察局，警察局便可提前防范。在对付这些浪人非法捣乱方面，由于当时受到所谓领事裁判权的限制，我方对犯罪的外国人的拘留期限不能超过二十四小时。为了使这些犯法之徒在中国受到一些应有的惩戒而又不给予对方以口实，警察局当时采取了一种辗转递解的办法，由各个分局一个接一个地辗转步行解送，既不让他休息，也不给他吃喝，最后到将近 24 小时才送到维新路警察局总局，届时警察局才通知日本领事馆派人来局领回处理。

在日本步步向中国侵略的时候，有一些汉奸甘为敌人利用，从事走私漏税、当敌人间谍、扰乱治安等勾当。警察局对此一经调查确实后，就给予警告，若再冥顽不灵，警察局就采取严厉手段加以捕杀。①

---

① 李洁之：《余汉谋踞粤时的广州警务亲历记》，《广州文史资料》（第 11 辑），广州，1964，第 136～138 页；李洁之：《一年来之回顾》，广东省会警察局总务科编辑股编印，1937 年 11 月，第 39～40 页。

第五章
沦陷时期的广州警察

本章论述的是沦陷时期即 1938 年 10 月～1945 年 9 月的广州警政。1938 年 10 月广州沦陷，广东省政府迁往连县，1939 年 2 月又迁往韶关，省会警察局亦随之停顿。当时，为适应战时配合，将省会警察局原有退出员警组织为省警察总队，下设三个大队，每大队辖三个中队，每中队辖三个分队，每分队分为三个班。同年 6 月，汕头沦陷，汕头退出的员警被改编为第四大队。1941 年 5 月，广东省政府将省警察总队裁撤，改为省警察队，缩编为两个大队，一个独立中队，均直接隶属于省民政厅，每大队辖四个中队，每中队辖三个分队。从广州沦陷到 1945 年 9 月，广州沦为日本侵略者的占领地，在日本占领军的扶持下建立了伪政权。日伪为了维护统治，镇压人民的抗日活动，在广州建立和加强了警察力量，强化了警察机构的职能。这一时期的广州伪警察成为日伪的帮凶。日伪统治时期，广州的警政，大致可以分为三个阶段："维持会"时期，伪广州市公署时期，伪广东省政府时期。

第一节　沦陷时期广州的警察机构与教育

一　伪警政机构的变化

1. "维持会"时期

1938 年 10 月 21 日，日本侵略军占领广州，组织了伪广东治安维持会筹备会，设立警察收容所，收容流散警察，为日伪维持社会治安。警察收容所暂设治安科，由廖铭兼任科长。科内分设督察、侦探、警务3股。12月，伪"广东省治安维持会"正式成立，原治安科改为治安处，由"治安维持委员会"副委员长吕春荣兼任处长，处内分设总务、行政、警务、警探4科，科下设股。总务科辖文书、人事、庶务、会计四股；行政科辖户籍、警捐、消防、行政、承审五股；警务科辖训练、督察两股；警探科辖谍捕、侦缉两股（该两股组成不久即告裁撤）。治安维持委员会还建立了消防总队，作为广州市消防救护工作的机构，并组织了警察卫队。当时有员警875名。

1939年1月间，伪广东省治安维持会治安处开办了临时警士训练所，对入所学警施以两星期的训练。共办3期，计培养长警千余名。是年2月4日，先行恢复汉民、太平、靖海、惠福、洪德、海幢等6个警署。后又恢复陈塘、西禅、逢源、前鉴、小北、长寿、黄沙、西山、大东、东堤、蒙圣、芳村、德宣、水上、南岸及水上东分署、荔湾派出所等，计共恢复警署22个，派出所1个。1941年1月，22个警察署全部改为警察分局。

当时的警察机构，是在日本占领军的指挥下进行工作的。如1939年9月23日，伪广东治安维持委员会治安处举行第二十三次处务会议，出席者除了吕春荣、郭卫民等汉奸外，还有广田充雄等9个日本人。[①] 他们的名字都排列在汉奸们前面，可见都是治安处的太上皇。

2. 伪"广州市公署"时期

1939年11月，伪治安维持会结束，继而成立了伪广州市公署，李道轩被任命为伪广州市公署警务处长，旋警务处又奉令易名为公安处。处长下设秘书室，及总务、行政、警务、警探、卫生、

---

① 《广东治安维持委员会治安处第二十三次处务会议记录》，广州市档案馆藏，全宗号7，目录号8，案卷号416。

社会六科，科下设股。1940年1月16日，公安处的社会科与复兴处交通科的车辆股互相转移管辖，该股移管后，改为交通股，隶属于行政科。此时共有员警1716人。较广州沦陷前全市5743名长警，警察人数大幅下降。①

3. 伪广东省政府时期

伪广东省政府成立后，尤其是1941年1月郭卫民担任伪广东省会警察局长以后，广州的伪警察力量得到发展，警察机构日益完善。当时广州除了建立普通警察外，还陆陆续续建立了其他几个警种的警察。

1940年3月，汪伪南京政府成立，5月，伪广东省政府和伪广州市政府成立。5月1日，伪广州市公署公安处改组为伪广东省警务处，② 李道轩兼省警务处长，地址仍在广州文德东路。处内分设秘书室及第一、第二、第三、第四、第五科。原承审股易名为警察审判所，警卫队易名为警察队。6月1日，警务处开办了伪中央警官学校广州分校，该校附设伪广州警察教练所，首次招考女警察，毕业后派往各街要冲地点协助军警宪队担任检查工作。1941年1月，汪伪政权推行"警政一元化"，伪广东省警务处长由汪精卫之侄汪屺接充，组织伪广东省会警察局。同年2~5月，相继设立伪省会保安警察大队（郭卫民兼大队长）、侦缉队、水巡队、铁路警察队和由伪保安警察大队监督指挥的风纪警察队。其余各县市警察局也先后成立。1942年11月，汪屺接任伪民政厅长，郭卫民升任伪省警务处长。伪广东省会警察局长由郭之亲信冯壁峭充任。尔后，由于内部派系斗争，警政大权一再易手。1943年7月，伪广东省警务处长复由汪屺担任，后又为王克翔所取代。1944年7月，

---

① 《广东警务概况》（1940年），中国第二历史档案馆藏，12（5）875。

② 根据汪伪国民政府颁布的《各级警察机关组织大纲》的规定，各省警务处，隶属于各该省政府，兼受内政部警政总署指挥监督，处理全省警察事务，并指挥监督全省警察机关。汪伪《各级警察机关组织大纲》见中国第二历史档案馆，全宗号：5419；卷号2。

伪广东省会警察局长改由黎春荣担任。同年 10 月郭卫民复任伪广东省会警察局长。据当年 9 月统计，全局员警 4167 名。1945 年 4 月，王克翔因病辞伪广东省警务处长职，由郭卫民代理伪广东省警务处长并兼任省会警察局长职，直至日本投降。

4. 伪省会警察局的成立

伪广东省会警察局成立于 1941 年 1 月。汪伪行政院颁布的《省会警察局组织规程》规定：省会警察局直隶于各该省警务处，掌理省会区域内警察事务；省会警察局设第一科、第二科、第三科、第四科以及勤务督察处。第一科主管人事、文书、会计、庶务等事项；第二科主管交通、消防、户口、风俗、卫生等事项；第三科主管审讯、侦缉、鉴识等事项；第四科主管情报、政治、外事等事项，实际上是一个特务机关；勤务督察处主管外勤督察、车站和码头等的稽查等事项。① 伪广东省会警察局直隶于伪广东省警务处，掌理广州区域内警察事务。日本侵粤军头目藤井门生郭卫民②（郭曾就读于藤井任校长的日本军校）担任首任伪省会警察局长。

二　其他警种的建立

1. 建立伪保安警察队

广州伪政权认为："普通警察勤务，或采用站岗制，或采用巡逻制，警力分散，倘遇重大事件发生，仍嫌力量微弱，故警务处积极办理警察队，集中冲要地区训练，补助警力之不逮，应付重大之事情，查此项警察队组织，系照军队立场，采用军事管理，训练成为地方武力，付以保境安民任务。"③ 他们总担心镇压人民的力量

---

①　《省会警察局组织规程》（汪伪），中国第二历史档案馆，全宗号：2010；卷号：491。

②　郭卫民，1910 年生，广东中山县人。广东军事政治学校、日本卢山陆军步兵学校毕业。曾任广东警官学校教官、分队长。1938 年广州沦陷后，任伪广东军警教练所所长。1940 年任汪伪省保安司令部少将参谋长、省警务处处长兼省会警察局长。日本投降后被捕，判 15 年徒刑，1953 年死于狱中。

③　汪纪：《一年来新广东警务之检讨》，《复兴的广东》（1941 年）。

不够，想方设法地扩充警察力量。这里讲的"警察队组织"，就是指伪保安警察队。伪保安警察队成立于1941年2月，成立初期仅将从郭卫民任所长的警察教练所拨来的三个警士中队编成一个特务大队，只能暂时应付伪省府各机关的警卫任务。随着伪政权的扩张，他们迫不及待地收揽、组织部队。珠江三角洲一带的土匪头子闻讯纷纷前来投奔。经过一番张罗，并取得日军的同意，决定先成立特务总队，共辖四个大队；先在广州市招考学兵1000名，如武器充足时再往外县招募；招考学兵要严格检查体格，一律给予上等兵待遇；服装采用宪兵款式，官兵一律皮靴皮鞋绒裹腿，白底红字绒臂章。伪保安警察队成立后，经日军同意又陆续收编、改编了各地杂牌部队，包括驻中山县的"和平救国军"吕春荣部、驻江门的"华南军"马千里部、驻汕头的"建国军"黄大伟部、东莞道滘土匪刘发如部。成立仅半年时间，伪省保安警察队扩充到有8个团的实力。[①]

1941年5月22日，伪广东省会警察局从警察教练所第9期选取"优秀"毕业学警20名组成风纪警察队，归保安警察大队监督指挥，其职责为整饬伪广东省会警察局所属警察风纪。[②]

2. 建立伪铁路警察队

广东大部沦陷后，广九、广三、粤汉铁路南段都被日伪军占领。这三条铁路恢复营运后，一直遭到抗日军民的袭击。为了保护这三条铁路，1941年4月伪广东省警务处成立铁路警察队，分设7个分队，驻三条铁路起点、终点及佛山车站，实行两班制，一班在车站检查上下车行旅，另一班随同列车开行，检查各车乘客和货物。

3. 建立伪消防队

伪警务处成立后，成立了消防总队，接收原来的广州市消防总

①　黄启华：《记汪伪广东保安队》，《广东文史资料》（第7辑），广州：广东人民出版社，1962，第83~93页。
②　《呈报省会警察局组织风纪警察队日期并呈缴组织规程》，《广东省政府公报》（伪）第14期（1941年6月）。

队的一切机车器具，并加以修理。总队下设河南、芳村、荔湾等分队。

除了上述力量外，还有 1943 年 3 月 1 日成立的伪广东省会警察局教导中队、手枪队等。

从这里看来，广东的伪警察机构和警察队伍的设置，基本沿袭了原来国民党政府的警察制度，只是在镇压民众抗日和警种上有所加强。

三　伪警察的教育、任用

1. 伪警察的教育

汪伪时期广州的警察教育主要是由教练所和警官学校实行的。

广州沦陷后，伪广东省治安维持会设立的警察收容所，也负责警员的培训，主要是进行奴化教育。培训后的伪警分配到各警署，警署门口都交叉悬挂日本旗与汉奸的五色旗。随后，伪广东治安维持会又开办了 3 期临时警士训练所。1939 年 3 月，郭卫民在日军支持下开办伪警察教练所，后改名"广东军警教练所"，兼收失业的原国民党军官。该所有日本顾问，聘请日本教官，日本宪兵特务也常来巡视，其课程与训练以日本的警察教育为模式。"广东军警教练所"到 1940 年停办。①

1941 年 4 月汪伪广东省当局将原中央警官学校广州分校改组为伪广东省警官学校，校址设于广州市荔枝湾，由伪广东省警务处处长兼任校长。1942 年 6 月，警察教练所裁撤后也归并于省警官学校。伪省警官学校设秘书室、教务课、训育课、总队部、事务课等机构。总队部下设学生中队和男学警中队两个中队，中队下设区队。由总队部秉承校长、教育长命令，与各课长协同负责学校日常管理事务。

---

① 钮家沛：《日伪时期"广东军警教练所"的情况》，《广东文史资料》（第 17 辑），1964，第 96～101 页。

2. 教育内容和形式

汪伪时期的广州警察教育，分为警官教育和普通警士教育两种。警官教育主要由伪广东省警官学校承担，警士教育主要由省警官学校附设的警士教练所承担。此外伪广东省会警察局还考选员警分送日本东京警察官讲习所和台湾警察官练习所留学。

警官教育是由各地或警察分局选派警察机关人员，轮流集中到省警官学校受训；警士教育是由伪省会警察局分饬各分局选送警士轮流入警官学校附设之警士教练所受训，或抽调受训，或招考学警。警士受训毕业后回原单位服务，学警分配到各县伪警察局服务。

警察教育的内容分学科、术科、训育三大部分。学科包含警察、法政和军事学科，具体内容为警察礼节、警察实务、违警罚法、警察法令、精神讲话、步兵操典，以3个月为一期；术科包含陆军基本动作及军事术科，具体内容为捕绳术、单车驾驶术、徒手教练、持枪教练、班教练、实弹射击，亦以3个月为一期；训育方面，"注重个性指导，道德熏陶，集团生活之训练，和平反共国策之正确认识"。[①] 实际上是对警察实施奴化教育，向他们灌输汉奸理论。从汪伪政权颁布的对警察实行精神训育的《全国警察训条》十二条可见一斑。

（一）矢忠矢信，贡献一切于"国家"；

（二）实行三民主义及大亚洲主义，以"复兴中国，复兴东亚"；

（三）为维持地方秩序，增进人民幸福，应竭尽心力，肃清"匪患"，根绝"奸宄"；

（四）以智、仁、勇、严，为立身行己之本；

（五）爱护人民，珍惜物力，以培养"国家"社会之元

---

① 《警政月刊》第8期（1943年）。

气；

（六）对长官服从，对同僚和衷，对部属爱护，以副精诚团结之实；

（七）洁己奉公，刻苦耐劳；

（八）研究学术，务求精进；

（九）法令为执务准绳，研究必须彻底，应用方能恰合；

（十）措事谨慎，宽严尤要得宜；

（十一）严肃以端仪表，谦和以对人民；

（十二）严守纪律，厉行训练，注重卫生，健强体力。[①]

所谓的"大亚洲主义"和"复兴东亚"，就是让日本做亚洲的主人，统治东亚。汪伪将实行"大亚洲主义"和"复兴东亚"放在警察精神教育的第二位，目的是要使所有的警察成为日本的走狗。

伪警察机构对警察实施奴化教育可谓不遗余力。当时的材料记载：精神训练除每日朝会及升降礼时由各高级职员作短时间的训话，以启发其身心修养外，还要由训育课派员在课余时与各生个别谈话，以考查其思想行为、信仰态度与能力。并于每旬出版校刊，以发扬三民主义，及阐明"和平反共建国"的真谛，使各生警得以遵从。逢星期一、日下午自习堂时，各生分为十组，每组十一人，由训育课指定题目，派员指导，举行小组会谈，以增进其求学的兴趣。每周还要由音乐指导员教授音乐，陶冶其性情；每周六下午六时要举行游艺会，以调剂各生警的生活。[②]

3. 教育内容和形式

汪伪政权一方面投靠日本侵略者，一方面又自称维持中华民国国民政府原有法统，因此有关警察任用、考核等制度基本上与国民

---

① 《警政月刊》第 14 期（1943 年）。

② 《警政月刊》第 8 期（1943 年）。

政府前期颁布的法规内容一致。如 1941 年 4 月伪广东省政府颁布的《警察官任用条例》中对简任警察官、荐任警察官、委任警察官，以及保安警察队官长的任用条件与国民政府前期警官和长警任用条例比较，可发现他们的内容大同小异。1943 年 8 月，郭卫民在任上还颁布了《广东省会警察局办事细则》和《广东省会警察局分局办事细则》，规定各级伪警察长警之职掌、处理公文及档案、办事要则等，也多是抄搬原有的规则。①

第二节　日伪的治安体制

一　所谓"警政一元化"

1. 汪伪"寓军于警"的企图

所谓广东"警政一元化"的措施，是汪精卫、陈璧君企图扩充武装而搞的一套把戏。原来汪精卫在 1938 年冬窜至越南河内发出"艳电"之前，日方代表影佐祯昭曾允许汪建立 20 个师，由日方代为装备。及后，汪到南京，日方不肯履行诺言，所谓"军事提携"，不能兑现。汪于失望之余，不能不再思其次。伪广东省府成立时，陈璧君眼见建军无望，便想从建警入手，以避免日本的阻挠，实行"寓军于警"来扩展武力。故陈璧君等一到粤，即拟将警察机构抓到手，内定汪精卫之侄汪屺为广东警务处长。但是，原伪广州市治安维持会治安处处长李道轩坚不辞去广东警务处长职务，日方又支持李道轩，故陈又不能不暂为忍让。直到 1941 年 1 月陈璧君才将李道轩踢开，由汪屺接任广东警务处长。汪屺却是纨绔子弟，只知抽大烟、玩古董，不能贯彻其叔婶的企图。郭卫民当时已得陈璧君之宠，被认为"年轻有为，办事能干"，且又与日方

---

① 《广东省会警察局分局办事细则》，广州市档案馆藏，全宗号 7，目录号 8，案卷号 505。

侵粤司令官藤井有师生之谊，甚得日方信任，故被陈璧君委以伪广东省会警察局长，藉以贯彻其日夜萦思之"警政一元化"。郭为酬谢汪、陈"知遇之恩"，并企图打好向上爬的基础，极力遵循陈璧君的指示，拟具了"广东警务机关一元化"（简称"警政一元化"）的实施纲领。

2. "警政一元化"的内容

"警政一元化"的主要目的是"寓军于警"，基本手段是通过加强广东省警务处的权力，实现对全省警察力量的完全控制，造成一支汪伪能随意指挥和调遣的准军事警察队伍。

关于"警政一元化"的基本做法，当时出版的伪《警政月刊》有一篇文章说得非常清楚：

> 一元化中的"元"字，可以当做"根本"的解释。那末所谓某一件事要一元化，顾名思义把它解释为"做事要顾到一个根本"。"广东省警察机关一元化"这一句口号，不妨把它来作这样的解释："凡是广东省的警察机关，做各种工作，都要顾及一个根本。"广东省警察机关根本在哪里？当然是广东省警务处。因为警务处在广东省的警察机关是一个最高的权力机关，是直接推动全省警务的根本机关，各级警察机关只有紧密地连接着警务处，只要是有关警政范围里的事，一定要秉承警务处的意旨去做，哪怕一件轻微的小事，也要报告警务处知道，概括言之，各警察机关要以警务处的命令为治事之本。①

文章还提出了三条具体办法，即在组织编制和人事方面要听从上级警察机关（实际上就是省警务处）的安排，服从上级警察机关的监督指挥，在训练方面实行"警察人员的生活要军事化"。这

---

① 达文泰：《广东警务机关一元化诠释》，《警政月刊》第8期（1943年）。

篇文章实际上是郭卫民"警政一元化"的纲领。汪伪在广东实行的"警政一元化",具体内容是:

第一,在伪警察中树立以伪广东省警务处为中心的思想,将伪警察的意志统一到伪广东省警务处(实际上是警务处长郭卫民个人)上来。1942年11月6日,刚刚接任伪广东省警务处处长的郭卫民,就对各报记者发表谈话说:"以广东警务机构一元化为推进警政方针,凡警务处辖下各职员应要思想统一,精神统一,意志统一,以警务处为中心,绝对服从处的命令,一致依着水准推进工作。"[①]

第二,紧紧抓住全省警察干部人事的任免权力。郭卫民实现省警务处"统一"最重要的措施,便是由省警务处集中全省警官任免的权力,加强对全省警察机构的控制。过去国民党统治时期,警政属民政部门所辖,县以下的所有警官任免都由县长直接操纵。郭接任后,即提请伪省府核准,将各县(市)警官任免权划归省警务处,县长不能过问,各县的警察局对省警务处直接负责,建立纵的关系,对县府则只有横的关系。这么一来,伪省警务处便通过取得对于各县(市)警政人员的人事安排和官员任免的权力,将各县的警政大权抓到了手中。1942年11月4日,在广州的警察机关举行第九次联合周会的时候,郭卫民发表讲话强调,在广东警务机关一元化的过程中,要把各县市警务机关的行政、教育、人事等方面都"一元化",作为今后推进全省警务的基本方针,[②]明确表示要把县一级的警察权抓到手。郭卫民还通过召集警务会议向各地警察机关指示机宜,加强控制。在郭任内,经常借文德路原欧美同学会会址召开各县(市)警务会议,表面上是整顿警政,实际是按时集中所属各县警察局长,个别查询各地情况,并秘密指示有关"警政一元化"的机宜,及时互通声气,布置工作。郭卫民还极为

---

① 《本处大事记》,《警政月刊》第8期(1943年)。
② 《本处大事记》,《警政月刊》第8期(1943年)。

重视培植骨干，企图通过建立一个爪牙广布的关系网，实现对全省警政的控制，达到"警政一元化"的目的。他作为伪省警校校长，在历届毕业学员中尽量安插自己的亲信骨干，将其派往各地，还用公费派遣一些人往台湾和日本留学深造，目的是豢养较高级的爪牙，成为他的鹰犬。

第三，警官训练实行军事化。为实现"寓军于警"的基本目的，郭卫民对于训练各县（市）警官的机构——广东省警官学校——极为重视，尽力援用军事人员。就该校教育长来说，其始有冯璧峭，继后有陈利民、吕春荣，多出身于陈济棠时代的燕塘军校，其余教官亦多是军校出身，警校出身的人员较少。校内的行政组织和学员班队的编制也大都仿照军事学校。至于学科方面，则以步兵操典和射击教范等为主科，真正的警察学科只有违警罚法一科，其目的是谋求实现警官训练军事化。警察人员的配备亦军人化。警察人员的领章佩带仿照军人的样式，尉级白底蓝星，校级银底金星，将级金底红星，横直皮带，佩短剑（警校学员则佩横皮带，佩刺刀）。对于警察人员配备军人化，郭卫民执行得很坚决，偶然看见所属员警佩带不全的，必立予斥责。而郭本人在任期间，除夜间睡觉外，无时不配上全套装备，借以显示自己的威势。

第四，刊发《警政月刊》鼓吹"警政一元化"。为做好宣传工作，郭特在处内总务科下增设编辑股，专责编辑发行这个刊物。刊物的目的主要是通过宣传来配合推行"警政一元化"运动。当然，对于其骨子里的"寓军于警"的秘密意图是不能形诸笔墨的，所以发表的文章差不多都是鼓吹"警政一元化"，加强警察力量，为巩固"东亚新秩序"做出贡献，以避日方的口实。郭、陈除经常在月刊发表文章外，有时也在市内各报的专栏上发表有关"警政一元化"的文章。

所谓"警政一元化"的基本内容，是郭卫民为了讨主子陈璧君的欢心，谋求实现个人向上爬的梦想提出的，可谓呕尽心血。"警政一元化"的秘密逐渐为日寇觉察，因而引起了他们莫大的猜忌。其时，日寇特务机关长矢崎根据情报，极为不满，即召见伪省长提出质问，并表示不能容许，该省长支吾以对，后即暗示郭自动辞职。所谓"警政一元化"从此便寿终正寝。郭辞职后，警务处长仍由伪市长汪屺兼任。郭闲居多时，至 1945 年又借陈璧君斡旋之力，继黎春荣后重任伪广东省会警察局长。不久，汪屺往南京办理汪精卫丧葬，以后即中途逃避，郭一度重任（代理）警务处长，但日伪失败将临，再也不敢重提所谓"警政一元化"的旧事了。①

3. 建立伪治安联防体制

广州沦陷、中国军警撤退之后，广州市民曾组织民团——自警团——维护治安。日伪政权想方设法要控制这支具有民间自卫性质的武装。1939 年 4 月广州自警团归伪广东治安维持会治安处监督指挥，伪广东省警务处成立后又归警务处指挥。1940 年 12 月 9 日，广州自警团总团成立后，伪广东省警务处处长兼任总团长，伪广东省会警察局长兼任副总团长。如 1942 年 11 月，郭卫民任广东省警务处处长同时兼任广州市自警团总团长，冯璧峭任广东省会警察局长同时兼任广州市自警团副总团长。② 从此，伪警察机构完全控制了广州市自警团，使该团成为日伪镇压人民抗日活动的帮凶。1945 年 5 月，广东省警务处又决定设立特务警察。特务警察也是民间辅警性质的组织，由"各大商店申请设置"，受警察分局管辖。特务警察也穿着伪警察服装，配备长短枪支，除负担本店防卫外，还参与警察分局临时召集的搜检行动。③

日伪政权还充分利用了中国传统的保甲制度在社会治安方面的功能。伪广州警防司令部办公厅主任白拱宸说："中国人向来做事重情不重法，以严法峻刑临于人民尚嫌不易执行，莫若以街坊朋情互为联保更易推进。保甲制度我国早有法规，有许多地方

---

① 一勺：《汪伪的"警政一元化"》，《广州文史资料》（第 11 辑），广州，1964。
② 《派任广州市自警团总团长及副团长》，《（伪）广东省政府公报》第 30 期（1942 年）。
③ 《广东省会增设特务警察计划纲要》，《广东警察周刊》（1945 年 7 月）。

现在努力推行，也已收有很大的效果，如保长、甲长选任完善，统属分明，责有攸归，一旦有事，须要执行时，自必容易办理。"① 由此，汪伪广东当局继承了国民党在城乡的保甲制度，而且将警察与保甲结合起来，形成了警保联防的体制。具体办法是伪广东省警务处处长兼任广州市保甲编查委员会主任委员，各警察分局局长兼任各该保甲区正主任。1945 年，郭卫民召集全市保甲长会议，训词称"现在的时局，一天比一天严重起来，为着应付这个局面，根本的办法，只有加强地方治安的力量，警察与保甲就是维系地方治安的两大支柱"，妄图强化警察和保甲以巩固伪政权的统治秩序。②

　　日伪政权还力图建立军警联合的治安体制。1941 年 3 月 30 日，汪精卫在伪国民政府还都周年纪念会上发表题为《国民政府还都一年》的讲话中说："至于目前，当务之急，惟在确立治安。本来确立治安是警察的责任，但是目前确立治安的责任，军队不能不分担。"③ 1941 年 4 月，伪广州警防司令部成立。该司令部具有警备司令部的性质，负责广州的治安防卫。该司令部成立后，联合日军和日本宪兵，④ 将广州的伪军、伪警察、伪保甲组织、伪民团（自警团）组织联成一体，形成军、警、宪、保、民联防的体制。⑤ 为了推行军警联合，伪广东绥靖公署召开军警联防会议，划分军警任务，决定军队担任警戒，警察担任检问；伪军特务机关召开的军警会议，日军宪兵队部也参加。⑥ 伪省政府主席陈耀祖在"一年来工作检讨"中称，伪省政府成立后，即"一面加强警察

① 白拱宸：《省府成立周年与广州警防》，《复兴的广东》（1941 年）。
② 《全市保甲长会议，郭兼主委致训词》，《警政月刊》第 6 期（1945 年）。
③ 《中华日报》1941 年 4 月 2 日。
④ 日军华南派遣宪兵队队本部设在广州，驻广州的有宪兵教习队、广东宪兵队、中央分队、东分队、西分队、水上分队、黄埔分队等。
⑤ 白拱宸：《省府成立周年与广州警防》，《复兴的广东》（1941 年）。
⑥ 《广东省会警察局第五十五次局务会议记录》，广州市档案馆藏，全宗号 7，目录号 8，案卷号 505。

之组织与训练，一面训练保安队，与'友邦军宪'当局密切联络，确保治安"。[①] 1945 年 3 月，广州"全体（伪）军警宪会同于市内各区连日，施行大检索"，以加强镇压民众的反日情绪和行为。[②]

二　伪警察的末日挣扎

1945 年 5 月，苏联红军和英美法联军攻占了柏林，猖獗一时的德国法西斯投降。在远东和中国战场上，陷入困境的日本军国主义收缩战线，中国军队则开始了局部反攻，并收复了大片国土。在广东，美国的飞机经常飞临广州上空加强对日伪的空袭，广州附近的抗日游击队以及广州人民也沉重地打击了广州日伪军警队伍。市内的日伪机构一日数惊，风声鹤唳，预感自己的末日快要来临，妄图做垂死挣扎，进而加强治安防卫措施，强化警察的职能。如 1944 年 7 月和 9 月，为防范爱国民众在纪念"七七事变""九一八事变"之际进行反日活动，伪广东省会警察局先后发布密令，命令全市各伪警察机关在这两个日子前后"施行临时警戒"，加强搜检防范。[③] 1945 年 7 月，伪省警务处代处长郭卫民在一次纪念周会上作题为《在时局严重中的三个要求》的讲话，对处于"困难的环境中"的警察提出"切实整顿户籍""积极强化保甲""严格厉行训练"三条要求。[④] 广州的伪警察当局还采取了其他一些措施来挽回败局。这些措施概括起来有如下三种。

1. 成立手枪队

1945 年 4 月郭卫民任伪省警务处代处长以后，为了防范日益频繁的人民抗日活动和对汪伪汉奸的打击，成立了手枪队。第一分

---

① 广州中山日报社编《复兴的广东》，广州，1941。

② 《郭兼局长发表谈话》，《广东省会警察周刊》（1945 年 4 月）。

③ 广东省会警察局密令，二保字第 3 号、第 206 号，广州市档案馆藏，全宗号 7，目录号 8，案卷号 441。

④ 《郭代处长周会训词》，《广东省会警察周刊》（1945 年 7 月）。

队驻太平分局，第二分队驻泮塘仁威庙。伪省警务处希望把这两支手枪队办成对付抗日力量的利器，特挑选精干人员充队员，所有人员均佩带新式优良武器。

2. 对伪警察局机关人员实施军事训练

1945 年 3 月，伪省会警察局"为振奋警察精神，及充实服务能力起见"，制定了警察局及各分局局员每日军事训练实施办法。训练由警察局督察处监督施行。共编为督察、职员、局员三个分队。督察长潘仲吉兼任总队长，训练组长汤平波兼任副队长，督察员文志雄等兼任分队长。每日上午九点半到十点半为训练时间，以 3 个月为一期。训练科目以术科为主。还由警察局科长等每日轮流进行精神讲话。①

3. 提高伪警察待遇

当时，很多人是因为生活所迫才进入伪警察队伍的。然而当伪警察为日伪卖命，毕竟不光彩，为人所不齿；加之日伪占领下的广州经济衰败，生活水平下降，警察待遇不高；特别是到 1944 年后日伪败象越来越明显，很多警察更是感到前途黑暗。因此，警察士气低落，消极怠工，不安于位。在这种情况下，伪广州警察当局一方面在精神上不断给警察打气，一方面在物质上重视提高警察待遇。1944 年 10 月，郭卫民重任伪广东省会警察局长后，提出"振奋精神""坚定信念""严整纲纪""团结实干"四大工作纲领，②前两条都是针对日益低落的警察士气而采取的措施。然而警察士气的提高，精神的振奋，不能单靠空洞的说教，必须要有实际的表示。伪广州警察当局决定从 1945 年 2 月份起提高广州警察的待遇，广州警察一律增加薪饷。其方案是，长员照原额加 8 倍。长警方面，警长增加到 350 元（中储券），一级警士增加到 300 元，二三

---

① 《本局全体职员实施军事训练》，《广东省会警察周刊》第 12 期（1945 年 3 月）。

② 《本局成立四周年纪念，郭兼局长发表谈话》，《广东省会警察周刊》第 12 期（1945 年 3 月）。

级警士增加到 250 元。① 4 月，伪广东省会警察局又拟订了一套警官加薪方案，其办法是：将省会各警察分局分为繁局、简局，汉民等十数个局为繁局，海幢等十数个局为简局。繁局分局长月薪为300 元（银圆），简局分局长月薪为 280 元，消防队长、水上警察队长、侦缉队长月薪 300 元，保安警察大队长月薪 320 元，中队长月薪 300 元。② 然而，伪广州警察当局这些措施实际上并没有多大作用，最终没有挽回它失败的命运。

1945 年 8 月 15 日，日本宣布投降，稍后，中共抗日武装东江纵队攻克宝安县，日伪军联手抗拒，广州的伪警察则在广州市继续严查缉捕张贴"广东人民抗日大同盟"布告的中共地下工作人员，防范共产党的革命活动。③ 但这一切都徒劳无功。日本失败，汪伪政权作鸟兽散，伪广州警察机构也随之完结。

三　伪警察与沦陷时期的广州社会治安

日军占领广州近 7 年，这是广州历史上最为黑暗的时代，广州完全被日本宪兵和警备队控制，民众稍有不慎，即有杀身之祸。为贯彻日本军国主义灭亡中国的狂妄计划，日军广州占领当局实行奴化、毒化、赌化政策，致使广州汉奸横行，盗贼如麻，烟赌盛行，毒品充斥，妓馆林立。④

沦陷期间，日军在广州维新路设立宪兵队本部，并在河南、西关、东山、流花桥等处设立宪兵分队，大肆逮捕和随意杀害中国的爱国人士、抗日地下工作人员与无辜民众，甚至把被捕者押到白云

---

① 《当局关怀警察生活，提高省会警察待遇》，《广东省会警察周刊》第 12 期（1945 年 3 月）。

② 《呈为拟提高所属待遇，以期振奋服务精神，当否，请察核由》（1945 年 4 月 4日），广州市档案馆，全宗号：7；目录号：38；案卷号 561。

③ 情报，特字 483 号、486 号、500 号，广州市档案馆藏，全宗号 7，目录号 8，案卷号 33 之一号。

④ 杨万秀、钟卓安主编《广州简史》，广州：广东人民出版社，1996，第 502 ~503 页。

山进行斩首比赛。①

抗战胜利后，国民政府主席广州行辕审判日本战犯，根据一份不完全的统计，共审判战犯 174 人，在 48 名被判处死刑的战犯中，有 15 名是日军宪兵的各级官兵，他们的罪行都是杀害抗日志士和中国民众。②

1940 年 8 月到 1942 年 6 月任华南派遣宪兵队长的日本军官齐藤美夫 1954 年在抚顺战犯管理所供认，为确保日军对广州及广东各沦陷城市的控制，他们指挥伪警察兵力进行"治安肃正"，设立特别搜查班侦查共产党和其他抗日地下工作人员。对于日本军人对中国人的侵害"没有取缔"，对中国人则"剥夺其生活权，采取了绑架、刑讯、杀戮等手段"。对被捕的中国抗日志士和无辜民众动辄实行"严重处分"（即就地杀戮）。③

日军宪兵拘捕、毒打、杀害中国人没有任何法律，也没有任何限制。例如，1940 年 11 月，因中国小孩与日本小孩争吵细故，广州日军东宪兵队把小童及家长 30 余人拘押，每日施用酷刑，使一人因伤死亡，两人致残。④

对驻广州日军部队及宪兵随意拘捕、施刑甚至杀害中国人的暴行，为虎作伥的汉奸政权自然无从置喙，伪警察更不敢干预。一些汉奸投靠日本侵略者胡作非为，警察也难以过问。如 1942 年 3 月的一件危险品自燃事故就很能说明问题。当月，广州西关龙津西路一座破烂洋楼发生火药自燃事件，幸未成灾。伪逢源分局派出警察查看，发现出事地点是广东化学工业厂制造火柴场所，里面贮存了

① 广东省档案馆编《日本侵略广东档案史料选编》，北京：中国档案出版社，2005，第 115 页。
② 广东省档案馆编《日本侵略广东档案史料选编》，北京：中国档案出版社，2005，第 145～157 页。
③ 广东省档案馆编《日本侵略广东档案史料选编》，北京：中国档案出版社，2005，第 163～178 页。
④ 广东省档案馆编《日本侵略广东档案史料选编》，北京：中国档案出版社，2005，第 120 页。

大量氯酸钾、硫磺、红磷、炭粉等易燃易爆危险品。但该厂职员声称，"此项药料系本厂直接奉'友军'司令部经理部转准兵器部委托办理"，"本厂主办人系森本正一"；"此项药料虽未有任何机关许可证，但确属军经理部直接嘱办，请电询军司令部兵器部原田少将及经理部藤原大佐便知"。[①] 此事究竟是确为日军军方委托，还是日军人员与汉奸勾结生产私人牟利，警察都不敢调查和追究，最后伪逢源分局只好把情况上报了事。

面对城市经济崩溃，民众难以生存的状况，作为维持社会治安和治理社会秩序的警察，不仅无能为力，无动于衷，还充当了侵略者的帮凶。1942 年，为了保证侵华日军的粮食与物资供应，伪省城警察局成立了经济警察队，"办理检查及防止不正当搬运出入之物资"，队里设立"经济警察连络员"，专门负责"关于对友邦军、警、宪（即侵华日军）一切之连络事宜"。[②] 由于经济警察待遇优于一般警察，且有更多其他谋取利益机会，所以报考者日众，1942 年 3 月就录取了"成绩较优"的黄沙分局警士粟余保等70 名。[③]

1942 年 3 月，日伪政权在广州实施煤油配给，省会警察局转饬各分局"按户发给"煤油配给票，即由警察负责给各家发送。[④] 1943 年灾荒横溢，为应付灾荒，保证日军侵华战争的需要，日伪政权在广州实行米粮配售制度，规定六岁以下小孩每人每日配售大米 6 两（每斤 16 两），六岁以上不分大小平均每日配售 10 两，在指定米店购买。为推行米粮配售制度，由省会警察局成立"办理核发市民米粮配给证委员会"，各区警局成立发证处，由警察根据

---

① 逢源分局局长胡某 3 月 19 日之报告，广州市档案馆藏，全宗号 7，目录号 8，案卷号 434。

② 省会警察局编《本局各单位下半年工作概况》（1943 年）之"本局法规"栏。

③ 《广东省会警察局训令》，二警字 243 号，广州市档案馆藏，全宗号 7，目录号 8，案卷号 252。

④ 《广东省会警察局临时警戒实施办法（机密）》，广州市档案馆藏，全宗号 7，目录号 8，案卷号 355。

户籍统计向各家各户发米粮配给证。① 至于广东大批城乡居民因缺粮而饿死，甚至出现人吃人的惨剧，伪警察的档案也反映了当日的惨况。当年9月16日，伪靖海分局巡逻到濠畔街翠花巷，"发现有男女童头颅各一个，大小骨筒一小包，及被宰杀之小童一具"，旁边还发现煮食工具。②

　　户籍管理也是警察的一项职责，但也是从维护日伪政权统治的角度出发的。伪广东省会警察局长郭卫民曾经有一段话说得非常清楚："因为切实整理户籍，就是加强治安一个重要关键。如果户籍不确实，好容易被匪徒及一般捣乱分子潜伏市内，对于治安，非常危险。所以户籍工作假如不做得彻底，就算扩充多一二万名警察，也是无用。如果户籍办理得严密，各分局对于辖内居民的生活职业，与及行为举动，都能够知得清清楚楚，匪徒及那些捣乱分子，便无所遁形，不能够藏匿市内，这样，治安就可以确立，所以想要加强治安，应该从整理户籍切实做起。"③ 日伪从控制人民和镇压抗日活动的目的出发，在日军占领广州后，曾经进行过户口登记，并给广州市民强发"良民证"。以后广州伪警察当局也多次借口整顿户籍对市民强行进行清查、登记。1945年，局势对日伪越来越不利，人民的抗日活动经常在市区发生，日伪更加恐慌，决心通过强化户籍管理，加强对人民的监视和控制。郭卫民在1945年7月的一次讲话中就说："现在时局日益严重，我们为着防范奸宄活动起见，应该要赶速去整理户籍。"他要求："各分局应该按照规定办法，切切实实，去彻底整理，随时要派出长警，实查户口。如果人数不敷调遣，尽可调用保甲人员协助。"④

　　广州伪警察机构的"维持治安"行动，大多数是针对中国抗

---

① 省会警察局编《本局各单位下半年工作概况》（1943年）之"本局法规"栏。
② 靖海分局局长黄天卓9月17日之报告，广州市档案馆藏，全宗号7，目录号8，案卷号370。
③ 《郭代处长周会训词》，《广东省会警察周刊》1945年7月号。
④ 《郭代处长周会训词》，《广东省会警察周刊》1945年7月号。

日力量的。

1941 年 9 月，伪"广东省会警察局"拟定《保卫公共场所治安实施办法》，命令各分局对戏院、游艺场、茶楼、酒家、冰室、烟室、妓馆、旅店、下级苦力客栈等公共场所加强搜检，责令这些场所的经营、从业者向警局密报行动及语言"可疑者"，各级伪警察接到密报后要立即采取行动。后来又陆续颁布《广东省会警察局检查旅馆住客实施办法》《搜检店户办法》。①

1942 年，汪伪"广东省政府"准备庆祝"成立"两周年，面对国、共两党地下抗日人员的活动和人民群众的反抗，各级汉奸如临大敌，伪"省会警察局"密令执行"临时警戒实施办法"，"增加检查次数，不分日夜随时召集员警出动检查"，包括搜查祠堂、寺庙、店铺、住户、旅店、船艇、车辆，派出侦缉密查队巡逻和搜检行人、旅客；这个"办法"对如何搜身、如何搜查家屋做出了不少细致的规定。②

尽管沦陷时期伪广州警察机构档案资料存留不多，但留下的不多记载也反映了伪警察根本不可能在日军铁蹄下维持日伪的统治秩序，1944 年 4 月 4 日，伪"广东省长"陈耀祖在文德路被爱国志士开枪击毙，就是一个典型的事例。至于抢劫、绑架、杀人、勒索之类的严重罪案，更是无日无之。较之民国其他时期，沦陷时期的伪警察素质更为低下，社会治安更为混乱。

---

① 据广州市公安局藏影印件，广州市公安局修志档案资料，治安类（5）。
② 《广东省会警察局训令》，二保字第 210 号，广州市档案馆藏，全宗号 7，目录号 8，案卷号 462。

第六章
国民党统治末期的广州警察

1945 年 9 月 16 日，侵粤日军的投降仪式在广州中山纪念堂举行，宣告日本侵略军在广州和广东的 7 年统治正式结束，广州重新进入国民党统治的时期。从此时到 1949 年 10 月广州解放，广州的警政大致可以分为三个阶段：一是从 1945 年 9 月 19 日到 1946 年 9 月，在这一阶段，国民党接收原伪广东省会警察局，恢复了广州的警察机构。二是从 1946 年 9 月到 1948 年 12 月，广州市的警政运行比较正常，但随着国民党在内战中的失败，广州警察也加强了防共、反共活动。三是从 1949 年 1 月到 1949 年 10 月国民党政权被赶出广州，国民党政权面临垮台，内部权力斗争加剧，各方加紧争夺广州市警察大权，警察内幕更为黑暗。

第一节　抗战胜利后广州的警政

一　警察机构的恢复

1. 接收汪伪警察机构

国民党军队占领广州后，初由新一军维持治安。9 月 19 日，国民党政府派员接收了汪伪广东省会警察局，成立广州市警察局。接收汪伪广东省会警察局的重要物品有：（1）械弹，包括粤造杂式步枪 1500 支、轻机枪 9 挺、手提机枪 10 挺、短枪 105 支，均属残缺，不堪使用，子弹 52898 发，均发霉，百发中仅数颗可以使用；
（2）服装，包括冬季警服 5300 套、夏季白警服衫 5100 件、裤 360
件、棉楼 550 件、雨衣 52 件，其中大半破烂，不能穿戴；（3）车
辆，包括大型运输车 1 辆，消防车 1 辆，均破烂，单车 1 辆，人力
车 3 辆。①

2. 广州市警察局的机构与人员

警察机构是国家机器的重要组成部分，事关统治秩序的建立与
维持。国民党广东当局在抗战胜利后不久即公布了《广东省各县
市局警政建设纲要》，宣布"首重各收复区警政复员，开展警政建
设工作"，其主要内容为：一是健全机构，充实警力；二是任命各
级局长及警官，对伪警官分别情况处置；三是对各级长警实行训
练，汰弱留强；四是重新厘定各县市警费，编入预算，保证和提高
警察待遇；五是改善装备，最低限度达到一警一枪、弹 100 发；六
是推进各项警察业务。② 广州市是广东省会，国民党在华南统治的
中心，所以警察机构很快恢复并开始运作。

国民党恢复广州市警察局后，重订组织章程。拟设总务科、行
政科、司法科、外事科 4 科，但外事科因限于经费未曾成立，仅设
外事股暂属行政科；设督察处、警探处 2 处；设秘书室、人事室、
会计室 3 室；下设汉民等 24 个分局；还设有 1 个保安警察总队、1
个消防警察总队、1 个特务大队、1 个警察乐队。③ 广州市警察局
名义上隶属市政府，实为国民政府内政部所控制，军警宪特混为一
体，历任局长多是军统特务。

到 1946 年初，广州市的警察机构基本上恢复。但限于经费支

---

① 《复员后之广州警政》（1945 年），中国第二历史档案馆藏，全宗号 12，案卷号
953。

② 《广东省各县市局警政建设纲要》，《广东省政府公报》还治复刊第 12 号
（1946 年 1 月）。

③ 1948 年增设三元、石碑、新洲等 4 个分局和崇文、中大等两个分驻所，并增设
了刑事警官大队、保安警察独立大队、感化所、警察学校和警察医院。

细，没有恢复到沦陷前的规模。1946 年 4 月广州市警察局实有职员 550 人，长警夫役 2960 人，总共 3510 人，与广州沦陷前李洁之任警察局长时期全局人数为 10600 多人相比，显然少了许多。所以，广州市警察局深感警力不足。①

二 警政的一度发展

1946～1948 年，国民党发动内战，给人民带来深重的灾难，也给自己的统治带来了严重的危机。前方军事节节失败，后方经济萧条，物价飞涨，民不聊生，人民的反抗此伏彼起，连绵不断。为了维护统治，镇压人民的反抗活动，国民党统治区加强了军警宪特力量，对人民的活动进行严密的监视和牢固的控制。广州是国民党重要的大后方，国民党自然不会放松防范和控制。为了稳定广州，维护统治秩序，国民党广州当局加强了镇压人民的军警宪特力量。特地将曾任蒋介石侍从室警备组组长的黎铁汉少将调来广州担任市警察局局长。② 黎铁汉系黄埔军校第二期毕业，具有丰富的办警经验。他任广州市警察局局长后，加强警政建设，使各方面的工作都有"起色"。1946 年 9 月到 1948 年，对广州警政而言是个发展时期。

1. 增设警察机构和队伍

1947 年广州警察局在原有的 24 个分局、分驻派出所的基础上增设了新洲等四个分局和崇文、中大两个分驻所；把警察局警探队改组为刑事警官大队，下辖 19 个区分队，市警察局组织由副局长率领的巡查团定期检查各分局执行警务的情况。③

为了保卫广州市各机关、团体及各大商店的安全，市警察局成

---

① 《广州市警察局工作概况》，中国第二历史档案馆藏，全宗号 12，案卷号 953。

② 黎铁汉任广州市警察局长的时间是从 1946 年 7 月 20 日到 1949 年 4 月 20 日，任期 2 年 9 月。为抗战胜利后广州市任期最长的警察局长。

③ 《奉电饬关于总统手启戡乱时期工作方针将办理情形报请核察由》，广州市档案馆藏，全宗号临 2，目录号 1，案卷号 57。

立了驻卫警大队，规定各机关、团体、学校、大商店雇用保安人员概由驻卫警大队派遣。[①] 1946 年 12 月 12 日制定的《广州市警察局驻卫警派遣实施办法》详细规定了派遣驻卫警的办法：[②]

　　各公私团体、商店、工厂、住户请派驻卫警，应填写申请书；

　　请派私人驻卫警之名额满 10 名者，应派警长 1 名，夫役 1 名。满 30 人者应派巡官 1 人，警长 2 人，夫役 2 人。不满 10 名者则于各驻卫警中指定 1 人为领班，负责管理；

　　驻卫警之枪弹，由广州市警察局发给使用，如有自备者应领正式枪照；

　　私人请派之驻卫警所有服装费用及饷津等，概由请派者负担，并缴交警察局总务科统办。

此外，警察局加强了消防队伍的建设。1947 年增加 1 个消防分队和东山消防分所，还发动地方组设义勇消防队，设立消防设备筹募委员会给予指导。到 1947 年底，有太平、惠福等 19 个区成立了义勇消防队，共有小型灭火机 22 辆、帆布水喉 27600 余尺、队员 368 人。未成立义勇消防队者仅 5 个区。[③]

2. 充实警察装备

第一，警察装备方面有所改善。1947 年，增加摩托车 13 辆、铁甲车 2 辆、吉普车 2 辆。除了将接收的伪警察局的枪械修理使用外，还向广州行辕、敌产清理处、三区补给司令部领用一部分，到 1947 年底，广州市警察局拥有轻机枪 35 挺、子弹 57940 发，步枪

---

① 《广州市警察局三十六年度业务纪要》，广州市警察局：《广州市警政概览》，1948，第 18 页。
② 广州市警察局：《广州市警政概览》，1948，第 143、144 页。
③ 《广州市警察局三十六年度业务纪要》，广州市警察局：《广州市警政概览》，1948，第 20 页。

4498支、子弹431969发，手枪552支、子弹9881发。设置警士户籍手册，加强对警士的管理。并为警察置办夏季服装6200套，冬季服装7200套。

第二，加强指纹设施建设。指纹股工作不仅恢复，而且较之战前有所进展。警察局恢复了指纹摄影组，购置了指纹储存柜及指纹桌。规定各警察单位解送人犯，均须验印、分析、检查指纹，并每日核对递解开释人犯指纹，规定各长警夫役均须验印指纹；广州市警察局于1947年4月1日颁布《办理汽车驾驶人验印指纹实施办法》，规定凡领有汽车驾驶执照，在广州市区行驶汽车的驾驶人员一律到警察局司法科指纹股按印指纹，以便查考。① 捺印的指纹以卡片方式储存，作为依据，以防肇事司机易名逃逸或者瞒领驾驶执照。遇犯罪现场有指纹遗留，即予以采取，作为破案依据。② 指纹股的资料对破案及对警察机构和城市的管理起了相当大的作用。到1947年，警察局按照科学方法分类编号贮藏犯人指纹纸共90243张，各警察机关利用指纹侦破了盗窃惯犯犯案734宗、三犯案244宗、四犯案74宗、五犯案38宗、六犯案17宗、七犯案9宗、八犯案8宗、九犯案6宗、十一犯案一宗、十二犯案一宗、十八犯案一宗，还有其他刑事案件，合计1604宗；对各级警察局长警夫役一律采集指纹，加强了对警员的监督管理。③

3. 加强警察的教育与训练

为了加强对警察的训练，广州市警察局于1947年1月成立警察轮回训练队，抽调各分局长警受训。先后举办6期，每期2个月，共轮训长警459名（其中女警40名）。后广州市警察训练所

---

① 《广州市警察局训令》（1947年3月26日），广州市档案馆藏，全宗号7，目录号7，案卷号152。

② 《工作计划与工作进度对照表》和《广州市警察局三十六年度业务纪要》，广州市警察局：《广州市警政概览》，1948，第20～27页。

③ 《三十六年度指纹股工作报告》，广州市档案馆藏，全宗号7，目录号7，案卷号126。

恢复，轮训队于年底结束。

警察训练所于 1947 年 6 月 16 日恢复。该所于 1927 年由广州市公安局长朱晖日创立，初以惠福东路大佛寺为所址，1929 年欧阳驹任省会公安局长时，加以扩充，先后共训练警察 3600 名，后来建新所址于南石头。1938 年 10 月广州沦陷后，该所停办。到 1945 年 9 月日伪投降后，原所址已荡然无存，广州市警察局长黎铁汉恢复开办广州市警察训练所，所址设于珠玑路陈塘分局故址。

警察训练所设名誉所长 1 人，由广州市市长欧阳驹兼任，正副所长各 1 人，由市警察局正副局长兼任。所长下设教育长，教育长下分设事务、教务、训导三组，设有教官、技术、会计、统计、医药人员。学习的内容有警察法令、警察实务等学科，以及代语术、擒拿术、劈刺术、捕绳术、急救术等术科。还有步兵操典、射击、陆军礼节、野外勤务、阵中要务、军队内务、街巷战术等军事训练科目。[①]

从 1947 年 3 月起广州警察局还实施长警的常年教育，即利用各分局、队长警每日休班或收勤后的空闲时间进行的学习和训练。各分局定于每日上午 11 时至 12 时为休班长警学科训练时间，下午 3 时至 4 时为休班长警术科训练时间。平时训练在各分局、队之驻在地分别进行，必要时再另行指定地点集中训练。学习的内容主要有：精神讲话、国父遗教、警察法令、警察实务、违警罚法、户口调查、陆军礼节、射击教范等。由各分局局长、局员担任学科教官，由管警局员及巡官担任术科教官，保警队之学科、术科教官由队中官长担任。学满 6 个月为 1 期，共 26 周，每日学科、术科各 2 小时。[②]

---

① 《广州市警察局警察训练所概况》，广州市警察局：《广州市警政概览》，1948，第 15、16 页。

② 《广州市警察局长警常年教育实施办法》，广州市警察局：《广州市警政概览》，1948，第 94 页。另见《本局各单位休班长警训练办法》，广州市档案馆藏，全宗号 8，目录号 3，案卷号 82。

虽然规定训练期满要举行考试，成绩优良者予以嘉奖、晋级或提薪，低劣者予以记过、降级、减薪甚至开除，然而还是有很多人请假。实际上，长警常年教育在很多时候只不过是走过场而已。

另外，还曾经设立现任警官进修班、交通警察训练班等，现任警官进修班聘请各界"名流"及市警察局高级职员为讲师，要求警官利用公余时间，充实警察学识，共培训58名。① 交通警察训练班的主旨是加强交通管理，保证交通安全，共举办3期，培训警察73名。②

4. 组织义勇警察队

1945年9月22日，占领广州的国民党军新一军将市面哨位撤回，广州市市区的治安开始由市警察局全面负责。广州市警察局乃将市区划分为东、南、西、北、中5个警戒区，将保安警察队分配到各区，加岗增哨。第二方面军司令部于1945年12月15日组织广州市义勇警察总队，设总队部于广州市警察局内，由广州市警察局长兼任总队长，由市警察局督察长兼任副总队长，办事员2人，由督察长派督察员兼任。并按照各分局辖区成立义勇警察队，队部设于各分局内，由分局长兼任队长。另设队附2人，一由分局管警局员兼任，一由坊众组织之征调委员会选出，经总队部考验后派任。事务员1名，由分局长派员兼任，分队长若干人，选拔"品学优良"之警长兼任。义警人数按照各该辖区繁简，斟酌编配，最多者83名，最少者10名，全市共计801名。各区设立义勇警察队征调委员会，由各该区内商民选出"公正贤良人士"11人至13人组成。主任委员之下，设立总务、财务、征调、稽核4组。所需一切经费，由各该区商民分担。义勇警察总队是民间成立的组织，

---

① 《复员后之广州警政》（1945年），中国第二历史档案馆藏，全宗号12，案卷号953。又见《广州市警察局一年来之业务统计》，广州市档案馆藏，全宗号4，目录号2，案卷号3240。

② 《广州市警察局一年来之业务统计》，广州市档案馆藏，全宗号4，目录号2，案卷号3240。

其主要任务是"协助维持地方治安"。

后来，义勇警察队的组织有所改变，后来制定的《广州市义勇警察组训办法》规定：

设广州市义勇警察管理委员会（以下简称管委会），直隶广州市政府。设委员45人，置主任委员1人，由市长兼任，副主任委员2人，由市警察局长、市商会理事长兼任。其余委员42人由市府指派，及由市商会召集全市各行业公会开会决定。并推定常务委员13人。管委会承市府之命，负全市义警监督、指挥、组训、管理暨经费、械强装备之筹措等事宜。

管委会设总干事、副总干事各1人，并分设总务、财务、组织、训练、稽核5组。每组设组长副组长各一人，干事、办事员、雇员、征收员若干人，由委员会派任，承正副主任委员之命办理各该管事务。

管委会下设总队部，置总队长1人，由市警察局荐请管委会派任，承管委会之命综理全市义警之指挥监督组训管理责任。副总队长2人，由管委会派任，襄助总队长办理本部一切事务。总队部设总队附1人，事务股长、督练股长各1人，督练员若干人，由总队部荐请管委会派任，设办事员、雇员若干人，由总队长派充，报管委会备案，承总队长副总队长之命掌理本管事务。

总队部之下分设若干区队部，每各区队置区队长1人，由所在地分局长兼任，设副区队长1人，由管委会就该区商民中遴选派任，另设区队附1人，由总队部荐请管委会派任，每区队部设办事员1人，由区队长遴选充任，层报请管委会备案。

区队长副区队长承总队长副总队长之命，负各该区义警指挥监督管理训练责任。区队附襄助区队长副区队长处理一切事务，办事员承区队长附之命办理该管事务。

区队之下得设若干分队，其区队分队义警人数由管委会议决定之。①

这样，义勇警察队升格为由市长担任主管的组织，其管理和指挥是在市长领导下，由商会和警察局共同负责。

三 广州光复后的治安措施

广州收复之初，形势比较混乱，治安状况很差，经常发生各类刑事案件。据统计，从 1945 年 9 月 19 日起到 1946 年 9 月，一年的时间里，广州市共发生的主要刑事案件 430 余宗，其案件分类如表 6-1 所示。

表 6-1 1945 年 9 月 19 日到 1946 年 9 月广州主要的刑事案件

案由	宗数	人犯数
抢劫案	91	256
盗窃案	311	551
勒索案	8	41
掳 案	3	16
杀人案	10	10
骗 案	14	19
伤害案	3	13

资料来源：《广州市警察局一年来之业务统计》，广州市档案馆藏，全宗号 4，目录号 2，案卷号 3240。

当然，上述数字只是不完全统计。仅我们目前在档案资料中看到的杀人案报告，就有：1945 年 9 月 14 日法医在粤光殡仪馆同时检验两具枪伤致死尸体，② 1945 年 10 月 16 日市中心惠爱西路玛瑙

---

① 《广州市义勇警察组训办法》，广州市警察局：《广州市警政概览》，1948，第142、143 页。
② 《检察官杨灼华报告》，广州市档案馆藏，全宗号 7，目录号 3，案卷号 26。

二巷居民莫某被军人枪击毙命，11 月 7 日西村发现被勒死男尸，1946 年 1 月 18 日流花派出所发现被勒死的男尸，[①] 1945 年 12 月 1 日市区德宣东路也发现被勒毙的男尸，[②] 1946 年 1 月 14 日晚 8 时歹徒苏国荣等在市区天成路抢劫，开枪拒捕，打死打伤路人，[③] 1946 年 3 月 26 日下午 5 时许市民潘桥在桨栏路装帽街突然被人连开三枪当场打死，[④] 1946 年 4 月某日晚上 8 时两广监察区监察使署助理员刘泽埏在惠爱西路瑞兴新街突然被人开枪打死，等等。[⑤] 可见，杀人案远不止区区 10 宗。

目前广州档案馆收藏的 1945～1946 年间警察局报告的抢劫、绑票、打单等大案案卷数不胜数，而其中的抢劫案很多是持械入室、持械拦路、团伙作案，甚至往往光天化日在闹市区进行，至于其他刑事犯罪案件就更不必多说了。

面对如此严峻的治安形势，在省市政府当局的督导下警察局采取了如下一些措施。

1. 督促各级警察机构加强治安管理

1946 年初，广州警察局宣布在各分局开展"治安竞赛"，制定标准，号召"各分局为巩固治安，勇赴事功"，按一个月内有无"劫杀掳窃案发生"以及破案的比例，把各分局分为 5 等，作为考核、奖惩各级员警的标准。[⑥]

对处置广州匪患作了较为详细的规定：如分局接获匪徒打单函

---

① 三案均据广州市档案馆藏警察报告，全宗号临 2，目录号 1，案卷号 1905。
② 广州市警察局小北分局呈，镇法字第 54 号，广州市档案馆藏，全宗号 7，目录号 3，案卷号 26。
③ 广州市警察局太平分局呈，太警司字第 258 号，广州市档案馆藏，全宗号 4，目录号 2，案卷号 3714。
④ 广州市警察局太平分局呈，太警司字第 469 号，广州市档案馆藏，全宗号 7，目录号 4，案卷号 450。
⑤ 广东全省保安司令部代电，修崇字 1686 号，广州市档案馆藏，全宗号 7，目录号 3，案卷号 26。
⑥ 广州市警察局训令，督勤字 649 号，广州市档案馆藏，全宗号 7，目录号 7，案卷号 4。

件应立即上报，由警探处集中研究侦查破案；加强旅馆检查；加强户口管理；机关、学校、工厂禁止留宿外人等。①

同时，警察局颁布了《广州市警察局辖内发生命劫案员警查缉办法》，对发生各类案件后，警察分局接报案后上报、出警、查勘、记录的具体程序，以及对案件的该管分局分局长以下员警的奖惩办法做出了详细规定。② 目前在广州市档案馆保存有大量这个时期的案件报告，说明这些规定在一定程度上得到了贯彻执行。

1946 年 7 月广州市政府责成警察局拟订了《广州市治安计划》，该计划分方针、工作要领、加强巡逻检查机能、防止突发事变、其他等 5 部分 34 条。包括了平定物价、取缔囤积、禁绝金融黑市、加强收容、整理户籍、在郊区举办联保、肃清烟赌、预防火警、部署防奸小组、充实警察力量、组织军警联合巡查队、增加警察装备、制订分区警备计划、防止罢课罢工罢市等内容，是该时期警察维护社会治安的纲领。③

2. 建立严密的盘查检举制度

根据《广州市治安计划》，警察局首先建立了严密盘查的制度，其中包括确定每年冬防的时间，按时实行冬防；在冬防期间由督察处向每个分局派督察员 1 名督导各分局内外勤务，并饬令各分局长员均居局内，不准外出。设置盘查哨，检查枪照及旅店。派出便衣警探，分东、南、西、北、中五区，严密布置警探网，监视人员的活动，侦察其踪迹。故一些持枪抢劫案犯，常能当场抓获。

1946 年初，广州市警察局制定《各城市市民报告盗警暂行办法》，要求银行、钱庄、公司、银楼及较大商店、富户安装电铃或

---

① 《为根绝本市匪患确保治安的几项建议》，广州市档案馆藏，全宗号 7，目录号 2，案卷号 125。
② 《广州市警察局辖内发生命劫案员警查缉办法》，广州市档案馆藏，全宗号 7，目录号 2，案卷号 117。
③ 《广州市治安计划》（1946 年），广州市档案馆藏，全宗号 7，目录号 2，案卷号 175。

铜铃作为报警工具，对市民报警办法，警察接报后上报、出警、通知其他军警兜捕的程序，闻警不报、警察接报不采取行动的惩处以及迅速破案警察的奖励等也作了规定。[①]

警察局还设法动员市民参与整顿治安。例如，1946年2月8日，惠福分局局长召集坊众举行"治安会议"，要求民众"检举坏人""联防自卫""互通消息"。[②]

3. 进一步加强户籍管理

日伪投降后，广州原有的户籍簿册荡然无存。广州市警察局自1945年10月11日始进行户籍普查。普查完成后，市警察局又饬令各分局再行复查，于12月上旬完成。鉴于广州市收复伊始，户口异动频繁，迁徙和漏报者甚多，广州市警察局制定了管理户籍的各项法规，如《广州市户口入住保证办法》《广州市警察局户口登记暂行规则》《广州市警察局水上船艇户口登记补充细则》《广州市警察局户口复查实施办法》《广州市警察局抽查户口暂行办法》《广州市市民出生管理规则》《广州市市民死亡管理规则》等。警察局还督促所属各分局按照法规严格管理户籍。各分局设立户口局员和户口助理员，并增加户口警士，对所辖区域实行轮流复查户口，实行强制户口登记和强制人事登记，每月办理户口统计，将调查户口人数均列表计算逐级上报。兹将广州市警察局1945~1946年清查户口的部分结果登录于表6-2。

为了保证户籍调查的质量，警察局专门考选60名户籍办理人员，施以专门训练。待他们熟悉业务后，再分配各分局工作。

1946年1月11日开始实施广州市户口入住具保。无论居住久暂，均须取具保证，使每家每户，具有保证关系。

---

① 《各城市市民报告盗警暂行办法》，《广州市治安计划》，广州市警察局训令督勤字第13号，广州市档案馆藏，全宗号7，目录号3，案卷号265。
② 《广州市警察局惠福分局坊众治安会议纪要》，广州市档案馆藏，全宗号7，目录号2，案卷号117。

表 6 - 2　1945 ~ 1946 年广州市户口人口数（部分）

年月		户数（户）	人口数（人）
1945 年	10 月	108433	617473
	11 月	121847	942162
	12 月	124042	972231
1946 年	1 月	126694	979086
	2 月	126826	980086
	3 月	126219	960712
	4 月	128894	979869
	5 月	128992	975959
	6 月	129953	1016529
	7 月	138554	1036521
	8 月	147477	1057932
	9 月	152762	1118084

资料来源：《广州市警察局一年来之业务统计》，广州市档案馆藏，全宗号 4，目录号 2，案卷号 3240。

通过这些措施，广州市警察局对广州市的常住和暂住人口有了比较准确的数据，为国民党当局控制人民、加强对老百姓的监视提供了依据。

4. 军警联合检查与巡逻

除由市警察局和分局每日派员巡逻外，警察局还联合驻广州的宪兵进行检查和巡逻，为此制定了《宪警联合巡逻办法》，规定每星期派警察局督察员会同附郊各分局及宪兵队，于市郊出入口要道检查可疑车辆及人物 3 次，并规定每日各分局流动检查枪照。[①]

四　广州警察的防共、反共措施

广州市警察局在防共、反共活动中十分积极，是国民党政府镇压革命和民众反抗的凶恶鹰犬。

---

① 《广州市警察局三十六年度业务纪要》，广州市警察局：《广州市警政概览》，1948，第 18 页。

1946 年 6 月，国民党全面进攻解放区，广州市警察局曾经奉广东省政府命令，防范中共发动暴动，彻查中共的秘密活动和暴动，搜查武器并搜捕中共地下工作者。[①] 1947 年 1 月，广州市警察局得到密报称"中共分子近来颇多潜入本市活动"，下令各分局加以防范。[②] 国民党当局诬称中共参加军调处执行部人员策动广州之工潮学潮并鼓动民众劫车抢粮，广州市警察局奉令加以防范。[③]

1947 年 7 月颁布的《广州市治安计划》，与前一年的治安计划相比内容大同小异，但防共、反共的色彩更加鲜明，许多内容都是针对民众反抗和中国共产党的活动的，如整理户籍，编整保甲，在市郊举办联保，调查市内社团活动，"取缔非法组织，严防'奸匪'乘机把持"；再如警探队加强侦查，在郊区设立"匪情侦缉站"，防止罢工、罢课、罢市、暴动，切实制止工潮、学潮，防止其他突发事件；等等。[④]

广州市警察局还加强防范中共对警察机构的渗透。1947 年，广州市警察局通告各分局，申明警察"不得加入任何不法帮会、党派，更不得有任何小组织活动"。[⑤] 其实旧警察很多人都参加秘密会社，一些高级警官也不例外，这个规定主要是防止警察参加反对国民党专制统治的进步团体。1947 年 12 月，广州市警察局根据内政部命令，为配合国民党军队的"剿共"作战，规定要加强警察教育中的"保密防谍"科目。[⑥] 广州警察局还发布训令规定各级

---

① 广州市警察局代电，探字 923 号，广州市档案馆藏，全宗号 8，目录号 3，案卷号 85。

② 广州市警察局代电，探字 761 号，广州市档案馆藏，全宗号 8，目录号 3，案卷号 85。

③ 广州市警察局代电，探字 513 号，广州市档案馆藏，全宗号 8，目录号 3，案卷号 85。

④ 《广州市治安计划》（1947 年），广州市档案馆藏，全宗号 7，目录号 2，案卷号 175。

⑤ 广州市警察局代电，警督特字 2015 号，广州市档案馆藏，全宗号 8，目录号 3，案卷号 238。

⑥ 广州市警察局代电，警督训字第 3065 号，广州市档案馆藏，全宗号 8，目录号 1，案卷号 402。

警察"不得擅自将经办案件及警局工作向记者发表消息，或兼任报社记者"，训令明确提出，这项措施是为防止中共获取警局机密。①

广州毗邻香港，而当时中共也利用香港作为秘密革命活动的基地。广州警察局一直企图勾结港英警察机构防范、打击中共在香港的活动。早在1945年底，就有警察向市局提出《驻港警察工作纲要》《驻澳警察工作纲要》，对警察驻港澳的"情报方面"和"行动方面"列出多项具体建议，其中包括在港澳调查收集中共在港澳活动的资料、诱捕中共党员与其他反对国民党政权的人士，以及与港澳警察协同"破坏其组织，解办其首要"。②1948年广州警察局长黎铁汉参加"穗港澳警察首长联合警务联系会谈"，他在致辞中称这次"三地警政会议是以往未有的创举"。黎铁汉提出"交换情报"，要求港澳提供"危害（国民党）政府不良分子"，把他们驱逐出境以便穗方逮捕，香港警务司长以对政治犯一贯政策为理由拒绝，黎铁汉又提议以"无业游民""不良分子"名目驱逐出境，香港警务司长答复要请示伦敦；黎铁汉要求逮捕在港澳的"图谋推翻中国政府、组织不法团体"的"不良分子"，香港警务司长认为香港并无这样的组织和行为，要求穗方提供有关资料。③1948年6月，一位名叫施永生的人在香港书写打倒蒋介石、宋子文的标语，被香港警察拘捕，将要递解出境时，广州市警察局派驻香港的警探立即报告了案件处理情况和施永生的相貌、衣着，以便施永生被递解到内地时将其逮捕。④从警探的报告看，施永生似乎只是一

---

① 广州市警察局训令，总文字第938号，广州市档案馆藏，全宗号8，目录号2，案卷号3。

② 《驻港警察工作纲要》《驻澳警察工作纲要》，广州市档案馆藏，全宗号4，目录号2，案卷号5855。

③ 《穗港澳警察首长联合警务联系会谈摘要》，广州市档案馆藏，全宗号7，目录号11，案卷号91。

④ 霍保、张杰才的报告（3份），广州市档案馆藏，全宗号7，目录号3，案卷号131。

个反对国民党腐败统治的进步人士，但广州市警察局也要千方百计将其拘捕。

第二节　广州警察与军队、宪兵的关系

军队和警察都是国民党政权国家机器的主要组成部分。抗战后，广东独立或半独立于中央政府的局面没有再出现，多支"中央军"的主力部队入驻过广州，国民党在广州也驻有宪兵部队。为维护国民党统治，军队、宪兵、警察经常联合行动，搜捕中国共产党人和其他进步人士，镇压人民的反抗。与此同时，军队、宪兵也同广州警察发生了不少摩擦与冲突。虽然整个近代警察同军队、宪兵都存在既有合作又有冲突的情况，但新中国成立前几年这种情况特别明显，有一定代表性，故在这节作专门论述。

一　警察与军队、宪兵联合制造白色恐怖

1947 年以后，随着国民党在内战中节节失败，军队、宪兵、警察越来越频繁举行各种会议，商讨如何应对时局。如 1947 年 5 月 30 日，军、警、宪在市警察局举行治安联合座谈会，讨论如何防范中共"渗入各社团、学校，利用机会暴动"，决定实行戒严、检查户口、在公共场所巡逻搜检、监视、拘捕等办法，并做了分工。①

1947 年 9 月，广州市警察局副督察长张惠文出席广州警备指挥部召集的临时警备会议，讨论了防备中共"于中秋节进攻广州"以及其他治安问题，会议决定在中秋前后一周的"特别警备期间"军、宪、警加紧警备，控制部队，广州市警察局承担搜集市区内情报、负责区治安的职责，市郊则由广州警备指挥部负责。这里摘

---

① 《广州市治安联合座谈会记录》，广州市档案馆藏，全宗号 7，目录号 6，案卷号 515 之 2。

录张惠文的两份报告，从中可以看出军、警、宪是如何密切合作来共同对付共产党和革命群众的。

其一：

　　窃职奉派赴广州市警备指挥部出席第四次警备会议，遵即依时到达，直至下午二时，始行散会……，先将有关事项报告于后：

　　（一）巡查车辆可直接分配于中南东西各警备分区，组合军宪警联合巡查。

　　（二）各警察分局对各分区警备指挥部尚欠切实联系，请中区指挥官转饬各分局，指定人员与各分区负责人联络。

　　（三）重新拟订警备整个计划，内容应包含户口清查，检查枪照，出入要口检查等。

　　（四）各警备分区指挥部可择地为独立办公处所，其经费拟由行营批准后酌予补助。

　　（五）各分区指挥部可张挂番号之牌记于门口，以便各方之联系。

　　（六）各分区内原有国防工事、仓库等，应饬属切实保护。

　　（七）各分区指挥部应切实指定专人负责办理警备部事宜，以免临时无法指挥及联系。

　　（八）市郊要有谍报组织之机构。

　　（九）各分区切实肃清烟赌，尤以三元里、瑶台等地为然。

　　（十）加强警察岗位，如感兵力不足，本部可派兵加强之。

　　（十一）希望警局早日成立义勇警察，促进本市治安。

　　（十二）各通信部队彼此互相偷线，以便利自己交通之通畅，应切实互相劝戒，以后不可再犯。

（十三）检查枪照应切实执行，现可请警局及宪兵团将其原有办法送乙份来部参考，以为拟定今后军宪警检查之办法。

（十四）警备指挥部今后将独立于适当处所独立办公，以便执行警备任务。①

其二：

窃职奉钧派，赴广州警备指挥部出席临时警备会议，直至午后五时半始行散会。计讨论事项有二：

其一为防止共匪于中秋节进攻广州，其处置如下：

（一）特别警备时间：自本月26日起至10月1日止，一星期内为特别警备期间，军宪警应加紧平日工作，控制部队，以应万一。

（二）燕塘方面由九二旅负责警备。

（三）珠江河流由指挥部令知海军负责警备。

（四）市区内情报搜集由警局多负责任，郊外由指挥部负责，并派员与警局联络，及将情报人员姓名册送警局乙份。

（五）一切工作勿徒事表现于表面，应多派情报人员秘密工作。

其二为肃清烟赌，其决定为："市区内完全由警局为主，负责肃清。指挥部得协助侦查，仅负通知责任。市郊由指挥部负责侦查，直接通知警局督察处协助逮捕，但不得延宕时间。至通知方法，则由警备部派员直接与督察长接洽。"②

在国民党统治摇摇欲坠的时候，军队直接执行本应是警察勤务

---

① 张惠文9月23日的报告，广州市档案馆藏，全宗号7，目录号2，案卷号497。

② 张惠文：《报告》（1947年9月23日于督察处），广州市档案馆，全宗号7，目录号2，案卷号497，第26、27页。

的情况越来越多。例如，1947 年 9 月，驻扎在广州小北、大东辖区内的国民党军队整编六十九师师长，致函广州市警察局长黎铁汉，声称"为防范'奸匪'、歹徒于驻地区内活动起见，军队拟在最近举行检查户口一次，由贵局转知小北、大东两分局，并各派警士四名协同前往检查"。

二　军警冲突事件

抗战胜利后，驻扎广州的国民党军队都是一些骄兵悍将，他们军纪败坏，飞扬跋扈。警察为维持治安，执行公务，有时要干涉军人的违法行为，军人往往不予合作，甚至武力抗拒，从而引发军警冲突。在国民党统治末期，这类事件在广州经常发生。

1. 抗战后国民党军队的违法犯罪行为

广州光复后，入驻的国民党军官兵军纪败坏，随意拘捕市民、入屋搜查、开枪伤人、军车撞人、强买强卖、横行霸道的事情时常发生，不少军人还进行聚赌、敲诈、抢劫、盗窃等犯罪活动，甚至伤人杀人。

国民党的军车在广州横冲直撞，广州市政府给绥靖公署的呈文称，军车"在市面违章行驶，多不服警察指挥"，"不依照车速标志，任意飞驰，罔顾一切，警察亦无从取缔，甚至于肇事伤人，亦以蛮不到案"，仅 1948 年 7 月底到 8 月初的 5 天时间，军车就在广州肇事 5 次，致死 2 人，伤 3 人。①

1946 年春，新一军上士班长黄爱民一再犯窃，后来竟偷窃美军联络部吉普车的零件。4 月 28 日深夜，警察又发现有两个军人装束者在美军的吉普车上企图行窃，查问时疑犯逃入五十四军军营，军营卫兵不准警察入内，警察无可奈何。②

---

① 绥靖公署主任宋子文训令宪兵二十六团、广州市警察局，代电笃贤公字 4232
号，广州市档案馆藏，全宗号 7，目录号 2，案卷号 409。
② 广州市警察局沙面分局呈，沙司字第 221 号，广州市档案馆藏，全宗号 7，目
录号 2，案卷号 333。

1945 年 9 月 23 晚，着军服者 3 人与便装者 3 人，在大东门持手提机枪行劫，警局称被捕者"假冒军人"。[①] 同日晚，江苏人董亚生在长堤唯一旅店被自称某军"便衣队"的人借口检查抢去全部金钱和财物，被迫向警察报案，但警察也无能为力。[②]

军人还有犯下更为严重刑事罪行的。1945 年 12 月 2 日，后勤司令部运输第三中队班长温国辉向市民黎少珍求婚不遂，竟将手榴弹投入黎之卧室，致使黎少珍和她 9 岁之幼女身受重伤。[③] 1946 年 3 月 4 日，军人企图不买票进入中山戏园被拒绝，投掷手榴弹，炸死 2 人，炸伤 21 人。[④]

2. 警察与军队、宪兵的冲突

军人对警察的执法和执行公务行为不但采取不合作态度，有时甚至采取暴力行为对抗警察的执法和执行公务。1947 年 6 月 18 日，抗日东路岗警陈国钧在巡逻时发觉保安司令部士兵 5 人在围殴一名身穿便服的男子，上前询问，士兵说正在将这名挟带十余万元的逃兵（身穿便服的男子）拘回部队处理。陈国钧认为士兵当街拘人，并无长官手令，且事前也没有知会警察，于手续不合，向前干涉，要求一起去警察分局备案。其中 2 名士兵突然拔出手榴弹，抽出保险，向警察威胁，不许前来干涉，否则就要投掷手榴弹。路人见状，大起恐慌，纷纷逃避，一时秩序大乱。[⑤]

这些士兵在大庭广众之中、众目睽睽之下公开围殴、拘人，警

---

① 广州市警察局呈，司审字第 24 号，广州市档案馆藏，全宗号临 2，目录号 1，案卷号 1943。

② 董亚生等向市长的呈文，广州市档案馆藏，全宗号临 2，目录号 1，案卷号 1943。

③ 《广州市警察局东堤分局处理案件呈报书》，东司字第 658 号，广州市档案馆藏，全宗号 7，目录号 4，案卷号 27。

④ 广州市警察局呈，司审字第 2788 号，广州市档案馆藏，全宗号临 2，目录号 1，案卷号 1905。

⑤ 罗希贤：《呈报保安司令部士兵谭汉强等不会警当街拘人，藉军持弹威胁岗警经过情形，请察核由》，广州市档案馆，全宗号 7，目录号 4，案卷号 532。

察加以干涉，完全是警察的职责，然而，骄横成性的士兵竟然要抽出手榴弹相威胁，对抗警察执法。

在广州，还多次发生了警察因执行公务遭军宪殴打的事件。

1946年4月7日下午1时，蒙圣分局第二大段丙班值勤警士莫如山巡逻中见有女子3人行动可疑，所携包内全是军毡，追问其来历，均答系同福东路国军排长交来。莫如山与赶到的警长陈海昌将三女子一同带往分局，迎面遇到士兵七八人，气势汹汹，不由分说，由其排附指挥，将警长陈海昌围殴，警士莫如山也受到威胁，随后又将陈海昌押解其连部，转解团部。经过市警察局交涉，陈海昌被送回，全身多处被打伤，伤势严重。后经调查发现，肇事的是陆军第五十四军一九八师五九二团一营三连的官兵。①

1946年5月9日上午8时许，有江防司令部一士兵以石头掷打停泊天字码头附近小艇，艇家不堪其扰，乃上岸请天字码头岗警劝止。然而该士兵不但不服岗警夏康的制止，反说警察不应干涉他的行为，忿悻而去。11日，当夏康出班时，前日不服之士兵纠同十余军人，找到夏康，挥拳殴打，后又尾追继续殴打，夏康身部、手部均受伤。后其他警察赶到将其中一人带回讯问。该军人称，自己名叫莫建洲，系江防总队运输兵。当汉民分局正在交涉，要求江防司令部派人将该士兵领回时，却发现该部队20多名士兵，已携带轻机枪3挺，步枪五六杆，兵分两路包围汉民分局，其中有一名士兵，还企图冲进汉民分局，被警察阻拦。然而，警察当局对江防部队竟奈何不得。经过交涉，"经双方官长同意，除将肇事人员分别各自申诫外，互不追究"。② 一场殴打警察、包围警察局的严重

---

① 蒙圣分局长何名泽：《呈报警长陈海昌被五十四军一九八师五九二团一营三连殴伤经过情形，请察核办理由》，广州市档案馆，全宗号7，目录号2，案卷号309。

② "汉民分局长杨全椿的报告"，广州市档案馆，全宗号7，目录号2，案卷号309。

事件就不了了之了。

1946 年 8 月 2 日汉民分局值勤警士麦根在取缔海珠桥上的赌博行为时，被守卫该桥的第六十四师士兵打成重伤。广州市警察局鉴于军队的骄横跋扈，指示各分局，以后凡有军人案件，务应会同宪兵办理，以免无谓纠纷。[①] 12 月 23 日下午，该分局第十五岗士李汉雄在海珠桥顶执勤时，因劝导路过停步、站立在海珠桥上阻碍交通的士兵，该士兵十余人以李汉雄平日执行任务时，曾不准他们的车辆通过为名，殴打李汉雄。[②]

宪兵的地位要高于普通的军队，因而宪兵更是自视高人一等。对于社会地位不是很高的警察，宪兵往往不放在眼里，骄横之极。1946 年 11 月，交通警士沈绍足按章干涉坐在公共汽车司机旁边的宪兵，宪兵"咆哮如雷，立下车与警为难，同时车厢内亦有宪兵数人下车协同将警拘返中区宪兵队办理"。[③] 自 1945 年 9 月以来，警察被宪兵殴打或辱骂者，除沈绍足外，尚有太平、东堤、大东、小北等分局以及保警总队的长警。本来警察与宪兵同负有维护治安和交通规则的责任，而宪兵时时不守规则，反而将维持规则的警察拘去，警察执勤时如与军队发生纠纷或冲突，自难指望宪兵秉公处理。在警察执法和执行公务有损于自己利益的时候，宪兵往往作难警察。抗日战争胜利后，驻军数量增加，宪兵也有所增多。同时国民党军队军纪更加败坏，因此，警察与军队的纠纷更厉害，与宪兵的摩擦也时有发生。

军人刁难警察执行公务，警察有时也以牙还牙，故意刁难军人。1946 年 4 月 2 日，太平分局的警察作弄广东保安司令部谍勤

① 广州市警察局：《嗣后凡有军人案件应会宪兵办理电仰伤遵由》，广州市档案馆，全宗号 7，目录号 2，案卷号 309。

② 汉民分局长李国英：《呈为警士李汉雄于值勤时被军队殴打请察核由》，广州市档案馆，全宗号 7，目录号 2，案卷号 310。

③ 《呈报交通警沈绍足执行职务被宪兵拘去情形请核办由》，广州市档案馆藏，全宗号 7，目录号 4，案卷号 531。

队的便衣特务，就是一个例子。据保安司令部谍勤队的便衣特务郑强报告，4月2日下午3时40分他行经天成路时，"忽被大队警士、便衣包围，喝令检查。经出示出差证，仍强制带返太平分局。该分局长质问为何有枪而无枪照及号带臂章。言词间颇有诋毁本部便衣人员之处。后经质问，因犯何罪带局，彼始言明误会，请职自行外出。似此故意留难，殊碍工作，且影响本部名誉"。① 虽说这是郑强一面之词，但也反映了军警关系的恶劣。

军警冲突如此严重，主要是由国民党军警的阶级本质决定的。此外，上述事件发生时，国民党统治已面临崩溃，国家法律、军警纪律的权威已荡然无存。

第三节　新中国成立前夕的广州市警察局

1949年，经过三大战役，国民党军队主力被打垮，国统区的政治、经济、军事陷入全面危机之中。1949年4月23日，中国人民解放军占领南京，此前国民党中央及"五院"南迁广州，国民党在大陆的统治开始全面崩溃。国民党各派系对广州警察权的控制展开了激烈的斗争，进行了许多肮脏的交易。在国民党政权在广州的最后几个月，国民党广州警察机构连番更换局长，这时的广州警察机构已经对局面失去控制。

一　最后几任广州警察局长

1. 朱晖日任广州市警察局长的内幕

1949年4月20日广州市警察局长黎铁汉去职，翌日朱晖日接任广州市警察局长。1949年6月，他"为谋集思广益、以便促进警政起见"，组织"广州市警察局警政设计委员会"，研究"各有

---

① 广东全省保安司令部代电：《电饬以后对本部特工人员无故不得任意留难，仰饬遵照由》，广州市档案馆，全宗号7，目录号2，案卷号309。

关警政之兴革事项"。① 这自然不会有任何效果。到 7 月 31 日，朱晖日去职，任期恰恰 100 日。

当时李汉魂任国民政府的内政部长，抓到各地警察局长任免的大权。本来，免去黎铁汉，改派朱晖日充任广州市警察局长，要征询市长的意见，可这次更换，市长欧阳驹根本不知道，因此，欧阳驹暴跳如雷，认为是"剃眼眉"（丢脸的意思）。为了这原因，朱延期到任。

朱晖日上台后，要麦竹轩任行政科长，留在他左右。因为麦竹轩与欧阳驹、朱晖日都是"陆军四校"同学。朱晖日想用麦竹轩作为他与欧阳驹之间的桥梁，缓和关系。当时朱曾和麦谈到自己出任警察局长的各种原因时，麦对朱说："共产党快要来了，你还跳火坑？"朱说："是张向华（张发奎）、李伯豪（李汉魂）、邓剑泉（邓龙光）一班人要在本市活动，要抓到警权，同时还有许多旧四军部属要求安插工作，因此不能抗辞。"原来，朱晖日决意"跳火坑"，有两个原因：第一，原粤军第四军旧人要他出来任职，要利用公安局安插一班旧人；第二，朱晖日需要一笔钱赎回在香港的房间。朱晖日上台时，也看到局面维持不久，"应变"措施也想到了，他想在局面紧急时，把麦竹轩推上副局长的位置，让麦竹轩替他收拾残局。朱晖日曾对麦竹轩谈过这个问题，要欧阳驹发表麦当副局长，欧阳驹拒绝了。以后就没有再提了。

朱一上台，就调动了总局的人员和分局的分局长，多用旧四军人员接替，因此与原任副局长何名泽发生了人事问题的冲突。

朱晖日起初委其侄朱卓南任督察长，过了半个月，朱卓南见该职无利可图，申请调任太平分局局长。朱在太平分局任内不久，就缉获烟土一大帮，私自盗卖。朱晖日本人也有私吞警察没收烟土的嫌疑。

① 广州市警察局训令，穗警设字第 0001 号，广州市档案馆藏，全宗号 8，目录号 7，案卷号 175。

其时广州市警备司令叶肇在市内大开赌档，美其名曰"游乐场"，场内番摊、牌九、轮盘均全，各游乐场虽有警备司令部的保护，对警察分局和探队也分别送礼，暗中通气。朱晖日知道这是"生财之道"，于是故意扬言要肃清烟赌。游乐场老板知其用意，托人向朱疏通，因为朱要求过苛，议价不成。朱恼羞成怒，有一次派便衣数十人到芳村、花地捉赌，和保护赌场的警备司令部的便衣队发生冲突。朱晖日垂涎赌规收入，知道部下得有好处，也要和部下分赃。

朱晖日公开的搜刮和强取豪夺，引起李汉魂、邓龙光的眼红，到7月下旬，李汉魂、邓龙光等反又联合欧阳驹迫朱。内政部和市政府联合派出专人追查朱卓南在太平分局长任内盗卖烟土案件，牵连到朱身上。朱知难而退，黯然辞职。8月1日起由市长欧阳驹兼任警察局长。①

2. 末日广州警察局长

1949年8月到10月间，解放军大举南下，迫近粤北，广州指日可下。这时广州市国民党各派系间的权力争夺更为剧烈。市长欧阳驹兼任局长后，派市府顾问张惠长代拆代行，10月1日拉蒋介石嫡系吉章简任广州市警察局长，用来挡当时省主席薛岳的压力。而薛岳却报以杀手锏，于广州市临解放前十天，撤了欧阳驹任李扬敬为市长。

吉章简接任局长的那天，曾召集警察局各分局长及所属单位训话。讲话大致有下面几点：一是绝对服从市长（指欧阳驹），保卫广州；二是保卫广州有办法、有信心；三是坚决肃清共产党地下工作人员，巩固内线作战；四是清查内部不稳分子，如有发现杀无赦。吉上任后，欧阳驹以为多了一个支持他的力量，谁知还是丢了乌纱帽，由李扬敬来当蒋家王朝末任的广州市长。撤掉欧阳驹完全

---

① 练秉彝、麦竹轩：《解放前夕广州市警察局》，《广州文史资料》（第11辑），1964，第145～147、150页。

是省主席薛岳导演的一出双簧戏。时任广州市警察局黄沙分局局长的练秉彝曾听到时任广州绥署副主任的邓龙光谈起过欧阳驹被撤的内幕：

> 十月五日早上，我在多宝路邓龙光家的门口，遇到邓龙光，他正要乘车，匆匆忙忙把李扬敬接替欧阳驹的内幕经过告诉我。他说："昨晚薛主席公宴总统（蒋介石），嘉宾云集。李福林最后才到，他一见吴铁城，就指着吴骂：'铁城，你为什么要支持欧阳驹？他做了三四年市长，广州地皮已经低了几丈，这样的人你都支持他，难怪国民党会垮台！'一时空气紧张。铁老见总统在座，忍不置辩。总统闻言，怒形于色，默不出声。薛（岳）主席见状，双手捧茶敬奉，连叫几声'总统请茶'，以转移紧张气氛。散会后，总统回到寓所，连说'这帮东西真是一塌胡涂'。总统随从秘书见势不佳，星夜通知欧阳驹。"①

李扬敬于 10 月 5 日就任市长，13 日就逃跑了，这个蒋朝末任的广州市长，在任只有 8 天。

欧阳驹和李扬敬的任内，要警察局推销"劳军奖券"。限令全市商民在短期内认销银圆券 100 万元（按当时港币折算，合港币 300 万元），责令各分局推销，销不了的，抵扣分局的经费。

早在国民党政权彻底垮台之前，广州市治安就进一步恶化。因为财政困难，广州警费严重不足，警察待遇下降，有时连一些基本的经费也难以保证，要向商界、学界等单位要求资助。例如，国民党广东当局为控制大学、及时镇压师生的民主运动，要求广州市警察局在中山大学、岭南大学设立了校区分驻所。1947 年秋，广州

---

① 练秉彝、麦竹轩：《解放前夕广州市警察局》，《广州文史资料》第 11 辑，广州，1964，第 146 页。

市警察局以"市府发给本年度冬季服装费暨蒙市内各商业团体所组织之义捐警费委员会拨捐一部分警服费，仍感不敷甚巨"为由，要求中山大学仿照岭南大学的做法，校区分驻所警察冬季服装费由市警察局和学校各负担一半。① 此后通货膨胀进一步恶化，包括警察在内的公教人员生活难以保证，警察纪律更为败坏，广州市警察局经常收到有关长警旷职、逃亡的报告，警察敲诈勒索市民的事件层出不穷。1948 年 4 月，新洲分驻所所员杜锦峰率领警察十余人巡逻到黄埔村时，因抓赌在区公所与村民发生冲突，杜锦峰报告称："讵知该村村民凶悍无比，鸣锣吹哨，召集暴徒"，"暴徒手持机枪、步枪及徒手者约有数百人"涌入区公所抢走涉赌疑犯，并扬言要将警察"杀灭"，后得该地保长护送才得离去。而新洲分驻所所长李传芳据区公所和黄埔联保办公室的调查则称杜"勒索不遂，任意拘人，骚扰地方"。② 连新洲分驻所所长也承认杜锦峰勒索的事实，显然，这不会是个别现象。而广州市郊村民（显然其中也有黑道人物）竟聚集数百人持机关枪威胁警察，也反映出警察威信丧失到何种地步。

在灭亡前夕，国民党的宪兵、警察力量主要用于反共，无暇顾及一般的盗匪和犯罪分子，所以，治安形势也更为恶化。1949 年 8 月 20 日，石门轮船航行到分嘴头河道碰上水雷，幸而轮船并无损坏。警察的呈文称"该段河道久为匪徒出没，屡遭机枪密集扫射及用水雷爆炸"。③ 1949 年 9 月 11 日，长堤七妙斋酒楼发生炸弹爆炸案。④ 从这些罪案中，也反映出治安秩序已经混乱到极点。

---

① 广州市警察局公函，警督勤字第 2372 号，广州市档案馆藏，全宗号 7，目录号 2，案卷号 225。
② 杜锦峰、李传芳分别对此事的呈报，广州市档案馆藏，全宗号 7，目录号 2，案卷号 318。
③ 民生公司向广州市警察局的呈文，广州市档案馆藏，全宗号 7，目录号 3，案卷号 23。
④ 广州市警察局太平分局呈文，广州市档案馆藏，全宗号 7，目录号 3，案卷号 23。

二 广州警察与广州的解放

1949 年 10 月初,广州的形势已经十分明朗,被解放军占领指日可待,广州的国民党反动派加紧了逃跑和破坏设施的准备。

10 月 13 日,解放军已经逼近广州,广东省、广州市两个统治机构及它们所属各单位俱已逃跑。广州市警察局长吉章简在 13 日晚上率领副局长何名泽、探长李彦良和部分分局长,集中于沙面分局,乘电船星夜渡过石围塘逃跑。在逃跑的时候,广州卫戍司令部总司令李及兰和副司令吉章简(兼广州市警察局长)命令警察局所属所有的保安警察和一部分武装警察逃跑,并委任太平分局局长黄逸民代理警察局长,黄沙分局局长练秉彝代理警察局副局长。然而,中共地下党员、保安警察独立大队大队长程长清,率领一部分保安警察部队留了下来,并动员代理警察局长黄逸民和代理警察局副局长练秉彝起义。得到两位的赞同后,又动员其他的分局长起义。结果 28 位分局长,有 13 位赞同起义,愿意留下来维护治安,15 位不赞同起义,弃职逃跑。[①]

国民党在逃跑的时候,准备对广州进行大破坏,妄图摧毁广州的军用和民用设施。10 月 14 日,国民党反动派炸毁了海珠桥。参加起义的广州警察担负起维护治安的责任,并为保护广州人民的生命财产安全做出了一定的贡献。10 月 14 日,国民党溃军在西关多宝桥放了一担炸药,准备炸毁该桥。代理副局长练秉彝立即命令黄沙分局局员李宝森、自卫中队陈队长率队抢救,国民党军见警队赶来,丢下一担炸药逃跑。早上 8 点多钟,国民党溃军运输车 9 辆,在黄沙因为行人拥挤,无法通过,竟放火烧车,引起黄沙码头一带大火,黄沙分局消防警队全数出动,驰救无效,殃及猪栏街,该街被烧成灰烬。这时又有情报说"泮塘皇帝"李润仔匪帮由泮塘偷

---

① 程长清口述、黄焕元执笔:《回忆解放前夕广州市警察局内的斗争》,《广州文史资料》(第 26 辑),广州,1982。

渡如意坊，企图趁火打劫，这时黄沙分局已无警可派，由逢源分局长乔永年率警队驰往防守，李润仔匪帮见大队武装开到，不敢登岸。^① 由于起义警察维护治安，广州在解放军进入市区前没有发生重大骚乱。

10月14日晚上9时许，人民解放军进入广州市区。广州的警察奉命各守岗位待命。10月15日早，程长清将原广州市警察局所有武装队伍的武器点交给人民解放军。计有各种步枪及机关枪7410支。^②

从此，广州开始了新的历史时期，从警察史的角度当然也是如此。

---

① 练秉彝、麦竹轩：《解放前夕广州市警察局》，广州市政协文史资料委员会：《广州文史资料》（第11辑），广州，1964，第150页。

② 程长清口述、黄焕元执笔：《回忆解放前夕广州市警察局内的斗争》，《广州文史资料选辑》（第26辑），1982年6月。

第七章
近代广州警察制度的若干问题

近代广州的警察制度，既与全国的警察制度有一致之处，也有自己的特殊之处。清末广东与中央的朝廷在政治上是一致的。但民国时期，如果不算沦陷的 7 年，可说大部分时间广东处于独立或半独立于中央政府的状态，这就使广州的警察制度有不少值得注意的特点。本章主要从法律、教育选拔制度、奖惩制度等几个方面讨论近代广州警政的一些问题，希望从中反映广州警察制度与中央政府警察制度的某些异同。

第一节　近代广州的警察立法和执法

在中国，警察是开埠通商以后出现的，无论是从警察自身建设的角度，还是从通过警察维护社会治安和规范社会秩序的角度，都需要有一定之规，也就是说要有法规和制度。广州警察机构设立以后就开始制定一些规章制度，以后各个时期的警察机构也不同程度地进行法制建设，或多或少地制定和完善了各种法规和规程。这些法规和制度有的是机构的组织章程和工作规则，如机构设置、组织机构与权限、官员的任免、教育与训练、奖赏与考核，以及礼节、纪律、会议方式等，目的是加强警察和警察机构的自身建设，属于机构内部的工作规程和条例。还有一部分是警察机构针对城市的治安、建设、卫生、公共环境等方面的变化所制定的专项法规。这些法规和制度属于地方性法规，具有立法的性质，与中央政府颁布的法规同样具有法律意义。

一　清末广州的警察法规

清末广东建警时就开始了警察立法。清末广州的警察法规是在全国警察法规的指导下制定的，与全国的警察法规基本上相似。清光绪二十九年广东巡警总局设立后，为了规范各项工作，开始制定各种警察章程。广东印行的《巡警章程汇编》3 册，就既收入了清廷颁布的《奏定巡警部章程》《直省巡警官制细则》《奏定违警律》《各省巡警学堂章程》等法规，也收入了广东制定的《广东巡警总局章程》《广东巡警留医院章程》《广东游民习艺所章程》《广东警务公所办事细则》《广东全省办警通则》《广东马巡队专章》《广东警务公所预审处、警捐所、消防所专章》《广东警务公所增改章程》《广东省城巡警试办章程》《广东各巡警教练所章程》《广东马巡队暂行章程》等法规。①

此外，还有《广东巡警总局分科治事章程》、《省城各区巡警章程》、《广东巡警道禀准取缔军人持枪并查禁民间私挟私藏枪枝章程》、《省城各区巡警章程》（宣统元年十月）、《全省厅州县巡警试办通则》、《各属调查户口办事细则》、《马巡与军队陆军警察共守规则》等章程。这些章程多数是规定警察机构或附属警察队（如马巡队）设置以及人员的管理、职责、奖惩等的组织法规。例如，《广东巡警总局分科治事章程》，共分官制、分职、资格、权责、通规、赏罚、宿值、会议、俸给等九章。大体可以分为四个部分：第一部分规定了巡警局内的机构设置情况和各机构的主要任务；第二部分主要规定了担任各种警察职务的人员应具备的资格，各种警察职务应有的权力和职责；第三部分规定了各机关、人员的办事程序，奖惩办法，召开会议的程序和办法等；第四部分规定了

---

① 据广州市公安局藏影印件，广州市公安局修志档案资料，综合类（3）。

各级人员的薪金标准。

由于是创设初期，这些法规中的一部分是参照外国（主要是日本）相关法规制定的，[①] 不少脱离中国实际，尤其是所有法规都只是文字上的东西，清朝的各级地方官员以及警察官员，很少有人能真正了解这些法规的立法精神，更谈不上严格执行。而且，这些法规以警察机构办事规程为主，除了中央的《违警律》和本省的《广东巡警道禀准取缔军人持枪并查禁民间私挟私藏枪枝章程》外，还鲜见维持治安的地方法规。

尽管如此，清朝末年广州警察机构制定的各种法规，还是为民国时期广州警察的法制建设奠定了基础。

二　民国初年广州的警察法规

从 1912 年 1 月南京临时政府成立到 1927 年 4 月南京国民政府成立，是广州警察法规建设的第二阶段。

辛亥革命胜利后，1912 年 1 月，孙中山在南京宣誓就任中华民国临时大总统，中华民国临时政府成立。南京临时政府建立后，为了加强对社会治安的管理，加强警政建设，制定了一些条例和法规，但是还没来得及实行，袁世凯就取代孙中山，在北京就任临时大总统，从此开始了长达 17 年的北洋军阀横行的北京政府的统治。

这一时期，民国北京政府有关警察的法令和规制，仍然是以规范警察机构的组织体制、工作规程、警员权责职守为主，用意是加强警政的建设；也颁布了《违令罚法》《治安警察法》《预戒法》《出版法》《违警罚法》等，用以维护社会治安，规范城乡居民的行为。但是，从 1912 年到 1913 年 8 月，广东由政治上最接近孙中山的资产阶级革命党人掌权，本书第二章第一节相当详细地介绍了资产阶级革命党人、近代广州警察先驱陈景华的警政措施。目前，

---

① 韩延龙主编《中国近代警察制度》，北京：中国人民公安大学出版社，1993，第 258 页。

我们很难找到当日革命党人掌权的广东军政府制定的警察法规的原始文献,但从当日的报纸报道以及一些历史人物的回忆录,我们可以知道,革命党人并没有遵照或完全遵照袁世凯颁布的法律,袁世凯的政府更无从过问广东各级警察官员的任免,这种情况一直延续到广东"二次革命"失败。

从 1913 年 8 月到 1917 年护法运动前,广东在政治上大体与北京的中央政府一致,警察立法方面也是如此。但到了 1917 年 9 月孙中山在广东建立护法军政府,此后近 10 年,广东基本独立于北京政府之外。

从警察立法的角度,特别值得重视的是 1921 年广州的警察立法。其时正是孙中山第二次护法到广州,就任非常大总统,与北京政府分庭抗礼。1918 年广州设立了市政公所,1921 年孙科受命出任广州市长,设立广州市政厅。孙科毕业于美国加利福尼亚大学,后进入哥伦比亚大学研究院主修政治、经济和理财,对城市问题颇有研究,曾经著有《都市规划论》等书。孙科借鉴了美国市政改革后创立的市委员会体制,制订了《广州市暂行条例》。这是以城市为单位的组织法规,共 8 章 57 条。该条例首先确定了广州市为地方行政区域,直接隶属于省政府,不列入县行政范围,由此开创了城乡分治之先河,后人评道,"市之脱隶于县,要自此始"。① 其次确定了行政管理范围,包括城市财政、城市建设、城市公共卫生及娱乐、城市公安和消防、城市教育和风纪及慈善、城市公用事业和户口等。这样,将公安、城市建设、公共设施、公用事业等具有近代性质的城市行政管理的各种工作统统包括在内,机构内部分工明确,组织严密,体系相对完善,体现了该机构的完整性和实用性。最后确定了行政管理的模式,即广州市的行政事务由市行政委员会议决执行。市行政委员会由市长和各局局长组成。市长由市民选举产生,有综理全市行政事务之大权。市政府下设财政、工务、

---

① 钱端升:《民国政制史》,上海:商务印书馆,1945,第 345 页。

公安、卫生、公用、教育等六局，局长由市长推荐省长委任。[①] 由此可以看出，《广州市暂行条例》是名副其实的城市行政管理的规章制度，这种以城市为单位的行政管理机构，[②] 被当时学者称为"实为吾国举办市政以来第一次的成功"。[③] 广州市政厅六局中，以"公安局"作为警察机构名称，是孙科的首创。所谓"公安"一词，今天的意思是指社会整体（包括社会秩序、公共财产、居民生命财产等）的治安。在清末民初，"公安"这个词在社会上已经流行，广东的一般人都耳熟能详。1912 年初，部分广州商人不满光复后治安混乱，组建了"粤商维持公安会"，其主要宗旨之一便是"维持地方公安"，其计划包括"本会责任重在维持公安，亟当筹集自卫能力，如倡办商团及救伤讲习所之类"。[④] 所以，当时的公安，包括警察、自卫、消防等，日后其他城市建立市政厅，也以广州为蓝本，把"公安局"作为警察机构的名称，[⑤] 一直延续到今天。

广东省会警察厅改为广州市公安局后，根据《广州市暂行条例》：广州市公安局"隶属于市政厅，掌理全市公安事项"，内设警务、司法、侦缉、消防 4 课及督察处。于是，广州市公安局开始着手制定各种规章制度，最权威的是《广州市公安局章程》，该章程明确了各机构的职责和分工。

警务课的主要职责包括如下几个方面。

（一）关于普通警察武装警察游击队及其他保卫公安警兵

---

① 《广州市暂行条例》，陆丹林编纂《市政全书》，上海：道路月刊社，1928，第六编，各省市制法规。

② 参见张利民《艰难的起步——中国近代城市行政管理机制研究》，天津：天津社会科学院出版社，2008，第 144~145 页。

③ 顾敦鍒：《中国市制概观》，《东方杂志》第 26 卷第 17 期。

④ 粤商维持公安会编《粤商维持公安会同仁录》，广州：省城十七甫穗雅印行，1912，"序"及"章程"。

⑤ 吴任华编纂《孙哲生先生年谱》，台北：正中书局印行，1990，第 44~45 页。

之调遣支配及编练事项；

    （二）关于警察区之分划变更及推广事项；

    （三）关于户口调查及房屋编号事项；

    （四）关于奖励恤给及惩罚警察事项；

    （五）关于取缔不规则营业及维持风纪事项；

    （六）关于督察各区警察勤务事项；

    （七）关于市民自卫团事项；

    （八）关于警务之调查记载及统计事项；

    （九）关于其他警务事项。

司法课的主要职责包括如下几个方面。

    （一）关于刑事现行犯嫌疑人犯及佐证人之传讯逮捕看管给保释放及解送事项；

    （二）关于犯罪证据及犯罪物之检收及转送事项；

    （三）关于违犯警律或其他触犯禁令案之审判及处分事项；

    （四）关于调解人民争执事项；

    （五）关于交涉引渡人犯事项；

    （六）关于刑事罪犯之形格登记印指纹及摄影事项；

    （七）关于拘留所之管理事项；

    （八）关于本课事务之调查记载及统计事项。

侦缉课的主要职责包括如下几个方面。

    （一）关于造就侦探专门人才事项；

    （二）关于侦查嫌疑人犯刑事罪案及其他有碍公安之秘密事项；

    （三）关于调遣及支配侦探人员事项；

    （四）关于考核侦探人员成绩事项；

（五）关于传达秘密消息及人民秘密投报事项；

（六）关于秘密结社或秘密行为之侦查及监视事项；

（七）关于其他一切侦缉事项。

消防课的主要职责包括如下几个方面。

（一）关于火灾预防事项；

（二）关于消防区之分划暨消防所之设立及管理事项；

（三）关于火灾扑灭及灾后之调查救济事项；

（四）关于消防人员之编练调遣及消防器具之设置保管事项；

（五）关于私办消防队之辅助及督率事项；

（六）关于考核消防队成绩及消防人役之奖励恤给及惩罚事项；

（七）关于本课事务之调查记载及统计事项。①

除了公安局章程以外，广州市公安局还制定和颁布了一些组织规程和条例。如《广州公安局分职任事细则》，对正副局长、警务课、司法课、侦缉课、消防课以及属下各股的权限、职掌、办事通则、办事时间及请假、值日值宿、会议等方面都做出了明确具体的规定。②《公安局设置派出所暂行章程》，对派出所设置的地点、派出所的值勤办法以及派出所警察的选用等都做了具体的规定。

派出所的设置及值勤办法包括：

第一条：警察派出所只设于马路，其非马路各街巷仍照站

---

① 《广州市公安局章程》，《广州市市政公报》第 1 号（1921 年）。

② 《广州公安局分职任事细则》，广州市市政厅编《广州市市政汇刊》，1922，第 4 之 1～19 页。

岗旧制，故各区所管地段除街巷仍旧不变外，其现开马路地方，将从前原有段数、警数合并三段为一段，每段于冲要之处设立派出所，以为各该段长警支配应勤轮班暂息及有事救援之用；

第二条：派出所地段如有界于两区之间，一区值地一段，一区值地二段者，则以值地一段之区，划入于值地二段之区管辖，倘两区相等者，则观察地方情形而划入于便利之区管辖；

第三条：各马路派出所地址不过就现时情形而定，将来于繁盛之处如原置派出所照料难周时，可酌加守望一处或两处，专备交通上守望之用，以原段警察三名支配应勤。

选用警察的资格为：

（一）在警察教练所毕业实习期满者；（二）如无上项资格，曾在本区充当警察三年以上确无犯规及粗通文字者；（三）年龄满20岁以上40岁以下者；（四）身体强健者。

该章程还细致地规定了值勤时派出所人员的具体分工："（甲）守望警察系站立于岗位三十步以内，凡目力所及之事俱应注意；（乙）值班警察系在派出所门口以内，一面暂息，一面受理管辖区内一切关于警务事宜"；甚至规定"长警不得在所内自起伙食，以保持派出所之清洁"。①

广州市公安局还针对一些很细微的问题制定规则，以便员警遵守。如1922年市局颁布的《公安局签注考勤簿规则》，规定各级警署设立考勤簿，"各职员依时及时签注盖章"，每五日送市局查核；对签注盖章的具体做法，因公私外出、请假者如何签注，以及违反者的惩处也都作了详细规定。② 另外，还制定了《广州市义务

---

① 《公安局设置派出所暂行章程》，《广州市市政公报》第15号（1921年）。
② 《公安局签注考勤簿规则》，《广州市市政公报》第60号（1922年）。

警察章程》（1923 年被通过）、《广州市军警察联合督察处简章》、《广州市公安局政治训练部组织细则》（1926 年 5 月 29 日通过）等一系列地方性警察法规。

这个时期广州市公安局制定的法规，多是规范警察机构和职责的，对日后国民政府的警察立法起到了一定的示范作用，可以说，1921 年广州市政厅设立公安局并制定有关公安局的法规，不仅在广州警察史上，而且在民国警察史上都是一件具有划分警察史阶段意义的事情。

三　民国中后期广州的警察法规

从 1927 年 4 月南京国民政府成立，到 1949 年国民党政权在大陆覆灭，是广州警察法规建设的第三阶段。

这个阶段最初几年，广州与南京中央政府在政治上是一致的。但自从 1931 年蒋介石扣留胡汉民导致西南反蒋，陈济棠统治下的广东便处于独立或半独立的状态。不过，广州设立的中国国民党中央执行委员会西南执行部和国民政府西南政务委员会，在法统上又不否认南京的中央地位。所以，其时广东的法制一方面依据南京中央政府的法律，《六法全书》适用于广东，广东警察立法基本上依据中央政府的法律法规制定。1934 年，内政部的年鉴介绍各省市警政概况，对广州的警察法规建设给予了较高评价："各公安分局自分局长以至差遣、伙夫，于职责方面均有专章明文规定，权限非常清楚，而尤以分局长、分局员、巡官、警长等所负职责，规定最为详切适用，可资取法。至于警士执行职务，则另有特定之警察服务细则、警察服务要领、警察勤务时应守之禁令等章则，以资遵守，尤为该局之特色。"①

然而，这也只是一个方面的情况，广东并非对南京所有法律法

---

① 国民政府内政部：《内政年鉴》（1934 年），南京，1934，"警政篇"第二章"各省市警察概况"，第 183 页。

规都不折不扣立即执行。一个典型的例子是南京中央政府进行警政改革，统一规定省会公安局在1930年后改隶省政府，公安局内部组织也就复杂庞大，俨然和市府分庭抗礼。但广州的省会公安局实际上完全听命于陈济棠。1936年2月，南京行政院曾通令全国各省，着将所属各级公安局一律改称警察局，但陈济棠并未执行。陈济棠反蒋失败下台后，新局长李洁之接任，才呈准广东省政府，于9月11日把原广东省会公安局改名为广东省会警察局，直属广东省政府，和广州市政府平行分工负责。①

广州沦陷时期，汪伪政权一方面为虎作伥，事事秉承侵华日军意旨，另一方面又宣称继续南京时期的中华民国中央政府法统，其广东省、广州市伪政府，在警察立法方面也只是抄袭国民政府前期的法规。例如，把1941年4月伪广东省政府颁布的《警察官任用条例》②与国民政府前期警官和长警任用的法规比较，可发现内容大同小异，该条例甚至把致力"革命"若干年作为任用条件也原封不动地照搬照用，显见汉奸的自欺欺人。

抗战胜利后，广州的警察法规基本沿用战前模式，只不过更为细化。1948年广州市警察局颁布的警政法规可分为七类。

第一类是各级警察局的组织法规，包括《广州市警察局组织规程》《广州市警察局所辖各分局分驻所组织规程》《广州市警察局设计考核委员会组织规程》《广州市警察局保安警察总队组织规程》《广州市警察局保安警察特务大队组织规程》《广州市警察局消防大队组织规程》《广州市警察局刑事警官大队组织规程》《广州市警察局警察训练所组织规程》《广州市警察局警察乐队组织规程》《广州市警察局拘留所组织规程》。

第二类是关于各级员警职责的法规，包括《广州市警察局职

---

① 《令知广东省会公安局改名省会警察局》，广州市档案馆，全宗号：资，目录号：政，案卷号141。1937年7月1日后广东省会公安局隶属于省民政厅。

② 《警察官任用条例》，《广州市政公报》，1941年4月。

员勤务规则》《广州市警察局职员值日规则》《广州市警察局督察员外勤规则》《广州市警察局各分局所长员查勤规则》《广州市警察局警长服务规则》《广州市警察局警士守望巡逻规则》《广州市警察局水上警察勤务规则》《广州市警察局长警外出规则》《广州市警察局警械保管规则》《广州市警察局服装保管规则》《广州市警察局装备佩带办法》《广州市警察局警笛使用办法》《广州市警察局审讯案件规则》《广州市警察局所辖各分局所处理案件规则》《广州市警察局辖内发生命盗案件查缉办法》《广州市警察局拘留所管理规则》《广州市警察局拘留所员警服务规则》。

第三类是关于警察人事、奖惩的规则，包括《广州市政府职员保证规则》《广州市政府职员请假规则》《广州市警察局长警请假规则》《广州市警察局职员奖惩规则》《广州市警察局长警奖惩实施办法》《广州市警察局长考升开补办法》《广州市警察局考选警长办法》《广州市警察局长警奖惩实施办法》《广州市警察局内外部员警身故公赙办法》。

第四类是关于警察教育的法规，包括《广州市警察局长警常年教育实施办法》《广州市警察局训练所教育纲要》。

第五类是所谓"保安正俗"的公共治安法规，包括《广州市警察局管理旅店营业规则》《广州市警察局管理旧物商摊贩规则》《广州市临时杂货摊摆卖场设置办法》《广州市警察局管理武术教习馆规则》《广州市码头夫力管理规则》《广州市警察局检查戏剧上演规则》《广州市警察局取缔舞女歌伶暂行规则》《广州市警察局取缔舞场歌场歌班歌坛音乐茶座规则》《广州市查禁私娼暂行办法》《广州市管理自卫枪支及请领枪照规则》《广州市警察局请领自卫枪照须知》《广州市警察局检查枪照办法》《广州市人民团体游行办法》《广州市燃烧炮竹限制办法》《广州市警察局限制娱乐场所营业时间令》。

第六类是户口法规，包括《广州市户口入住保证办法》《广州市警察局户口登记暂行规则》《广州市警察局水上船艇户口登记补充规则》《广州市警察局抽查户口暂行办法》《广州市市民出生管理规则》《广州市市民死亡管理规则》。

第七类是交通类法规，包括《广州市各种车辆行驶管理规则》《广州市管理公共汽车暂行规则》《广州市执行检查汽车牌照及驾驶执照办法》《广州市警察局办理汽车驾驶人验印指纹办法》。①

从上述七类警察法规可以看出，前四类是警察局各级机关和警员的工作程序与规范，后三类是针对社会治安、城市秩序与环境治理的行为准则，对于警察从事的职责和工作，对城市的行政管理更具有现代化的意义。

当然，以上各类法规表面看来林林总总，十分全面和细化，但这仅仅是文字上的表面文章，与实际运作和执行状况有天壤之别。近代广州警察有法不依、违法妄行甚至无法无天的情况十分严重，毋庸讳言，这是当时警察作为剥削阶级国家机器的本质决定的。

四　近代广州警察的执法权

清朝的法律对地方官的执法权有比较严格的限制，尤其是在省城。当时，直接负责省城广州行政管理的是南海、番禺县，知县只有审讯案犯以及审结轻微罪案和民事案件的权力，无权对重大案件，特别是死刑案件进行判决与执行。清末创办警察以后，无论是巡警总局还是巡警道，判决、执行案件的权力也都十分有限。1910年，广东省巡警道对省城当年刑事犯罪人数、罪名等的统计做出如下说明："巡警于司法一部只有假豫（预）审及处分违警罪之权，各级审判厅是年尚未成立，而人民常有民刑事件告诉者，故从前设有审判课。十二月改章以后，仍设立豫（预）审处以执行假豫（预）审及处分违警罪犯，兼审理控诉案件。其情节较重之案件及罪犯，均发县办理。"② 从目前看到的资料，没有反映清末广州警

---

①　广州市警察局编《广州市警政概览》，1948，"目录"。
②　广东警务公所编《广东警务公所统计书》（第二次），广州，1910，第433页。

察机构在审判执行方面过于超出以上说明的情况。

待到民国成立，广东处于"军政时期"。为维持社会治安，都督赋予陈景华主持的警察厅以很大权力，警察机构甚至有权审判和执行死刑，在第二章第一节已作了介绍。不过，陈景华是为了维护新生的共和制度而实行严刑峻法，尽管也不能简单地予以赞扬，但毕竟与此后民国时期反动政权的警察机构滥杀革命人士和无辜群众，有着本质的区别。

民国初年，广东战乱不断，经常处于军事时期，警察机构完全是军事长官属下，军警动辄对被捕者"军法从事"，警察机构经常有杀人权。

1921 年孙中山第二次在广东护法时，广东省长公署鉴于"省会警察厅对于民刑案件亦不尽移送法庭审理，实属违背法例"，训令要求警察厅改组为公安局后，不得再受理民刑案件，而应将其划归法庭办理。① 然而，从史实看未能贯彻执行。例如，在孙中山第三次在广州建立革命政权时，鉴于"军队杂处市内，假冒军人骚扰社会之事，层见叠出，非军警协力维持，不足以顾维治安"，孙科于 1924 年 3 月到公安局会同各军代表开会议决，由公安局呈请成立军警督察处，再呈请大元帅孙中山委任正副处长。② 军警督察处正副处长以下人员均由军警现职人员担任，其执法长及执法员有"秉承处长审理案犯之权"，处长所委任分处负责人，负责各所属地区治安，"凡出巡时，遇有不法之徒骚扰或发生抢劫情事，立即拘解究办，如有抗拒，得强力制止，或当场枪决"。③ 虽然这并非警察机构的独立权力，但警察首脑确实有判决罪犯并执行枪决的事实，吴铁城在商团事件时就曾拘捕并立即枪决了散发反抗革命政府传单的罪犯。

---

① 《令公安局民刑事件应划归法庭办理饬属遵照文》，《广州市市政公报》第 4 号（1921 年）。
② 《呈省署据公安局呈设立军警督察处由》，《广州市市政公报》第 69 号（1924 年）。
③ 《广州市军警联合督察处简章》，《广州市市政公报》第 69 号（1923 年）。

公安局一直设立司法课审理案件，因为经常处于军事时期，公安局司法课权力无限扩大，甚至可以判决死刑。广州市政厅鉴于"此虽属权宜办法，究非警察职权"，1925年成立特别刑事审判所。根据市政厅的规定，案件应根据案情分别送特别法庭和普通法庭审理，公安局只审理违警罚法以及其他轻微案件，传讯刑事嫌疑犯（类似初审）。市政厅还认为，由行政机关的一课审理案件，于保障人民身体财产殊有未合，遂决议将公安局的司法课改为警察审判所，"将司法课由办案件改为司法审判"。同时，鉴于"各区署向来亦有逮捕及处罚人民之权"，规定此后各区署之处罚权限于罚款15元以下，拘留权完全取消，至于应送警察审判所之案，也必须一小时内解送，以免在区内造成无形之押留。①

1927年南京国民政府成立后，国民党政权疯狂镇压共产党的革命活动，广州市公安局警察审判所的司法权力也继续膨胀。1928年，广州市公安局"协理刑事案件"情况如下：执行死刑79人，解往法庭24人，发惩教场22人，移主管机关69人，拘留6人，交保42人。② 根据广州市公安局警察审判所1929年的工作报告，警察审判所下分8个法庭，不分民刑；除处理违警案件外，该所也"协理"民刑案件，做法包括执行死刑、解法庭、发惩教场、移主管机关、其他等五类。报告称，因为"省政府复以惩治盗匪、拐犯、惯窃之特权界诸本局"，"本局以职责所在，刑乱用重，遂有呈准暂行执行死刑之举"。③

1931年广东省政府颁布的《广东惩办盗匪暂行条例》，规定对犯有"掳人勒赎"等罪行的盗匪以及"聚众抗拒官军"和"煽令

---

① 《广州市市政厅布告市民警察审判所成立由》，《广州市市政公报》第204号（1925年）；警察审判所章程参见本书第三章第一节第一目。

② 《广州市公安局警察协理刑事案件表（民国十七年）》，广州市档案馆藏，全宗号资，目录号政，案卷号2044。

③ 《警察审判所十八年份工作概况》，《广州市公安局年刊》（1929年），第133～137页。

他人暴动"者，各县长及驻防之高级军官（师旅长或其他剿匪司令）可审实后判处死刑或无期徒刑，呈报总指挥部核准执行。[①] 广州市公安局长同样得到了这个权力。

国民党统治时期政治、法律的一个特点是特务横行。陈济棠统治广东时，蒋介石的特务虽一时不能在粤捕人杀人，但陈济棠也有自己的秘密警察机构，这些机构就设立在广州市公安局内。公安局长何荦得到陈济棠特别授权，对被认为是盗匪的人犯，不经司法机关审判即可自行处决。公安局的侦缉科设立法庭和监狱，杀人、劫盗、惯窃、惯骗等疑犯由警察审判所根据《广东惩办盗匪暂行条例》判处死刑后，就由侦缉人员会同警察审判所和督察处的监刑官押到刑场执行。陈济棠责成何荦组织的特别侦缉队，专门镇压共产党和对付蒋介石派来破坏西南割据局面的特务，以及陈济棠集团内部的异己分子，特别侦缉队也进行逮捕、审讯、施刑、处决，所杀害的人不知有多少。[②]

在国民党统治后期，根据公开公布的法规，警察机构只能进行预审以及处理一般违警案件。如1946年广州市警察局司法科审判案件的规则规定，司法科承审案件的种类为：第一，关于违警案件；第二，关于行政法规定处分之案件；第三，关于侦查时期之各种刑事案件；第四，关于其他案件。第一、二两项"得迳由司法科判处呈局长核准执行"，"关于刑事案件，应于侦查终结后根据法令呈局长核定转送各主管机关审理"。[③] 但实际上警察机构的执法权力大得多。据警察局司法科的报告，1947年度市警察局"奉令执行枪决匪犯（抢劫、绑票等）"27人。从报告看，11月以前匪犯是警察局拘捕讯明后"呈奉行辕核准"由警察局执行枪决的，

---

① 《广东惩办盗匪暂行条例》，《广州市市政公报》第380号（1931年）。
② 麦思敬：《陈济棠踞粤时的广东省会公安局见闻》，《广州文史资料》（第11辑），广州，1964，第114页。
③ 《广州市公安局司法科承审案件规则》，广州市档案馆藏，全宗号8，目录号2，案卷号152。

11 月以后则是"递解行辕判处死刑""发回本局执行枪决"。[①] 可见，警察局对死刑犯不仅进行预审，而且实行判决，开始只需向行辕呈报获批准即直接由警察局执行，后来才递解到行辕由行辕判处、警察局执行，这些人犯从被捕到处决都没有经过法院。

我们可以用一个案例说明国民党统治后期广州警察机构判处、执行死刑的情况：1946 年 9 月，广州市警察局对警探处解来的抢劫疑犯陈剑、梁坤、李佩、杜棉四人进行审讯后，呈报广州市市长转呈军事委员会广州行营核准，由警察局执行枪决。从呈文看，几个嫌疑人口供并不一致，嫌疑人之一的杜棉到警察局后一直翻供否认参加作案，而事主在案发时也并未看清劫匪的面目，只是觉得陈剑、梁坤两人"似系当日之劫匪"。然而，警察局还是把他们全部判决死刑并上报。[②] 这个案件，从逮捕、预审、复审、判决、执行全部都由广州市警察局进行，呈报市长转呈行辕只不过是例行公事而已。

广州市警察机构杀害共产党人和革命群众的案卷，至今没有下落，可能基本没有保留，但根据前文引述当日警察官员的回忆，我们可知其事实。即使广州警察机构对强盗、绑票等刑事罪案的判决和执行死刑，也都没有严格的程序，在当时正式公布的法律中也找不到依据。考虑到当时政治的黑暗和警察的腐败，以及刑侦技术的落后，我们不难想象，冤案错案肯定不在少数。

第二节　近代广州警察的教育、培训和任用

一　全国的警察教育、培训制度

中国建立警察后，历代统治者都比较重视警察教育。清末，几

---

① 《司法科三十六年度工作报告表》，广州市档案馆藏，全宗号 7，目录号 4，案卷号 414。
② 广州市警察局呈，警司审字第 064 号，广州市档案馆藏，全宗号 4，目录号 2，案卷号 3417。

乎在创设警察机构的同时，清政府即着手筹办警察教育。清光绪二十七年七月（1901 年 8 月），清政府在北京建立了京师警务学堂。翌年，清政府拟定了《警务学堂章程》。当时，警务学堂聘用日本人管理，主要教职员也由日本人充任，学员们大都接受日本式的训练。后来各省也陆续开办了警务学堂。

民国时期，中央和地方政府也都十分重视警察教育。北京政府时期，警察教育的特点是，把警察教育和集中警权紧密结合起来，力图使警校成为培养维护北洋军阀统治忠实工具的场所，通过警察学校的毕业生牢牢控制中央和各省区的警权，避免警权旁落。在警校的设置上，则着重加强中央一级的警察教育。1912 年 10 月，袁世凯上台不久，内务部就发出通令，决定在北京设立警察学校，将各省原有警察学校一律裁撤。随后，袁世凯颁布了《警察学校教务令》和《警察学校组织令》。袁世凯死后的 1916 年 11 月，内务部要求各省在省会设立警察传习所一处，以"养成警察模范人才"。1917 年 2 月，经黎元洪批准，以原警察学校为基础成立高等警官学校。与此同时，各地巡警教练所和传习所也相继成立。至此，北京政府形成了包括高等警察教育（高等警官学校）、初等警察教育（巡警教练所）和特种警察教育（警察传习所）三个基本环节在内的警察教育体系。

南京国民政府成立后，为了维护自己的统治，在极力扩充警察机构和扩大警察队伍的同时，也相应加强了对各类警务人员的教育训练，在中央和地方分别设置了专门培训各级警察官吏和中坚骨干的不同层次的警察教育机关，继续完善警官高等学校、警官学校、警士教练所三级警察教育的体系。

国民政府的警官高等学校是以北京政府的警官高等学校为基础建立起来的，由内政部直辖，是全国警察的最高教育机关。1934 年 3 月，该校由北京迁往南京。1936 年 8 月，警官高等学校与浙江省警官学校合并，改名为中央警官学校，由蒋介石兼任校长。

国民党政府为普及警察教育，于 1929 年 3 月公布了《警官学校章程》，要求各省在省会建立直辖于省民政厅的警官学校，以培养初级警察官吏。先后遵章设立的有广东、浙江、江苏、江西、陕西、山西、云南、湖南、湖北、山东、吉林、黑龙江、热河、辽宁等省。

为了培养一般警察，国民党政府于 1929 年 3 月公布了《警士教练所章程》，要求各地建立初级警察教育机构——警士教练所，专门训练一般警察。到 1932 年 12 月，广东等 26 个省市共设立了199 个警士教练所。

为了适应警务上的某些特殊需要，有的警士教练所在培训一般学警的同时，还训练专门的特种警察，一些地区甚至设立了某种专业化的警察教练所。①

二 早期广州警察的教育、培训与任用

清末以后，广东的警察教育，分警官、警士两个部分。

警官教育主要是培养初级的管理警察的干部。最早的是 1908年在广州设立的广东高等巡警学堂，学生从广东省举贡生员及中学堂以上毕业生中考选，学制为 3 年。广东高等巡警学堂共办 6 期，首期学员 480 人。民国后，广东警察厅厅长陈景华鉴于人才缺乏，将原高等巡警学堂改为广东高等警察学校，把未受过警察教育的现任警员送往培训，后又增设警员讲习所，1915 年停办。1916 年省会警察厅开办侦探讲习所、卫生讲习所，1917 年停办；同年，又开办广东警务传习所，警务处长魏邦平兼任所长，招收警察法政毕业生，及选送警佐巡官入校修业，年限定为一年。1920 年，广东高等检察厅将广东公立监狱学校改组为广东公立警监专门学校，专门培训管理监狱的警察，1925 年停办。1926 年民政厅开办广东高等警官学校，分设研究、专门两部分，研究部招收警察或法政毕业

---

① 参考韩延龙主编《中国近代警察制度》有关章节，北京：中国人民公安大学出版社，1993，第 89、125、233、298、488 等页。

生，专门班招收中学毕业生，1927 年 8 月结束。1929 年开办省立
警官学校，欧阳驹兼任校长，设本科、特别班、警官训练班，分别
招收高中生、编余军官和现任警官，到 1931 年停办。1933 年省会
公安局开办警探养成所，招收初中毕业生，1934 年停办。

　　另外，还有警士教育。清末在广州曾设立巡警预备班、巡士教
练所，民国后改为警察教练所，中间于 1921 年停办，1927 年恢
复，是广州唯一的警士教育机关。[①]

　　警察的初级教育是针对一般警察的学习培训，主要由公安局所
办的警察教练所来完成。清光绪二十九年（1903 年），在广州小北飞
来庙建立广东巡警总局，随即建立预备营，"为教练巡警机关。至三
十二年，改为巡士教练所，三十四年改称巡警教练所。民国成立，
改为警察教练所。由第一期办至第十九期，前后毕业者逾三千人"。[②]
当时，组织简陋，仅粗具规模而已。1922 年，因缺乏经费，广州
警察教练所停办，训练警察的事项随即搁浅。1926 年，广州市公
安局又创办警察补习所。警察补习所"以普及本市现役警察之教
育为宗旨"。[③] 凡公安局所辖现役警察，都需逐次参加补习，补习
的时间为 5 个星期，第 1 期结束后，第 2 期开办，依此类推。"分
全市警署为六段，每段设教场一所，设立于各段适中之区署，定名
为广州公安局警察补习所第某教育场"。[④] 由于补习所进行补习的时
间较短，因而所授科目以适用为原则，暂不开设高深理论的科目。
当时开设的科目主要有：政治训练、术科、违警罚法、服务须知、
职守问答、赏罚专章、各种取缔法规等。由于警察一面工作，一面
学习，很难兼顾，因而收效甚微，警察补习所仅办 6 期即停办。

　　由于下级警务人才缺乏，广州公安局于 1927 年 10 月恢复了警察
教练所，所址设于大佛寺，由公安局长兼任所长，由督察长兼任教

---

　　① 林文敷：《广东警察教育沿革考》，广东省档案馆藏，案卷号：警保类 – 254。
　　② 《广州市公安局年刊》，民国 18 年。
　　③ 《广州市公安局警察补习所简章》，民国 15 年 6 月。
　　④ 《广州市市政公报》，第 223、224、225 号合刊，1926。

务主任（后教务长改为专任）。警察教练所学员学习期限为 4 个月，服务期限为一年，学员每期 360 人，编为 3 个区队，每区队设区队长 1 人，分队长 3 人。所学科目大致有 3 类：一类是警察学科，如警察学大意、违警罚法、服务须知、行政警察、司法警察、刑事侦探等；二类是政治学科，如三民主义、国民党党纲等；三类是军事学科，如步兵操典、射击教范、军队内务条例、陆军礼节等。

警察教练所办至第 3 期时，开始分设初级班和高级班。这时的警察教练所即招考社会人员经过学习和培训，进入警察队伍，成为一般的警察，也从原来的警员中选拔优秀者，培养为管理警察及各种警务的警官。初级班的招生办法为：（1）由公安局派遣督察员，分赴东江、西江、北江招募；（2）在广州张贴布告招考；（3）各区现役警察选送。入学考试分为笔试、口试、检查身体三项：笔试内容是写关于警政的浅显论文，口试则为常识之问答，检查身体则选其身体健全，年满 18 岁以上 25 岁以下，无隐疾及其他嗜好者。高级班"乃养成警吏人材，每期仅设一班，定额六十名"。[①] 高级班遴选的限制更为严格，报考条件为二项：（1）以前警察教练所毕业、现充任各区署警长或一级警察者；（2）警察教练所初级班毕业照章服务期满者。被选中者可带原级薪俸入所学习，以示优待。入学考试分笔试、术科、体检三种形式：笔试内容有国文、警察学大意、服务须知；术科则检查持枪各项动作，尤注意其精神及平日服务之成绩；也进行身体检查。被录取者入学时须填志愿书及保证书，并须有市内殷实店铺盖章担保，以免其中途退学及逃走，或发生种种不法行为。

1929 年广州市警察教练所设置的课程有：

（甲）党义学科：三民主义；

（乙）警察学科：警察要旨、行政警察、司法警察、违警

---

① 《广州市公安局警察教练所招考学警办法》，《广州市市政报告汇刊》，1928。

罚法、勤务须知、交通警察、户口调查法、警察礼节等；

（丙）补助学科：刑法摘要、市政学摘要、卫生学、国语、精神教育；

（丁）军事学科：射击学、步兵操典、手枪学；

（戊）术科：操练、体育、捕绳使用法、勤务演习（包括搜捕、灾场、执务、排解、交通、警戒、紧急出勤、犯罪现场、救护、报告、警笛、夜间服务等演习）。①

培养各级警察官吏的高级教育主要由警官学校来完成。1929年3月民政部颁布《警官学校章程》后，8月广东省政府第五届委员会第十一次会议通过决议：在广州设立广东省警官学校，隶属于省民政厅。同年9月9日，广东省政府委任欧阳驹为警官学校筹备主任，择定惠福东路大佛寺内警察教练所设立筹备处，同时由民政厅委任梁华基、陈智豪、李吴祯、易元兆为筹备委员。1929年11月1日，广东省警官学校正式成立，校长欧阳驹，梁华基为教育长。

警官学校的学生分为三种：

一是特别班。当时，广东省军队进行编遣，其中军官团也被裁撤。军官团学员多数担任过军职，受过军事教育，多为"优秀"之士，这些人一旦遣散殊为可惜。因此，当局决定在警官学校附设特别班，即以军官团学员为主要招募对象，学额定为200人，修业年限为1年。

二是本科班。本科班原定学额为200人，主要招收初中毕业生、旧制中学毕业生，或与中学程度相等之学校毕业生，修业年限2年。

三是警官训练班。主要招收警察、法政、警监等学校毕业生，

---

① 《警察教练所十八年份实施概况》，《广州市公安局年刊》（1929年），第107～116页。

或正式陆军学校毕业生及武装团体训练员养成所毕业生等，目的是在较短时间内将这些学员培养成可用的人才。学额原定 100 人，修业期限为 6 个月。①

1935 年公布、1936 年修正的《警长警士教育规程》，是广州公安局实施警察教育的法规性文件，与警官学校的培养计划一脉相承，推动了广州公安局内经常的教育与培训。

另外，警察机构还举办警探速成所，先后开办警官、警探、计政（含警捐、户籍、统计、庶务）人员补习班和巡官训练班，还分别派员到中央警官学校特种高级班、交通班和中央军校防空研究班、日本警官讲习所、上海警察局验枪组、香港灭火局及庐山暑期训练班受训。

鉴于清末和民国初年警察不少从裁撤的士兵中招募，素质很低，国民政府成立后广州市警察机构希望将办学作为培养及格警察的主要渠道。1929 年，广州市公安局内部之职员学历，以出身行伍者为最多，约占 19%，陆军学校毕业者约 16%，中学毕业者 12%，警察学校毕业者 9%；外部之职员警察学校毕业者占 41% 以上，中学毕业 10%，陆军学校 9%。公安局内部职员以往之经历，皆以军警界为数最多，约占 66%，政务、财务、司法、党务占 21%，其他 13%。外部军警界占 70%，政务、财务、司法、党务占 9%，其他 21%。②

在比较正规的警察教育机构以外，广州市警察主管部门还不定期开办一些短期、临时的警察补习所、训练班。如 1926 年 6 月开办了广州公安局警察补习所，计划将"公安局所辖之现役警察，一律次第抽送补习"，每期 5 周，全市设立 6 个教育场。考虑到时间短促，"所授学术务求适用，高深学理暂付阙如"；学警在补习

① 《广东省警官学校创办事略》（1930 年），广州档案馆藏，全宗号资，目录号警，案卷号 229。
② 《广州市公安局年刊》（1929 年），第 79 页。

期间暂时停止勤务，其课程有政治训练、服务须知、违警罚法、职守问答、各种取缔法规和术科。①

对于各类警察教育机构培训人员的任用，也有规定。广州市公安局警察教练所举办的初级班，"凡系中华民国国民，略通文字，年在十八岁以上二十五岁以下，身心健全，无不良嗜好者皆得投考"；学成毕业以后，"一律派赴本市各区署服务"。而且学习成绩是学警分配的重要依据：

一、毕业试验考列第一名者，派出服务，充任特级警察一个月后，先以一级警长试用（有缺即委），满六个月，倘无重大过犯者，即以三等署员遇缺委用。

二、毕业试验考列第二三四五名者，派出服务，充任特级警察一个月后，均以三级警长遇缺委用。

三、毕业试验考列第六名至第十名者，均以一级警察补用，如原充一级警察，即以特级警察升用；如原充特级警察，则加给月饷二元。

四、毕业试验考列第十一名以下，其平均分数五十分以上者，派出服务，如属原充警察由区署选送入学者，概依其原级递升一级，若原充特级，无可递升者，则额外加给月饷二元；如属投考入学者，一律以二级警察补用。

五、毕业试验考平均不及五十分各学警，如属原充警察由区署选送入学者，依其原级派出服务；如属投考入学者，均以三级警察补用。

本所特设之交通班、侦缉警士班，及其他特种各班，毕业学警之奖励办法与初级班同。②

---

① 《广州市公安局警察补习所简章》，《广州市市政公报》第 223～225 号合刊（1926 年）。

② 《广州市公安局警察教练所修正招考初级班学警简章》《广州市警察教练所学警毕业服务及奖惩简章》，《广东民政公报》第 44 期（1929 年）。

三　民国后期广州警察的教育、培训与任用

抗战胜利后，广州市的警察教育、培训、任用大体沿袭战前的做法，但国民党政权已日渐走向崩溃，所以效果较之战前远远不如。

1945 年，广州市警察局要求各分局、保警总队、特务大队的长警"在休班时须全数予以学术科之训练"，训练地点一般在各单位驻地，必要时集中训练。训练科目分学科、术科，学科有精神讲话、警察实务、违警罚法、党义、户口调查、捕绳术、擒拿术、卫生警察、消防警察、交通警察、外事警察、情报常识、保安警察等；术科有基本教练与制式教练两种。督察长以下各级警官要对受训者作"精神讲话"，教官由各部长官担任，教材由教官自行搜集。训练期满进行考试，根据成绩予以赏罚。①

1948 年警察局制定的《广州市警察局长警常年教育实施办法》，强调了警察日常的培训和教育。即训练时间是："各分局队长警每日在休班或收勤后空闲时间实施，各分局应定于每日上午十一时至十二时为休班长警学科训练，下午三时至四时为收班长警术科训练"；平时在各分局队驻在地训练，必要时另行指定地点集中训练；训练科目分学科、术科两种，更为实用；以 6 个月为一期，期满进行考试，成绩优良者，予以嘉奖、加薪或提升；成绩低劣者，予以记过或降级，其特别低能者即予开除。② 由此可以看出，这是警察任内的业务学习和培训，并不是通过学校招考新的学警。

当然，警察机构在选拔和任用各级警官时，还是参考在学和培训期间的成绩的。如 1948 年的法规规定，如果遇有警士缺额，"应尽先以毕业学警派用"，如果没有足够毕业学警，可招考警士派

---

① 《本局各单位休班长警训练办法》，广州市档案馆藏，全宗号 8，目录号 3，案卷号 82。

② 《广州市警察局职员奖惩规则》，广州市警察局编《广州市警政概览》，1948，第 94 页。

充，招考由公安局统一进行，"但所属各机关亦得保送适当人员由本局考核后派用之"。报名参加公安局统一招考者必须满足以下条件：第一，年龄在二十五岁以上三十五岁以下者；第二，初中或高小毕业，或具有相当程度者；第三，身体强健，身长五英尺二寸以上者；第四，仪容端正、言语明晰者；第五，视听力敏锐，精神健旺者。应考者要进行语文、警察实务、违警罚法、基本动作、礼节等科目的考试，然后进行考察思想、仪表、言语、常识的面试。考试及格被录用者，要填写志愿书及保证书留存服务机关备查。

市公安局随时举行考试选拔警长，参加警长考试者的条件是：第一，曾受警察教育训练并有证件；第二，任警士达到一定年限。考试科目有：国父遗教、警察法令、违警罚法、公文程式、徒手教练、持枪教练、礼节等；面试则同样考察思想、仪表、言语、常识等。考试及格可以派充三级警长。①

但是较之 1936 年广州公安局制定的《警长警士教育规程》，这时广州市警察局招募录用长警的标准显然有所下降。30 年代的《警长警士教育规程》第二章"警士警长致录用"规定，有前科、债务未清、身有暗疾、性情过于暴烈或怯懦者不得录用，但 40 年代末广州市的相关法规没有作明文限制，学警考试科目也减少了，② 可以从侧面说明警察的社会地位在下降。

第三节　近代广州警察的奖惩制度

奖励和惩罚都是行政措施，是整饬警察队伍、提高工作效率的一种手段。民国时期，不论中央政府还是广东省政府在警察队伍的奖励和惩罚上都制定了一些章程和制度。

---

① 《广州市警察局长警考升开补暂行办法》《广州市警察局考选警长办法》，广州市警察局编《广州市警政概览》，1948，第 91~92 页。
② 《令发警士警长教育规程》，据广州市公安局藏影印件，广州市公安局修志档案资料，沿革类（2-2）。

一　广州警察系统的奖励制度

就奖励的情况来看，大体上可以分为两个层次：中央政府的奖励和省级以下的奖励。

1. 中央政府的奖励制度

民国成立以后，就中央政府来说，对警务人员的奖励主要是精神上的，它适用于全国范围内的一切警察人员，包括各级警察官吏在内。

在北京政府时期，对警察人员实行精神奖励的主要形式是颁发警察奖章。警察奖章共分三等十一级，一等五星特饰警察奖章和一等五星警察奖章属于特别奖，以下的警察奖章分一、二、三等，每等又分三级。①

南京国民政府成立后，对警察人员也颁给奖章和勋章。1932年6月，内政部公布施行了《警察奖章条例》，7月4日广州省政府令发施行。这个条例基本沿用了北京政府相关法规的内容。

根据该条例规定，警察奖章颁发的条件是，有一定的劳绩或积有一定的年资。主要包括：能防范制止地方的"骚乱""暴动"者；发觉或缉获内乱、外患、妨害国交犯罪者；缉获盗匪与犯有严重刑事罪行者；查获武器或其他危险物和查禁毒品卓有成绩者；以及尽瘁职务有榜样作用者。符合以上其中之一条者，即可给予警察奖章。警官在职5年以上、长警在勤10年以上，虽无以上功绩，但未受过处罚、成绩优良、未曾旷职并曾累功而未经升用者也可给予警察奖章。

警察奖章共分四等十二级。警察奖章的发放情况是：一等给予简任警官，二等给予荐任警官，三等给予委任警官，四等给予长警。凡初授者均自各该等的最低级（三级）给起，以后可因资劳

---

① 参见韩延龙主编《中国近代警察制度》，北京：中国人民公安大学出版社，1993，第442页。

而依次递晋至该等的第一级。

警察奖章除由内政部特给以外，应由该管长官开具事实履历，报内政部核准给予。级别较高的奖章，内政部颁给后，报行政院备案。①

这一时期，除颁发警察奖章外，对警长警士还设有专门的奖励制度，即《警长警士奖惩通则》。警长警士的奖励分为嘉奖、记功、记大功、专案请奖四种。具体条件是：凡有服务认真、周到，品学优良有表率作用，整理内务成绩特优，对保护公物有特别贡献，查获重要违警案犯，破获刑事案犯，不常请假且未受惩罚等情况之一者，可酌予嘉奖。凡有处理重要案件妥当迅速，排除公共危险、消除隐患，拒受贿赂或举发贿赂案件报经主管长官查明属实，拾得重要财物报请招领，查获有关治安的秘密集会结社，查获匪盗并起出枪支凶器，查获窝盗、分赃要犯确有证据，查获奸抢及贩卖人口案件，查获杀人案正犯或从犯，查获烟毒案件，查获逃避或妨害兵役案，查获其他重大刑事案犯，救护妇孺、疯癫、暴病、醉酒或受伤之人使获平安，一年内从未请假及旷职等情况之一者，应酌予记功或记大功。凡有侦获间谍、汉奸，破获走私案件，侦获意图"危害民国扰乱地方"之人犯，处置"暴动"或其他非常事件有功，缉获重要案犯，破获其他重大案件等事情之一者，应予以专案请奖。在这几项奖励中，凡积嘉奖 3 次作记功 1 次，记功 3 次折大功 1 次，大功 3 次可专案呈请奖励，由该管机关长官酌发奖金或提升职务或转请核颁奖状、奖章。②

2. 广州警察系统的奖励制度

民国时期，除了执行中央政府的各种奖励政策外，广州警察系统还制定了地方性的奖励政策。

---

① 《警察奖章条例》，广州市公安局修志档案资料，沿革类（2－2）。
② 《警长警士奖惩通则》，中国第二历史档案馆档案；参见韩延龙主编《中国近代警察史》，北京：社会科学文献出版社，2000，第 713~716 页。

例如，1948 年《广州市警察局职员奖惩规则》规定，警察局职员的奖励分为四种：专案请奖、记大功、记功、嘉奖。

具备下列条件之一者，可给予专案请奖：

> 一、查获危害国家、扰乱治安之首要案犯者；二、对于暴乱或其他非常事变处置得力者；三、对于命盗案事前能查获匪党，或事后能奋勇扑获，以保辖内安全者；四、非辖内之命盗案件，能不分畛域，单独或合力破获匪赃归案者；五、查获大帮私造、私藏、私运军械，或以军械接济匪党之首要案犯，并起出军械者；六、查获大帮烟毒者；七、办理警政，有特殊劳绩者；八、因公奋不顾身，致受伤害者。

具备下列条件之一者，可给予记大功或记功：

> 一、查获奉令缉捕之重要案犯者；二、查获身怀枪械匪徒者；三、查获伪造货币案犯，及搜获其伪造工具者；四、拿获命盗案，或其他重大刑事案犯者；五、在半年内破获辖内窃盗案件 70% 者；六、拒受贿赂，或举发贿赂案件，报经主管长官，查明属实者；七、举发属员舞弊案件，严正不苟者；八、查获有害治安之秘密组织者；九、查获贩运烟毒及案犯者；十、查获越狱或被通缉之重要案犯者；十一、查获拐案首要案犯，并将被拐之人起出者。

具备下列条件之一者，可予记功：

> 一、查获冒充军警敲诈勒索者；二、窃案发生，能于短期内人赃并获者；三、查获私卖私买军械者；四、查获烟赌人犯及证物者；五、拾获重要财物，报请招领者；六、救护妇孺、疯癫、暴病、泥醉，或负伤人民，及意图自杀之人，使获安全

者；七、办理案件，能冒险犯难，达成任务者。

具备下列条件之一者，可予嘉奖：

一、处理业务卓著勤劳者；二、能不避艰苦，保护公物者；三、排除公共危害，消灭隐患者；四、其他事项经长官认为应行嘉奖者。①

除此以外，广州市警察局还规定了《广州市警察局警长警士奖惩实施办法》，这是对基层警务人员的奖励办法。

对警长警士的奖励分为5种：专案请奖、升级、记大功、记功、嘉奖。

具备下列条件之一者，可酌情给予升一级或二级或专案请奖：

一、查获危害国家扰乱治安之首要人犯确有实据者；二、处置暴乱或其他非常事变确系得力者；三、查获伪造、变造通用货币或其他有价证券首要人犯并将制造机器起出者；四、查获私造、私藏、私运、私卖军火或以军火接济匪党之首要人犯并起出军火者；五、当场拿获掳劫案内首要人犯者；六、查获杀人放火案内正犯者；七、破获匪党机关并拿获首要人犯者；八、缉获奉令指拿之要案重犯者。

具备下列条件之一者，得记大功一次：

一、拿获"升级或专案请奖"中所列各款之从犯者；二、查获打单匪徒者；三、查获拐案首要人犯并将被拐之人起出

---

① 《广州市警察局职员奖惩规则》，广州市警察局编《广州市警政概览》，1948，第83~84页。

者；四、查获张贴"反动"标语或散布"反动"传单或故造"反动"谣言足以扰乱人心或治安者；五、扑灭火警不致成灾者；六、因公奋不顾身致受伤害者；七、查获窝藏劫拐案人赃要犯确有实据者；八、查获截抢、强掠案案内正犯者；九、查获贩卖鸦片、吗啡或其他毒品并获人犯或破获吸售鸦片烟窟并获主犯者；十、拒贿不纳或举发贿赂案件能将证据带回报告长官办理者；十一、查获其他重大刑事案犯者。

具备下列条件之一者，得记功一次：

一、拿获拐案、截抢强掠案、贩卖鸦片吗啡或其他毒品等案从犯；二、救护自杀或人民之生命财产发生危险能及时救护使免于难者；三、破获窃盗案人赃并获或惯窃匪犯确实有据者；四、拿获委弃未死婴儿之人者；五、车马撞毙人命或重伤能将驾驶人或乘马人拿获者；六、拿获乘水火其他灾变盗窃财物者；七、拿获恐吓诈欺或迷骗取财物者；八、拿获冒充官吏招摇撞骗者；九、查获伪造官厅文书印信或伪造刑书证据者；十、查获私制私藏或吸食鸦片吗啡或其他毒品连同人犯并获者；十一、拿获赌博案犯或开赌渔利者；十二、拾获遗失或漂流之重要物品者；十三、查获大宗重要"反动"刊物者；十四、查获故意行使一切伪币者；十五、拿获现行强奸者；十六、在一年内从未请假及旷职者。

具备下列条件之一者，可予嘉奖：

一、拿获秘密卖淫或代为媒合或容留止宿之人者；二、拾获军械或危险物者；三、盘获可疑人物带回证明有犯罪证据者；四、遇疯癫、酗酒人能尽力保护不致伤人者；五、捕获或击毙疯犬、恶兽使不致伤人者；六、发现遗弃未死婴孩或迷路人疯疾人等即时带回安置者；七、见加入以暴行能即时制止，不致发生伤害，将两造带案讯办者；八、拿获当街委弃死婴者；九、查获违章屠宰或宰卖已死兽畜或禁售之饮料食品者；十、查获私卖违禁药品或书籍者；十一、查获以神方邪术行骗者；十二、截获或查获挟带私逃妇女者；十三、拿获损害公物或政府公告贴示者；十四、遇暴风大雨勤巡不懈者；十五、察觉段内住户人口不符形迹确有可疑报告办理者；十六、对警察学术勤于研究足资表率者；十七、内务整理成绩特优者；十八、保护公物特著劳绩者；十九、带回在道路疾驶车马或超过规定速率之车辆者；二十、拿获盗窃未遂人犯者；二十一、熟悉本管户口对答案详明者；二十二、守卫时闻警立即报告官长策应迅速者；二十三、查出传染病报明长官者；二十四、其他事项经长官认为应行嘉奖者。①

　　除上述各种奖励外，由于广州沿江近海，水上交通和各项事业发达，水警的任务颇重。为了调动水警的积极性，《广州市警察局警长警士奖惩实施办法》专门规定了水警的奖惩规则。《办法》规定，水警除适用上述各种奖励规则外，具有下列情形之一者，可记大功二次：遇有船艇沉没能奋勇救人出险者；遇有投水溺水之人能救护还生者。具有下列情形之一者，可记大功一次：遇有渡船逾额载客不服制止，能将渡船司事或驾驶人带回者；遇有轮渡汽船等撞沉舰艇或伤及人命，能将其负责人带回者。具有下列情形之一者，可记功一次：遇有船艇装运硝磺火药煤引石灰及一切爆烈品，不悬红色旗灯又不遵告诫，能将其负责人带回者；遇有船艇满载葵叶松毛干草及一切惹火物停泊船只集中之处又不服干涉，能将其负责人带回者；遇有船艇装载污秽之物不依指定地点停泊又不服干涉，能

---

① 《广州市警察局警长警士奖惩规则》，广州市警察局编《广州市警政概览》，1948，第86~87页。

将其负责人带回者；船艇夜间违章不悬灯火又不服干涉，能将其负责人带回者；带回滥系舟筏不服干涉者；带回未领船牌或置有枪炮未领执照者；带回故意损害他人船艇或桥板者；带回抛弃已死牲畜或倾弃煤渣瓦砾于河内者；带回窃取堤旁树木石块或破坏护岸堰者；带回无照建筑或侵占河堤公地不听制止者；捞获浮尸者。①

除了这些奖励规则外，广州警察局有的部门还针对本部门的情况规定过具体的奖励规则，由于这些规则不具普遍性，在此不加叙述。

二　广州警察系统的惩罚制度

就惩罚的规则来看，也可分作中央和地方两个层次。

1. 中央政府的惩罚制度

警察官属于文官的范畴。在北京政府时期，对警察官的惩罚依照 1918 年 1 月公布的《文官惩戒条例》进行。《条例》规定，凡违背、废弛职务，有失官职威严或信用的文官，要交付惩戒委员会予以惩戒。当时的惩戒委员会有两种，一种是设于中央政府所在地的文官高等惩戒委员会，一种是设于中央及各省的文官普通惩戒委员会。文官高等惩戒委员会议决对简任官和荐任官的惩戒，文官普通惩戒委员会议决对委任官的惩戒。惩戒处分划分为 5 等：褫职、降等、减俸、记过和申诫。对警察官进行惩戒必须经过法定程序。对特任官的惩戒由大总统交付文官高等惩戒委员会审查；对简任官和荐任官的惩戒由国务总理呈请大总统交付文官高等惩戒委员会审查；对委任官的惩戒由该管长官交付文官普通惩戒委员会审查。

对一般警察的惩罚，一般由当地警察机关自定章程。根据《警长警士奖惩通则》的规定，对警务人员的惩处很严格。警长警

① 《广州市警察局警长警士奖惩规则》，广州市警察局编《广州市警政概览》，1948，第 90 页。

士的惩戒共有申诫、记过、罚饷、禁闭、降级、斥革（即革除职务）等多种。在这些惩戒中：申诫 3 次折记过 1 次，记过 3 次折大过 1 次，记大过 3 次者禁闭或降级，如无级可降时，则在 6 个月内不得升级，在 6 个月内受降级处分 2 次以上者斥革。①

2. 广州警察系统的惩罚制度

除执行中央政府的惩罚条令外，广州警察系统还制定了许多地方性的惩罚条例，其中主要有面向警察局职员的惩罚条例和面向基层警长警士的惩罚条例。

仍以 1948 年的《广州市警察局职员奖惩规则》为例，该规则对警察局职员的惩戒分为 4 种：免职、记大过、记过、申诫。

有下列情形之一者，应予免职：

　　一、地方灾异或重大变故，防护不力或应付无方者；二、泄漏机要者；三、包庇烟赌私娼，或收受一切陋规者；四、违抗命令者；五、私纵人犯者；六、侵吞公款或奖金，或克扣警饷者；七、执行违警罚锾、不遵章呈报，或不给收据者；八、收受贿赂者；九、藉故敛财者；十、滥用职权、擅作威福者；十一、行为不检，擅作招摇者。

有下列情形之一者，应予记大过：

　　一、段内发生命盗及其他刑事案件，廿四小时不用书面报告者；二、段内发生命盗及其他刑事案件，逾限不能破获者；三、所属员警包庇烟赌私娼及其他不法情事，故意放纵、不予举发者；四、奉饬复查案件，故意徇庇者；五、拘留人犯，逾规定时间不审不解者；六、段内设有匪徒机关，而漫无察觉

① 参见韩延龙主编《中国近代警察史》，北京：社会科学文献出版社，2000，第452～454 页。

者；七、段内发生火警及命盗案件，不亲到发生地点指挥或勘验者；八、人民有合法之请求事件，拒不受理者；九、冒功领奖者；十、受理案件，而不录案簿者；十一、未经请假，或请假未经核准，擅离职守者。

有下列情形之一者，应予记大过或记过：

一、对公物疏于保管，致损毁散失者；二、段内市容不整、交通紊乱者；三、各种表报逾期不报者；四、奉行命令疏忽延缓者；五、对所属员警督导不力、风纪不振者。

有下列情形之一者，应记过或申诫：

一、对于协助事项办理不力者；二、职务上应办事件，擅自托人代办者；三、疏忽任务情节较轻者；四、无故不参加纪念周者。①

这4种惩戒的抵除办法为：申诫3次折记过1次；记过3次折记大过1次；记大过3次者免职。

在这4种惩戒中，申诫、记过由主管长官依情节之轻重给予惩罚；记大过、免职则由广州市警察局随时详叙事实，呈报市政府核定行之。

广州市警察局制定的《广州市警察局警长警士奖惩实施办法》，对于基层警长警士的惩罚作了规定。对警长警士的惩罚分为6种：斥革、降级、禁闭、记大过、记过、申诫。

具有下列情形之一者，给予斥革：

---

① 《广州市警察局职员奖惩规则》，广州市警察局编《广州市警政概览》，1948，第84~85页。

一、故意污辱国旗及国父遗像者；二、对"最高领袖"言行发生訾议者；三、思想乖谬经纠正不改者；四、违抗命令藐视长官者；五、于紧急危难时畏难规避者；六、奉令搜捕乘机插脏或盗窃财物者；七、恐吓或诈欺取财者；八、包庇烟赌私娼或收受一切陋规者；九、非因正当防卫擅自开枪或用其他暴行致伤人或毙命者；十、挟嫌报复滥用职权确有事实者；十一、见人横遭难危不为救护致令重伤或毙命者；十二、鼓动风潮纠众要挟或在外滋事者；十三、泄露机密者；十四、故纵或疏脱重要人犯者；十五、奉令拘人得贿私纵者；十六、捏造伪证故入人罪或匿名诬告官长者；十七、侵吞公款或盗卖服装公物者；十八、捡获赃物或犯人财物匿不报缴者；十九、拾获遗失物或漂流物匿不报缴者；二十、身染恶疾或有不良嗜好者；二十一、未经准假擅离职守或久假不归者；二十二、段内发生重要事故不即时处理不即时报告官长致误事机者；二十三、强赊强买或强押物品者；二十四、借名义在外招摇或藉端敛钱者；二十五、利用职位收受要约贿赂或不法图利者。

警察违犯上述规定时，如果情节较轻，可由该主管长官审察其"素行心术"施行感化或改予禁闭处分，如其情节严重或触犯刑律，应转送司法机关讯办。

有下列情形之一者，给予降级或禁闭：

一、段内设有匪党机关或私藏大批军火毫无察觉者；二、未奉长官命令又无充分理由随意逮捕人民或入家宅搜查者；三、传达命令未能确切致误要公者；四、擅留闲人住宿于局所者；五、疏脱违警人犯尚无其他串通情节者；六、虚报案情蒙蔽长官者；七、调戏妇女者；八、轮值出勤无故旷职者；九、值勤时打瞌睡或熟睡者；十、因事相争不请长官裁决而任意叫嚣者；十一、损坏服装枪械或失少子弹经查明确系情出过失者

（除处分外并须依章赔偿）；十二、服务时间有事变不即时报告长官或未察觉致误事机者；十三、值勤时任意离开所持武器者；十四、酗酒滋事者；十五、非经法令许可或长官面饬或未经验明正式公文而滥行协助军队或其他机关人员在段内搜查逮捕者；十六、执行职务时任意殴人毁物者（所毁器物并须责令赔偿）；十七、冒功领奖者；十八、非因正当防卫擅自拔枪指吓民众者。

具有下列情形之一者，记大过一次：

一、闻唱国歌或升降国旗号音无故不立正致敬者；二、办事疏忽处置乖方者；三、遇有军队或其他机关人员会同在段内搜获财物或逮捕人犯而不带回报告官长办理者；四、见邻警追捕现行犯不即上前协助兜截致令逃走者；五、值勤时擅回局所或入其他家宅庙堂偷闲或入茶酒楼店饮食物品者；六、段内发生窃案毫无察觉或知而不报者；七、发现段内街道上有疾病死伤之人不即时报告官长处理者；八、遇车辆伤毙人命不能将驾驶人截获又不认明该车牌号报告者；九、见道路有遗弃未死婴孩不即时携回安置者；十、遇有事主或线人当街引捕人犯时放弃不理或处理后不将当事人带回报告者；十一、值勤时遇人民请求事件系职务上所当为而拒绝不理或故意留难者；十二、遇邻警鸣笛或用其他信号请援置之不理者；十三、长官因事责罚无理狡辩者；十四、身著制服外出时沿途吸烟或零食者；十五、擅离岗位者；十六、换班不整队齐行或任意喧笑者；十七、出勤时与人闲谈或并岗谈笑者；十八、私自请人替班或私调岗位者；十九、出勤时看阅书报者；二十、人民有违警行为或犯各项禁令而不过问者；二十一、人民有争斗而不为排解劝息者；二十二、值勤时随意歇坐者；二十三、徇人请托代办不应为之事件者；二十四、无故与人民发生纠纷者。

具有下列情形之一者，记过一次：

一、不依时接班者；二、值勤时不带应用之物品者；三、值勤时忘记口令者；四、值勤时服装不整洁姿势不端庄者；五、守卫时任人擅进并不说明来历或故意留难不为通传者；六、段内户籍不明及不知本段内住户确数或不将本管段内户口记入户口册者；七、对于迁入段内之住户不将该户主姓名年籍或业及人口总数查报者；八、见迷路人不带回安置者；九、遇有精神病人疯疾人醉酒人不妥为处理或不带回办理者；十、遇路人询问街道不为指示者；十一、值勤时与人民或邻警闲谈嬉笑者；十二、遇有应行礼节之场合不依警察礼节行礼者；十三、执行职务时言行暴燥或嬉戏从事者；十四、使用枪械未加保险因而发生误射尚未伤人者；十五、接受人民报告事项遗忘回报者；十六、辱骂同事或殴打夫役者；十七、检查旅馆客艇执行不力或故意留难者；十八、见有可疑人物不为相当盘查又不报告者。

具有下列情形之一者，给予申诫：

一、内务不整及未遵照规定者；二、精神松懈遇事推诿者；三、言行轻佻有失身份者；四、学术低劣不知奋勉者；五、态度傲慢有失礼节者；六、阅读"不正当"书报者；七、应办事件擅自托人代办者；八、对人民请求事件拒绝不理者；九、枪械服装锈损不注意擦拭整理者；十、穿着制服无故出入公共场所或入人民住宅者。[1]

---

[1] 《广州市警察局警长警士奖惩规则》，广州市警察局编《广州市警政概览》，1948，第87～90页。

水警除适用上述规则外，还另有规定。①

有时，广州市警察机构会根据治安情况公布一些临时性的奖惩办法。例如，为尽快改善抗战胜利后广州的治安状况，1946 年左右广州市警察局颁布《广州市警察局辖内发生命劫案员警查缉办法》，确定了发生抢劫、盗窃、自杀、他杀案件后警察分局接报案后上报、出警、查勘、记录的程序以及对案件的该管分局的奖惩办法。② 1946 年 1 月颁布《广州市缉捕盗匪奖惩抚恤暂行条例》，规定对"当场捕获盗匪"等不同功绩的警察给予 4000～6000 元的奖金；对"盗案发生畏不缉捕"以及缉捕不力、延宕的警察给予撤职、罚扣薪饷津贴的处分；对因捕盗受伤的警察，除报销全部治疗费外给予奖金；对因捕盗受伤残废的警察除给予终身恤金外，给予10000 元调养费；对因捕盗身亡的警察，给予遗属抚恤金并给予棺殓。③

---

① 《广州市警察局警长警士奖惩规则》，广州市警察局编《广州市警政概览》，1948，第 90 页。
② 《广州市警察局辖内发生命劫案员警查缉办法》，广州市档案馆藏，全宗号 7，目录号 2，案卷号 117。
③ 《广州市缉捕盗匪奖惩抚恤暂行条例》，《广州市市政府公报》复刊第 1 卷第 1期（1946 年）。

第八章

近代广州警察与广州市民生活

在近代，广州的警察除了执行维护统治秩序、维持社会治安的职能外，还要负责救济、宗教、卫生、保护公共设施、文教体育、征税等城市管理的事项，几乎是无所不管。因此，警察的权力很大，其触角深入广州社会和市民生活的方方面面，对广州社会和市民生活产生了很大影响。

第一节　警察与广州的城市管理

一　警察与市容、卫生管理

广州的警察还承担城市管理的职能，凡危害城市环境和市容、市貌，以及影响交通、工商营业、市民生活等行为，都是警察管治职责范围之内的事。

1. 维护城市交通秩序

近代广州的交通是比较发达的，各种车辆也比较多。据不完全统计，民国24年，以广州"公用局发出各种车辆牌照之统计，则有自用汽车870辆，营业汽车有132辆，长途汽车121辆，运货汽车有169辆，汽单车有160辆，人力货车有2780辆，人力手车有6100辆，脚踏单车有6324辆"。① 当时的广州城区小、市内街道少

---

① 《广州市现有车辆交通之调查》，《警察杂志》第5卷第3期（1935年）第10页。

且狭窄，车辆多，因而交通拥挤，事故频繁，维持交通秩序的任务十分繁重。这个繁重的任务主要是由警察完成的。清末广州刚建立警察机关，就在巡警总局内设置"交通课"，负责管理交通事宜，后来又设置了专职的交通警察。民国时期，广州警察部门除了增设交通管理部门和人员，举办各种交通安全的宣传活动，严厉惩治肇事人员以外，还制定了一系列有关交通的政策和法规，加强对各种车辆的管理，如《广州市车轿交通规则》《广州市各种车辆行驶管理规则》《广州市管理公共汽车暂行规则》《广州执行检查汽车牌照及驾驶执照办法》《广州市警察局办理汽车驾驶人验印指纹实施办法》《广州市政府限制推挽货车训令》《广州警察局取缔各机关学校专车沿途设站招载搭客令》《广州市轮渡船艇停泊管理规则》《广州市警察局管理荔湾河涌船艇整理办法》《广州市驾驶汽车规则》《广州市三轮人力车管理规则》等。

此外，警察局还采取措施规划街道、开拓和整治街道，如出动警察强制市民清理任意在街道堆积的沙包、石头、垃圾等杂物。[①]抗战胜利后，广州市警察局局长李国俊向广州市政府提出的《广州市警察局整顿市容实施办法》中曾经对整治街道做出如下规定。

......

四、本市前曾规定不得建筑骑楼之马路，如在沦陷期间业主或住客偷建骑楼地段盖搭锌铁檐蓬者，请由工务局会同警察局勘明，分别督拆，以符规定。

五、本市整顿市容之示范地区拟定为惠爱路、维新路、汉民路、长堤六二三路、大德路、一德路、太平路、丰宁路、中华路、上下九路、第十甫路，各该路之灾区，由工务局会同警察局勘明，传令业主，于一定期间内，自行用竹木或锌铁将向路一面搭盖掩蔽至少有十英尺之高度。

---

① 《不准堆积》，《广州民国日报》1924 年 1 月 28 号。

六、示范地区各路线两旁骑楼，严格规定骑楼楼底下一律不得悬挂横跨行人路之招牌（包括布制或木制），如前已悬挂者拆除之。由骑楼竖出马路外之直悬招牌至低不得低于二楼之骑楼底平线，横悬招牌不得突出于马路三英尺，违者拆除。

七、各示范路线之两旁行人路，如未建骑楼而临时盖搭檐蓬或布帐者，其高度低于骑楼底平线，亦应拆除，如附着于路树树干或电灯电话杆杉者，亦应督拆。

八、各警察分局应派员勘明，如认为各马路两旁店户之破蓬敝布，确碍观瞻者得着令一律拆除。

九、广告场所由公用局派员会同警察局从新勘定后公布。指定若干处所招商承制公共广告，以归一律。除规定之公共广告场外，其余旧遗之广告痕迹，由警察分局利用日倖逐段清除之，以后如非在公共广告场张贴广告，即予罚办。

十、市面房舍多破秽不堪，规定示范路线内两旁店户由警察分局传令现住客，须将房舍之外观一律髹蛋黄颜色之灰水，以肃观瞻，俾资耐用。该项髹费准住客向业主扣租，其新建或新经装修者听。

十一、全市人力手车，破敝不堪，至碍市容。公用局传令筹办手车公司于一定期间内制换新车，否则，不准在市面行驶。

十二、市内及市郊各种车辆之停车场所，请由公用局勘定后恢复设置。以后非指定之停车场内概禁停车于马路之两旁及其他交通地点。①

私搭乱盖、乱占乱摆往往是城市中最容易发生的问题，既影响交通，又有碍市容，是城市当局最忌讳的事情。城市警察秉承城市当局的命令，要取缔这些现象，改善交通环境和市容；而一些居民

---

① 广州市档案馆，全宗号7，目录号5，案卷号503。

为生计所迫，往往靠此做点小生意，有时为了招徕顾客，躲避勒索，不可避免地会超出城市当局所允许的范围，形成乱搭、乱占、乱摆、乱卖，这些人群常会与城市管理者之间展开较量。

广州的长堤一带码头，是广州的繁杂地段，来来往往的人极多，人气很旺。因此经常有人在此摆卖食物、烹饪、住宿，甚至搭盖种种檐蓬，对广州的交通观瞻均有妨碍。广州市政府曾多次通令取缔长堤一带码头的乱搭、乱占、乱摆、乱卖行为，并饬令警察执行。① 抗战胜利后，广州市场破败，摊贩繁多，广州市警察局制定了《广州市警察局管理旧物商摊贩规则》《广州市临时杂货摆卖场设置办法》等市场管理规则，要求商贩在规定地点摆卖，然收效不大。据市卫生、财政局的报告："查本市各公共市场，多已整理规复，并由警察局将马路摆设鱼菜摊位及各小贩勒令迁入营业，并布告周知。惟查各商贩仍多意存观望，未尽遵行。日来又有在路旁摆卖，其影响市容、卫生、税收方面殊非浅鲜。为此拟请饬令警察局查明各马路两旁，如有仍前任意摆卖商贩，务须严为取缔，勒令迁回原有市场复业。其无市场设置之区段，拟由卫生局会同警察局，选择相当地点为临时市场，以重卫生而肃市容。"广州市长陈策在此报告上批示"似应照办"。② 市警察局遵照陈策的指令，觅定摊贩摆卖场 3 处，指定贩卖，并派人巡逻，取缔各马路人行道摊贩，取缔沿堤码头摊贩，取缔各街巷口之摊贩，取缔各店户破坏布帐蓬笪。③ 1948 年制定的《广州市警察局整顿市容实施办法》中

① 如1930年4月，广州市政府命令警察督拆长堤一带之檐蓬曰："查本市长堤一带码头，原属交通重要地点，自不容闲杂人等混迹其间，致滋阻碍，乃有无知之徒，竟在内任意摆卖食物、烹饪、住宿，及搭盖种种不雅观之檐蓬，于交通观瞻均有妨碍，令公安、公用局限于 10 日内，将上列各项分别禁止、督拆，以除障碍而肃观瞻。"《督拆长堤一带之檐蓬案》，《广州市市政公报》第 355 号（1930 年 4 月）。
② "广州市卫生、财政局呈市长陈策"（1945 年 12 月），广州市档案馆，全宗号 4 - 02，案卷号 3557。
③ 《工作计划与工作进度对照表》，《广州市警政概览》，1948，第 23、24 页。

也规定，"本市原设市场多已破烂，数亦不敷，拟增辟摊贩收容场，以收容人行路及马路摊贩。规定每警察分局就辖内灾区或空地勘明适中者数处（至少 2 处）报由本局会同工务局复勘，认可后布告业主于日内出头自建收容场，如逾期不到，即由本局会同工务局招商盖建，容纳摊贩，许以收益至一年为止。在使用期间仍须评定租值，由盖建商人向业主如数缴纳"。

2. 环境卫生的治理

在 1922 年前，广州市的城市环境卫生主要由警察管理，如下水道、倾倒垃圾等。1921 年孙科在市政改革中设立了卫生局，打扫街道事宜当归市卫生局管理。然而，在 20 世纪 20 年代，广州战争频仍，大量的资金用于军费开支，无暇顾及卫生事业，市政当局经常克扣卫生局经费，又加之市民被罗掘已穷，有时无力缴纳清洁费。卫生洁净费用十分缺乏，甚至有时清洁工人的工资欠发，引起清洁工人罢工，街道卫生无人打扫，垃圾成堆。1925 年 6 月 2 日，《广州民国日报》有一篇《杂评》说：

> 连日暑热，垃圾堆积，秽气冲天，不知有卫生之责者何以处此！全广州市民健康都交了给你们，是谓之卫生局，万一疫发，死亡市民，卫生局那时所卫者何生！
>
> 然而事亦不能偏责也。延纳垃圾费至十月者十户中有六户。这种自杀杀人的市民，吾人何以处之！
>
> 在理讲，卫生局负有专责，宜责成市民缴纳。市民中，尤其是医生界，急宜上书公安局监视，勿杀人而自杀也！

鉴于这种垃圾无人清理的状况，1925 年 6 月中旬广州市公安局决定，全市清洁事宜归公安局管理。① 以后，在民国的大部分时间里，广州市的街道清洁卫生基本上由公安局管理，1927 年 10

---

① 《本市洁净事归还公安局办理》，《广州民国日报》1925 年 6 月 15 日，第 7 版。

月，公安局在内部专门设立了洁净课负责环境卫生，除设课长课员外，并设立洁净稽查员十余人。① 由于公安局经常有房捐警捐收入，经费比较充足，一般能够保证清洁事业的经费，更为重要的是巡逻警察便于对有碍观瞻的状况进行制止。

当时规定，住户倾卸垃圾，内街用垃圾箱装载，马路由车运送，不得任意倾卸。然而有的市民不守规定，任意倾卸垃圾，严重影响了环境卫生。公安局对这种行为予以了严厉制止。② 欧阳驹任公安局长时，认为在市区各繁盛马路放置垃圾箱，殊于观瞻有碍，决意将全市垃圾箱分期裁撤，要求各住户自行置储小垃圾箱，将垃圾存贮，以待清道夫到收。公安局鉴于市内各街之鼠箱，因历时已久，多已废烂，已制成新鼠箱甚多，将废烂者分别改换，又因该局于马路上时有死鼠发现，殊于市民卫生有碍，特于马路之飞班车（垃圾车）上附挂鼠箱一个，以备清除马路垃圾时，如遇有死鼠发现，即投入箱内，运往郊外焚化。③

公安局认为，夏令时节，气候炎热，霍乱、赤痢、伤寒、疟疾等时疫最易流行，危险实甚，惟此种时疫病状，虽各有不同但其病原之传播，大抵均由患疫者之大小便传出，再由水道辗转传入人身，或以苍蝇蚊虫为媒介。为促进市民卫生，预防时疫发生起见，特别制定夏季卫生要点十条：

一、扑灭苍蝇，苍蝇最喜栖止秽处，其脚上常常有无数微生物，若食物被其停留，则其毒必传入人身发病；

二、扑灭蚊虫，蚊虫为传播疟疾之媒；

三、勿食已切开之瓜果，防苍蝇染污；

四、勿饮生水，及食生水浸过之瓜果，生水为熟水之对

---

① 《广州警察之沿革》，《广州市警政概览》，1948 年 5 月出版。
② 《广州市公安局布告》第 4 号（1923 年 3 月 13 日），《广州市市政公报》第 69 号（1923 年 2 月）。
③ 《整理洁净事业》，《警察杂志》第 1 卷第 5 期（1929 年）。

称，生水即普通之河水井水，熟水即蒸溜［馏］水，生水多藏微生物，故不可饮，若经过煮沸，即微生物尽死矣；

　　五、勿食生水作的饮食物，生水内藏有多量微生物，故生水作的饮食物，亦不可食；

　　六、勿食腐败食物，夏季食物易腐败，最好放在冰箱，或阴凉的地方，如已腐败，则切不可食，因已有微生物发生之故；

　　七、戒受暴热，高热或烈日下，毋作长时间之工作，或旅行，免中暑；

　　八、戒贪夜凉，夜睡勿袒胸，免着凉，致起肠胃疾病；

　　九、食物宜以盖遮罩，以免苍蝇或他种秽物染污；

　　十、病人的大小便，衣物等用具，要严重消毒，各种疫菌或微生物，多存在病人之大小便，或吐物内，要喷洒石灰，或臭药水等以消毒。[①]

　　公安局要求各分局，除布告市民一体周知遵守外，详加注释抄发，使其洞悉此中利害。并饬令各警，对市内凡有传播时疫时期，危害卫生的不洁食物饮料，如摆卖或负贩切开的生果及用生水制成的雪糕凉粉刨冰水等类，严为查察取缔，以绝疫源。如遇有无知市民，不顾生命危险，任意吃饮不洁食物或饮料，及显然违反卫生要点规定者，尤应按照卫生要点所定的时疫发生原因，随时详加解释，痛陈利害，婉词劝导，使其幡然醒悟，自动遵守。

　　李洁之任省会警察局长的时候，对卫生事业更加注意。首先改革了卫生管理体制。以前全市环境卫生工作分成三大块，市工务局负责清理沟渠，各分局负责扫打内街，总局则办理马路的清洁。李洁之决定马路和内街全部的清洁都归各分局去负责，并把所有的清

[①] 《广州特别市公安局整顿警政之进行》，《警察杂志》第 1 卷第 5 期（1929 年）第 7 页。

秽夫分拨各分局直接管理，事权集中，责任专一。另外李洁之还采取了查封取缔不洁食物和坚决隔离麻风病人的具体措施，并开展了四季清洁运动。

1945年9月广州光复以后，广州市警察局恢复，仍负责全市环境卫生。为加强广州市的洁净工作，1947年5月警察局增设洁净科，专责办理清洁事宜，除每日督促洁夫清洁外，并派洒水车分3次巡洒市内各马路。并指定倾倒垃圾地点，每日经常派车运输垃圾。5月份清运垃圾共62800担，以后每月运输垃圾数量均见增加，1947年12月份清运垃圾数已达109676担。① 警察局还添置、充实了一些环卫设备。1947年警察局洁具，计垃圾运输汽车11辆，洒水车4辆（2辆可用），计车140架，小型垃圾车98架。为了考核各夫队夫役工作勤惰，"前经本局印制洁净考勤簿，分发使用，于每日上下午洁夫清扫后，由该段岗警查明确实，即予盖章证明"。施行以来，颇见成效。②

警察机构对城市消防和民间义务消防队的管理，在前章已经详述，此处便不再赘言。另外，警察也是政府各种公务的执行者，但凡所有的涉及城市行政管理的事情有很多是由警察完成的。例如收取捐税事项，虽然有明确的税收标准，但有时仍然需要警察前去执行。孙中山在广州建立政权时，经常饬令广州市公安局的警察代征租税，甚至令警察代销财政部印花，发行纸币等。③ 国民党统治时期，苛捐杂税多如牛毛，商民、市民往往不愿缴纳。市政府便命令警察会同税务征收机关强制征收。就连一些部门催收费用，为了有权威性，有时也咨文要求警察机构派员协同催收。如1923年10月，广州电力公司加二（成）抽取电费，拖延不缴的用户很多，

① 《广州市警察局三十六年度业务纪要》，《广州市警政概览》，1948年5月出版，第19页。
② "广州市警察局长黎铁汉令"（1948年1月31日）广州市档案馆，全宗号7，目录号5，案卷号263。
③ 《公安局代征税收之近况》，《广州民国日报》1923年8月17日。

市公用局咨请公安局，要求派警协助公用局催收。① 1945 年 10 月广州商民欠缴市商会月费，商会要求警察局帮助追缴。② 1946 年 10 月广州市政府出台一个《自治费捐献案》，强令广州商民"捐献"自治费，各商店难以如时完成，广州市政府乃饬令"该管警察分局派警协同，分别勒追，务令克日清缴"。③

二 警察对社会风化的管理

社会风化指社会的风俗教化。在这方面，国民党政府管得比较多，有时也管得比较严，经常以"有伤社会风化"为由，颁布各种各样的禁令，限制人们这样那样的活动。而执行这些禁令的就是警察。在警察所禁止的活动中，有些是社会丑恶现象，如卖淫嫖娼，取缔它当然是十分必要的。但有些属于正当的文化娱乐活动，如跳舞、夜市等，则没有取缔的必要。

1. 取缔色情营业

色情营业包括很多种，经营妓馆（淫业）当然是最大的色情营业。除了淫业外，其他的色情营业还有出版、出售黄色书刊及画报，演唱黄色歌剧，播放黄色电影，宾馆、旅店、舞厅招徕"女招待"侑酒、按摩、做暗娼等，不一而足。

民国时期，广州对色情营业有时放得比较松，甚至允许色情营业合法存在。这主要取决于广东的行政当局和广州的警察当局对色情营业的态度。因为当局需要色情营业提供税收（花捐），同时色情业的存在也可以满足社会上某些群体（如达官贵人、富商）的畸形需求。有时当局认为色情营业"有伤社会风化"，就加以取缔，但重点在于"私娼"。一则因为"私娼"在政府控制

---

① 《协警催收》，《广州民国日报》1923 年 10 月 24 日。
② "广州市政府训令"（1945 年 10 月 29 日），广州市档案馆，全宗号 4 - 02，案卷号 4059。
③ 《广州市店户自治费捐献加紧催征实施办法》，广州市档案馆，全宗号 7，目录号 5，案卷号 185。

外，不受管理，不缴纳"花捐"；另一方面，"私娼"泛滥，有伤风化和政府形象，也会造成更多治安问题。李济深主政广东时，对秘密卖淫嫖娼行为加以禁止。广州市公安局制定了《惩处秘密卖淫买淫及媒合容止人办法》，制止买淫卖淫等不良活动，同时，成立"济良所"，收容那些无依无靠的妇女。据统计，1928 年一年中，广州市公安局济良所收容妇女 375 人，出所人数 310 人。在出所人数中，由亲属领回者 244 人，择偶者 22 人，遣送医治者 22 人，领家暂养者 22 人。① 经过整治，这一时期各种淫秽现象有所收敛。陈济棠主政广东的时候，色情营业泛滥。到了李洁之任广东省会警察局长时，他对色情营业深恶痛绝，曾严厉查禁淫业，清查黄色书刊、画报，取缔黄色歌剧，色情营业受到较大的打击。② 他鉴于"广州市自近年以来，关于暗营丑业案件，日觉增加"，虽颁布了惩罚办法，但"罚者自罚，犯者自犯"，制定了《广东省会警察局惩处秘密卖淫买淫及媒合容止人办法》，对初犯、再犯、三犯的违法者规定了不同的惩处办法，加重了对"媒合容止人"的处罚。③

日伪统治广东的时候，广州的色情营业再次泛滥成灾。抗战胜利后，由于国民党官僚的"劫收"和疯狂掠夺，广州物价飞涨、货币贬值，人民生活非常痛苦。一些女子无法找到正当工作，无以谋生，不得不涉足色情营业，去旅店、舞厅、浴室做"导游"、伴舞、推拿、按摩、侑酒、擦背等，实际上是做暗娼，变相卖淫，以出卖自己的肉体为生，出现"暗娼充斥，招摇过市，四出卖淫"④的严重现象。"私娼充斥，公开卖淫，毫无顾忌，尤以长堤沿岸及

① 《广州市公安局济良所办理无依妇女月别表》，民国 17 年。

② 李洁之：《一年来之回顾》，广东省会警察局总务科编辑股编印，1937 年 11 月，第 32～33 页。

③ 李洁之呈文附《广东省会警察局惩处秘密卖淫买淫及媒合容止人办法》，广州市公安局修志档案资料，治安类（五）。

④ 《广州市警察局训令》（1945 年 10 月 28 日），广州市档案馆，全宗号 8，目录号 4，案卷号 230。

各旅店为甚"。① 而推拿、按摩、擦背以广大路的中央、上海两浴室为甚。该浴室雇用女工兼营擦背，每次 1500 元，按摩每次亦为 1500 元。侑酒以西关各大酒家，如广州、银龙、洞天、陶陶居、孔雀等酒家为甚，这些酒家为了招徕顾客，延揽暗娼，供客侑酒，美其名为"招待员"，并发给证章佩带。②

对此，广州市警察机构曾颁布法规，如《广州市警察局检查戏剧上演简则》《广州市警察局取缔舞女歌伶暂行规则》《广州市警察局取缔舞场歌班歌坛音乐茶座暂行规则》《广州市查禁私娼暂行办法》《广州市警察局电饬限制娱乐场所营业时间令》等，从营业时间、场所等方面限制娼妓的泛滥，意图从根本上解决泛滥成灾的娼妓问题。广州市警察局认为，"惟彼辈多为生活所迫使然，若只予消极之查禁，旋拘旋释，究非治本之方，似宜同时作积极之救济，以期禁绝而正颓风"，便拟具了"消极治标之查禁"以及"积极治本之预防"两种办法。"消极治标之查禁"指"严令取缔各旅店及一切公共场所包庇暗娼或导游、推拿、按摩等女子操营丑业，如有违反，一经查出，娼女嫖客及作丑媒之侍役，一概拘惩"。"积极治本之预防"包括三点：

　　一、如市政府经费有可拨款设立收容机构时，则将拘获之暗娼及导游、推拿、按摩等女子，予以保释，概拨入该机构，施以职业技能之训练（如小手工业等），使其于相当期间后得以正当谋生，免其再营丑业，或请恢复战前"济良所"之组织，为之择配从良。

　　二、如市政府经费支绌，一时未能拨款设立前项两种组织前，则先商请省市妇女会设立，由本府拨助一部分经费。

---

① 《广州市警察局代电》（1946 年 10 月 9 日），广州市档案馆，全宗号 8，目录号 4，案卷号 230。

② 《广州市警察局训令》（1946 年 9 月 23 日），广州市档案馆，全宗号 8，目录号 4，案卷号 230。

三、请省市妇女会协助宣传，劝即从良，或改营正业。

广州市政府部分接受了广州市警察局拟具的办法，要求市警察局"所拟甲项治标办法，应由该局严厉执行，犯者概以拘惩，户址封闭，乙项预防办法（一）应准照办，（二）（三）着毋庸议"。①

针对以"导游"等名目卖淫的问题，广州市警察局多次训令予以查禁。如1945年10月7日，广州市警察局训令属下：

> 查本市导游社及跳舞场，均属有伤风化，亟应一律禁止，以端风习。除沙面新青年旅社具有招待盟军特殊情形，不在禁止之列外，……饬属查明禁止，仍将遵办情形具报为要。②

以后，广州市警察局又不断训令属下各警察分局：

> 查暗娼及导游，暨推拿、按摩等女子，或暗操丑业，或变相卖淫，不特于社会风化有妨，且为民族健康与复兴建国之一大障碍，为正风易俗、激浊扬清，亟宜厉行禁绝，以肃市容。③
>
> 查本市浴室雇佣女职工招待男性顾客沐浴擦背及推拿等工作，不特有损女性尊严，且大伤社会风化，亟应严予取缔。④

并且，广州市警察局还派员到中央、上海浴室等场所，"晓谕

---

① 《广州市警察局训令》（1945年10月28日），广州市档案馆，全宗号8，目录号4，案卷号230。

② 《广州市警察局训令》（1945年10月7日），广州市档案馆，全宗号8，目录号4，案卷号230。

③ 《广州市警察局训令》（1945年10月28日），广州市档案馆，全宗号8，目录号4，案卷号230。

④ 《广州市警察局训令》（1945年11月29日），广州市档案馆，全宗号8，目录号4，案卷号230。

禁止兼营擦背、按摩，并着分别出具切结在案"。后听说两浴室仍在兼营擦背、按摩，乃令所在的德宣分局"应即派员再行前赴查禁，如确有兼营擦背、按摩情事，即将司理传带返局法办"。又令长寿、逢源、陈塘等三分局，"各就管辖，分别传集广州、银龙、洞天、陶陶居、孔雀等号司理，到案具结，嗣后不得再有上项情事发生，如有故违，应予带局罚办"。① 1946 年 4 月，颁布《查禁私娼暂行办法》。局长李国俊批示："查本市暗娼充斥，秘密四处卖淫，殊属妨害风化，虽经不断查拿、罚办，此风仍未稍戢。"② 1946 年 9 月 26 日，对于暗娼到旅馆卖淫，广州市警察局发布第0318 号训令，规定了各分局每周检查辖内旅店客艇的办法，严厉取缔，并列表报核，毋稍徇纵。③

但禁者自禁，公娼和暗娼充斥的现象并无改观。

2. 取缔变相妓馆

尼姑庵是遁入空门的女性礼佛念经、出家修行的地方，本应该是一块不染尘垢、远离腐臭的净土。然而在旧社会，这样一块净土也受到污染，竟然成为藏污纳垢之地。清末民国时期，广州就有这样的尼姑庵，其不守清规的住持，利用颇有姿色的尼姑招徕嫖客，把清净的尼姑庵变成变相的妓馆。④ 有鉴于此，1936 年广东省政府曾经颁布《取缔女尼庵堂办法》，对尼姑庵里女尼的行为予以各种限制：

（一）女尼容装务须质朴，不得施用浓艳装饰。

---

① 《广州市警察局训令》（1946 年 9 月 23 日），广州市档案馆，全宗号 8，目录号 4，案卷号 230。

② 《广州市查禁私娼暂行办法》，广州市档案馆藏，全宗号 7，目录号 4，案卷号 1。

③ 《广州市警察局代电》（1946 年 10 月 9 日），广州市档案馆，全宗号 8，目录号 4，案卷号 230。

④ 沈祥龙：《旧社会广州尼姑庵的黑幕》，《广东文史资料》（第 33 辑），广州：广东人民出版社，1981，第 260～278 页。

（二）女尼不得与男客嬉谑赌博，及同席饮宴。

（三）尼庵无论何时不得容留男客住宿。

（四）男客如无女眷，不得在庵内作法事；其时间限至夜间十二时止，事毕即须离庵。

（五）遇有人到庵建醮，应由该庵主持将事主姓名及建醮日期报告该管分局。

（六）违背本办法者，依违警罚法处分之。[①]

李洁之在 1936 年 7 月任省会公安局长后，极力主张禁止巫卜星相、废除神像崇拜。宗教因与巫卜星相、神像崇拜有一定联系，因而被他视为整治对象，更兼有些宗教人员不守清规，更令他十分恼火。他上任后，得到消息："本市尼庵中，间有少数尼姑，平日不守清规，招致好色男子，到庵里抹牌、吸烟、宴客。这种淫尼，穿着妖冶的服装，形同娼妓，其中淫迹秽行，社会上早已喧传。"[②]这里所说的"本市尼庵"，指的是德政中路丽水坊的无着庵、仰忠街的莲花庵、正南路的永胜庵以及仓边路的药师庵。李洁之以"本市女尼，多有不守清规，为维持风化计"为由，[③]派警搜查了无着庵，并将该庵尼姑带公安局讯问，分别转解法院讯办。随后，省会公安局又宣布查封无着庵，莲花庵、永胜庵、药师庵也同时被查封。无着庵不服，该庵尼姑达柱等人向广州市市长控告，认为省会公安局仅凭搜出花露水少许及女服两套，遂认定为藏垢纳污，藉词没收，没有道理。殊不知花露水为洁净用品，法令上并无限制出家人不得需用之规定，女服为尼姑们代人承造、获取工资而已，绝无藏垢纳污之可言。要求市政府咨行省会公安局，立予撤封，以保

① 《取缔女尼庵堂办法》，《广州律师公会月刊》第 6 期（1936 年 4 月 5 日）。

② 李洁之：《一年来之回顾》，广州，广东省会警察局总务科编辑股编印，1937。

③ 《广东省会公安局公函》（行字第 102 号，1936 年 9 月 3 日），广州市档案馆，全宗号 4-01，目录号 2，案卷号 26。

护物权。① 莲花庵、永胜庵、药师庵等寺庵150多名尼姑也联名写信给广州市市长曾养甫，泣陈省会公安局长李洁之无故下令将她们驱逐出庵，钉封庵产，让她们露宿街头，生活无着，实有失人道，恳请市政府"矜悯无辜，哀此茕独，迅赐饬令当局维持政府法令，保护人民身体、产业、信仰自由，取销禁令，恢复原状，俾延残喘"。② 然而市政府和省会公安局并没有理会这些尼姑们的请求。因为当时无着庵、莲花庵、永胜庵以及药师庵里面确实黑幕重重，五毒俱全。③ 公安局当堂搜获了"妖服、化妆品多种，并有烟局赌具、白毒药水并注射器"。④ 然而公安局并没有做好相应的善后和救济工作。这些尼姑庵里并不是所有的尼姑都以色相弄人和干五毒勾当，其中不少尼姑是因生活所迫而进庵为尼，为的是找个容身之所，并无违法行为。公安局查封以后，将这些尼姑也驱赶一空，使她们失去生活依靠，流落街头，啼饥号寒，这是非常不人道的。

省会警察局查封无着庵等寺庵后，又以"本市尼庵，多有不肖者流，豢养稍具姿色女子，强使为尼，示人色相，以资图利，对于人道风纪，均有妨碍"为由，⑤ 特制定《取缔女尼庵堂办法》13条，企图对有"不轨"行为的尼庵予以取缔，并规定各尼庵，不得收蓄幼女，凡在25岁以下的尼姑，一律着令还俗。

有些现象虽然有碍观瞻，涉及社会风化，却应该属于民间习俗和风尚，但是作为维护社会治安的警察机构也将其列入制止之列。

广州人喜欢舞龙耍狮，动辄沿途舞狮。由于多在繁华街道，引

---

① 达柱等：《呈为庵属私有，藉词没收，乞迅赐咨行省会公安局，立予撤封，以维物权而免损失事》，广州市档案馆，全宗号4-01，目录号2，案卷号26。

② "仰忠街莲花庵、丽水坊无着庵、正南路永胜庵、仓边路药师庵众尼等152人致广州市市长"，广州市档案馆，全宗号4-01，目录号2，案卷号：26。

③ 见沈祥龙《旧社会广州尼姑庵的黑幕》，《广东文史资料》（第33辑），广州：广东人民出版社，1981，第260～278页。

④ "广东省会公安局长李洁之致广州市长"，广州市档案馆，全宗号4-01，目录号2，案卷号26。

⑤ 《广东省会公安局公函》（安字第678号，1938年5月19日），广州市档案馆，全宗号4-01，目录号2，案卷号26。

聚多人，横塞道路，鸣锣击鼓也喧嚣扰民，既有碍交通，也易发生事故，1922 年孙科当广州市长时，曾命令广州的警察禁止集众在马路及街道上沿途舞狮。规定如遇有庆典及休暇时期，应先行呈报，得到批准方得举行。①

广州警察不仅限制商店以及公共娱乐场所在晚上的营业时间，还严厉查禁"夜市"。民国时期，北平、保定、开封、广州等城市在一段时间盛行夜市。一些小商小贩弄些廉价商品于深夜至天未黎明之时在一些街道偷偷贩卖，因为价格低廉，吸引了不少老百姓购买。在夜市贩卖的商品中，也有盗贼赃物以及假冒伪劣品。广州的夜市在 1928 年、1929 年一度相当盛行，引起广州市当局的注意，当局认为夜市"不惟妨害国家警权，实戕贼国民道德而直接贻害社会治安，影响尤大。亟应严行禁止，以正民俗"，② 饬令警察取缔了夜市。

李洁之当警察局长的时候，鉴于广州市轮船汽车常喜乱放汽笛，加以小贩的大声叫卖，路人的狂歌高唱，整个城市日夜都充满喧嚣叫嚷的声音，市民难以得到宁静，发起了一个非声运动，整顿城市环境。规定各茶楼、酒馆、戏院及其他公共娱乐场所，除特准外，夜间十二时以后一律停止营业；商店住宅夜间十二时后也不得聚众会谈，叫器扰攘；轮船汽车非必要时不得大放音响，挑卖食物者夜间十二时后不准用响器或大声叫卖；各寺观礼拜堂于晚十二时后至黎明前不得鸣钟等。③

三　警察与社会公益事业

民国时期，广州的警察还参与了一些社会慈善救济和平民教育等公益事业。

① 《训令公安局禁止舞狮由》（1922 年 4 月 15 日），《广州市市政公报》第 61 号（1922 年 4 月）。
② 《严禁开设夜市案》，《广州市市政公报》第 346 号（1929 年 11 月）。
③ 李洁之：《一年来之回顾》，广东省会警察局总务科编辑股编印，1937 年 11 月。

1. 积极参与慈善救济事业

连年不断的天灾人祸，使广州城市中灾民、难民、乞丐等逐年增多，给社会治安带来隐患，广州的警察机构出于治安等因素，着力开展和积极参与了慈善和救济、救护等事业。

民国初年，广东警察厅长陈景华在广州设孤儿教养院，收容无父母抚养及被拐之儿童（亦有贫苦人自动请求收养的），对孤儿施以衣食、教育。警察厅还创办女子教养院，收容被虐待之婢、妾、幼娼、幼尼等，授以缝纫等手工艺，俾其将来能独立生活。

遇有灾荒，社会各界都组织起来救助灾民，在救济工作中警察的作用相当重要。如1946年颁布的《广州市三十五年度冬令救济委员会设置庇寒所计划》，要求警察局寻找庇寒所所址，并派员充任庇寒所主任，具体管理和领导庇寒所工作；在施饭站发放施饭券时，要求市警察局于每日正午12时派员7人分赴各站保护、监督。①

与此相关的，广州警察还推动举办义务教育。20世纪30年代，海珠桥落成后，交通愈形便利，行人往来南北，多舍舟陆行。河南尾及南石头等处平时依靠水上交通为生的船家，失业日众，儿童多失学游荡，人数众多。省会公安局因辖内居民失业失学，皆影响治安，便在河南尾草芳涌口新建东桥西便堤边和南石分局左邻坦边各设平民学校一所，凡该处失学儿童，体格健全者，皆准免费入学，其学生用品亦由校内供给。这些义务教育办理得亦有些成绩。②

2. 保护公共财产及公共设施

保护公共财产和公共设施是警察的一项重要任务。广州市警察局经常接到上级指令保护这些财产和设施。

---

① 《广州市三十五年度冬令救济委员会设置庇寒所计划》（1946年12月），广州市档案馆，全宗号7，目录号5，案卷号116。
② 何莘：《广东省会公安局一年来设施之概况——民国二十四年度》，《警察杂志》第6卷第1期（1935年）。

如 1945 年底，广州市在市内的第一公园及繁盛地带装设广播，市警察局奉市政府令，命令值勤警察严密保护扬声器，以免丢失。① 1946 年广州市警察局奉省府命令派警保护省银行，并随时协助护运现钞。② 1945 年 9 月日侨撤退时准其尽量携带私有之物，其所遗留于住宅、商店、工场（厂）之设备及财产，也由广州市警察局奉令看守保护。③

保护水电器材和线路等公共设施不受破坏也是警察的一项重要任务。1945 年 12 月，广州市电力兼自来水管理处向广州市政府呈称，广州沦陷期间原有（部分）器材、电表、水表被敌伪员司私自变卖或为用户拆除藏匿，要求警察局派警会同管理处员工将散失藏匿的水电器材追回。市警察局奉市政府令执行。④ 当时有些市民私自接驳水管，偷用自来水。警察会同自来水管理处员工前去查禁。⑤

第二节　近代广州的警民关系

一　警察对市民生活习俗的干预

按照中国传统政治，官府有"教化"的功能，对百姓的日常生活也可以干预。民国政府成立后，尤其是国民党建立南京政府

---

① 《广州市警察局训令》（警特字 455 号，1945 年 12 月 15 日），广州市档案馆，全宗号 8，目录号 3，案卷号 90。
② 《广州市警察局训令》（警督勤字第 0682 号，1946 年 11 月 26 日），广州市档案馆，全宗号 8，目录号 3，案卷号 90。
③ 《广州市警察局训令》（1945 年 9 月 13 日），广州市档案馆，全宗号 8，目录号 3，案卷号 90。
④ 《广州市警察局训令》（督特字第 420 号，1945 年 12 月 8 日），广州市档案馆，全宗号 8，目录号 3，案卷号 90。
⑤ 《广州自来水管理处公函》（1946 年 5 月），广州市档案馆，全宗号 8，目录号 3，案卷号 90。关于广州警察保护水电设施等内容，再见《广州市政府代电》（府工五字第 0417 号，1947 年 3 月 22 日），广州市档案馆，全宗号 7，目录号 2，案卷号 387。

后，一方面沿袭了中国传统政治的部分理念与措施，另一方面，国民党又想以自己的意识形态控制和改造国家。这就赋予了警察更大的权力。在近代广州，警察常以各种理由干预市民的生活习俗、习惯甚至生活细节。

每到过年过节或遇到喜庆的事情放烟花爆竹是中国的传统习俗。然而放烟花爆竹容易引起火灾，且易伤人。特别是社会动荡不安的时候，有类似枪声的爆竹声容易引起社会恐慌。正因为烟花爆竹会带来诸多社会治安问题，所以中国的天津最早在 1907 年春节的时候就禁放烟花爆竹，以后每年都执行。20 世纪 20 年代，广州也开始禁放烟花爆竹。1923 年 2 月，广州市公安局发布禁令："得地雷炮、电光炮，内含有炸烈药料，易生危险，历经严禁有案，……所有地雷炮、电光炮二物，无论何时，均不准制造及贩卖，如敢故违，定行拘案处罚，并将该物品没收。"① 1924 年 12 月，广东省政府又饬令广州市公安局限制燃放爆竹。发布《取缔燃放爆竹》公告云："省署以现值冬防，入夜爆竹，有类枪声，不免惊扰。即经布告限制燃放。刻下公安局长吴铁城，特依令认真执行。于本月 4 日训令各区署、分署云：炮竹一物，燃放时有类枪声，夜间燃放，尤其易滋误会。值此冬防期内，亟应酌予取缔，以保公安，除电光炮一种，迭经令行绝对禁止外，其余一切鞭炮，每日于日出前日入后，不准擅行燃放。其有特别庆典事情，应先期赴该管警署陈报，得有许可证者，方许燃放，违者处罚 5 元。"②

1931 年省会公安局还根据国民党市党部宣传部与社会局的"取缔废历新年办法"发布通令：在农历新年期间禁止舞狮、舞龙、通宵演剧、在永汉路以外马路旁摆卖鲜花花灯、当街缮卖及贴挥春，严禁贩卖附印农历之通书日历。③

---

① 《广州市公安局布告》第 2 号，《广州市市政公报》第 69 号（1923 年）。
② 《取缔燃放爆竹》，《广州市市政公报》第 159 号（1924 年）。
③ 《公安局取缔废历新年旧习》，《广州市市政公报》第 69 号（1931 年）。

广州地处中国南部，天气较热，尤其是夏天，气温往往达到35 摄氏度以上。有的市民或游人（多为男性）不堪酷热，有时赤裸上身穿街过市。国民党广州特别市执行委员会认为"有伤社会风化"，有必要加以禁止，特地致公函广州市长，由广州市长命令广东省会公安局禁止市民和游人赤身裸体穿街过市。① 公安局接到命令后，立即行动，派人在大街小巷巡逻，发现有人赤身裸体穿街过市，即罚款或带回公安局讯问。

警察甚至对茶楼酒店侍役收取小费也进行干预。茶楼酒店收取食客小费，是民国时期广州市乃至全国的习俗，广州一些茶楼酒馆的女职工，薪给微薄，为多得一点小费，以"妖冶佚荡、恣情嬉笑"的方法博顾客的欢心，省会警察局也认为有伤风化，下令警察随时查禁。② 此外，对于娱乐场所的舞会，广州警察也经常以有伤风化为由加以禁止。

1947 年广州市警察局"保安正俗"类法规就有《广州市警察局管理旅店营业规则》《广州市警察局取缔收买旧物商店摊贩规则》《广州市警察局国术武技教习馆管理规则》《广州市码头夫力管理规则》《广州市管理自卫枪支及请领枪照规则》《广州市警察局请领枪照须知》《广州市警察局检查枪照办法》《广州市燃烧炮竹限制办法》等。③ 这些法规可以反映出广州警察机构对市民生活干预的面相当广泛。

二 警察对宗教及民间信仰的干预

1. 民国有关宗教的法律和政策

民国建立后，实行政教分离、信教自由的政策。民国元年

① 《禁止市民赤身过市案》，《广州市市政公报》第 348 号（1929 年 11 月）。
② 李洁之：《一年来之回顾》，广东省会警察局总务科编辑股编印，1937 年 11月。
③ 据广州市公安局藏影印件，广州市公安局修志档案资料，治安类（五）。

（1912 年）3 月，中华民国南京临时政府颁布《中华民国临时约法》，规定："中华民国人民一律平等，无种族、阶级、宗教之区别"；"人民有信教之自由"。这一法律的制定为宗教信仰自由奠定了法律基础。北京政府口头上继承了南京临时政府的政教分离、信教自由的政策。虽然政府对人民的自由和人权多有干扰和剥夺，但尚不敢明目张胆在法律上破坏人民的宗教信仰自由。1914 年 5 月 1 日公布的《中华民国约法》也写有"中华民国人民无种族、阶级、宗教之区别，法律上均为平等"，"人民于法律范围内，有信教之自由"等条款。① 南京国民政府建立后，也宣称实行信教自由政策。1930 年 10 月制定的《中华民国约法草案》第 27 条规定："人民于法律上一律平等，无男女、种族、宗教、阶级之分。"第 39 条又规定："人民有信教之自由，非违背良善风俗及扰害社会秩序，不得干涉。"② 虽然民国政府在法律上确立了信教自由政策，宣布对正当的宗教信仰进行保护，然而各地发生的干涉信教自由的事件层出不穷，如干涉宗教活动、侮辱宗教、侵害宗教人士人身安全，以及军队、机关、学校或个人侵占寺庙，侵夺寺产等。社会名流不断吁请政府保护宗教，民国政府也不断电令各地加强对宗教的保护，三申五令军政机关不得侵占寺庙，然而收效甚微。这说明民国政府在宗教保护方面力不从心。在这些危害人民宗教信仰自由的行为中，警察常常扮演着重要的角色。

2. 广州警察对宗教庙宇的管理

民国时期，国民党政府一方面宣称保护信教自由，另一方面又试图对中国的宗教和信仰进行整顿和清理，限制人们的信仰自由。中国数千年的传统，主要是多神信仰，缺乏"专一

① 白蕉：《袁世凯与中华民国》，章伯锋、荣孟源主编《近代稗海》，成都：四川人民出版社，1985，第 31、97 页。

② 荣孟源主编《中国国民党历次代表大会及中央全会资料》（上），北京：光明日报出版社，1985，第 860、861 页。

性"。因此，中国的传统神祇，是一个庞大的体系。①有鉴于此，国民政府内政部1928年颁布《神祠存废标准》，旨在废除过滥的偶像崇拜和神祇信仰，保留被认为有益风化的宗教和信仰。该标准保留了对伏羲、神农、孔子、孟子、岳飞、关羽等先哲和佛教、道教、伊斯兰教、基督教、天主教等宗教的信仰，废除了民间对日月星辰之神、山川土地之神、风云雷雨之神等神祇的信仰和崇拜，规定张仙、送子娘娘、财神、二郎、齐天大圣、瘟神、痘神、时迁、宋江等偶像祠属于淫祠，予以取缔。②李洁之就任省会公安局（后改名为省会警察局）长后，认为："迷信为进化的障碍，神权乃愚民的政策，数千年来，我国受它的毒害，十分严重。山野乡曲间，固有牛鬼蛇神的陋习，就是城市都会，也很多淫祠不经之祀。在科学昌明的今日，这种锢蔽民智，消沉民族精神的颓俗，实非革除不可。"1937年7月会同广州市社会局，按照内政部颁发的标准，把市内所有神祠，除那些纪念先贤圣哲的172所予以保留外，其余240所概行废除，所有泥像木偶，除一部分有雕塑艺术价值的送市博物馆陈列外，其他800多尊，完全焚毁。③

警察在执行政府的宗教管理政策时，也对民众的宗教和信仰进行了干预。

国民党统治时期，管理宗教的机构分为党、政两个部门。国民党中央党部、省党部、市县党部（或特别市党部）主要负责中央和各地方有关宗教重大问题的处理以及建立宗教社团等事项的审批。各级政府方面，在中央先是归内政部后由社会部管理，在地方亦然。例如，1928年广东省政府民政厅组织法规定，由厅的第三

---

① 志远：《中国宗教改革刍议》，陈明主编《原道》（第4辑），北京：学林出版社，1998，第31页。
② 《神祠存废标准》，中国第二历史档案馆编《中华民国史档案资料汇编》，南京：江苏古籍出版社，1994，第5辑第1编"文化"之（1），第495～506页。
③ 李洁之：《一年来之回顾》，广东省会警察局总务科编辑股编印，1937年11月，第34页。

科掌理宗教事务。广东省《市、县政府组织规程》规定，由市、县政府民政科掌管寺庙及僧道管理监督事务。广州市则由社会局管理宗教事务。[1] 其实，广州市公安局也管理宗教。例如，1929年12月颁布的《监督寺庙条例》[2] 第五条规定："寺庙财产及法物应向该管地方官署呈请登记。"第八条规定："寺庙之不动产及法物，非经所属教会之决议并呈请该管官署许可，不得处分或变更。"司法院在1930年的"院字第336号"司法解释中说："监督寺庙条例第五第八等条所称该管地方官署，在寺庙登记条例有效期内，在市仍为公安。"[3] 可见公安局也为市一级的宗教管理部门。在广州市，公安局具体主管宗教事务的为警务课的第六股。1922年制定的《广州市公安局分职任事细则》第十四条规定，第六股所掌事务的第六项为"关于戏院、醮场迎神赛会及玩物场游技场之取缔事项"，第十一项为"关于僧尼道士及其他宗教之取缔保护事项"。[4]

3. 警察对迷信职业者的管理

国民党政府禁止寺庙利用药笺活动谋财和利用迷信活动获利。20世纪20年代的广州，"有种神棍，愚惑妇女，在各街唱观音出世，从中敛钱"。广州市公安局认为这种现象"男女杂沓，怪象百出"，"最足妨碍善良风俗"，乃严行查禁。[5] 1928年8月8日，国民党中央秘书处抄转浙江省富阳县党部呈请取缔寺庙药笺迷信活动的函，要求各地查禁寺庙药笺，以除迷信。1932年内政部拟定《废除卜筮星相巫觋堪舆办法》，要求各地政府强令以卜筮星相、巫觋堪舆及其他传布迷信为业者在3个月内改营他项正当职业。根

---

① 《广东省志·宗教志》，广东人民出版社，2002，第440页。
② 中国第二历史档案馆编《中华民国史档案资料汇编》，南京：江苏古籍出版社，1994，第5辑第1编"文化"之（2），第1028~1029页。
③ 吴经熊编《中华民国六法理由·判解汇编》，会文堂新记书局，1935，第266页。
④ 《广州市公安局分职任事细则》，广州市市政厅编《广州市政概要》，1922。
⑤ 《再禁唱观音出世》，《广州民国日报》1923年8月22日。

据内政部这个精神，1930 年，广州市制定《广州特别市僧道尼执业取缔规则草案》，规定：僧道尼诵经，以佛道藏经为限，不得套用俗调。不得承接书符、施咒、择日、回煞、问米、扶乩、问签、破地狱、过刀山、度仙桥、跳茅山、种银树、烧神炮、看水碗、卖圣水、求神方、烧纸马、送千灾、盂兰会、万人缘、打生斋、接送亡魂、嫁娶亡魂、走五丈文等，违者处 5 日至 20 日的拘留或 5 元至 20 元的罚金。市民请僧道尼诵经，无论在家还是在寺观、庙宇或庵堂内，时间以上午 8 时至晚上 12 时为限，不得当街焚烧纸扎，违者勒令停止，并处以 5 日以内的拘留或 5 元以下的罚金。① 1933 年广东省政府训令查禁寺庙设置签筒药单。1937 年 1 月，广州市公安局报省政府察核后通令："嗣后不得再有在道馆内或赴丧葬及喜事人家做拜斗、召亡、做亡、放焰口、度仙桥及一切祈禳等情事。"②

由于民间宗教被认为在利用药笺活动谋财和迷信活动获利这两方面有更大的可能性，所以它们往往遭到国民党各级政府的监视和取缔。广东省和广州市政府取缔正一道、真空教，是其中的两个例子。

民国时期，广州市正一道道士有百多人。他们均以开设商业性的"正一道馆"（亦叫喃呒馆）为谋生手段，遇喜庆节日或丧葬时，应请前往做祈福禳灾或打斋超度等法事。由于正一道士所从事的活动，带有导人迷信性质，且做法事时穿街过巷、吹打弹唱，有碍邻里安宁和社会秩序，1937 年 1 月，广州市警察局曾下令关闭正一道馆。

真空教，又称空道教，始自赣南，后流传于福建、广东及东南亚各地。真空教传入广州后，建有道堂多座，尤以沙河"先觉山"道堂规模最大，道职人员数十人。道堂内不设任何神像，只供奉一

---

① 《广州特别市僧道尼执业取缔规则草案》，广州市档案馆藏，全宗号 4 - 10，目录号 1，案卷号 173。

② 广东省地方史志编纂委员会编《广东省志·宗教志》，广州：广东人民出版社，2002，第 461 页。

面镜子，该镜长宽可达一方丈，上镶一大"空"字。该教在广州虽颇有势力，然未得官府承认，终难站稳脚跟。1947 年 6 月，"先觉山"道堂乃向广州市社会局呈请备案，企图取得合法地位，随后又要求准予组织"真空教广州市教友会"。然广州市警察局派人调查后发现该道堂：

> 为人"邀福免祸"并"医病"，其医病只饮"龙井茶"及晚间"打雾"而已。其拜祖师方式，跪地以手用力前后摆动，故又曰"摆手教"。拜祖师者，每人纳壹千元则送茶叶一小包，买纸制风车一架，收费壹千元，取运转如车之意。求医者分富有贫穷数种，富有者曰放猪花，放羊花，穷者放鸡花或鸭花。其方式以病人求治时以生猪一头，由该堂主事人念经，即将猪屠宰，即为放猪花。将猪宰后，在场食者每人须纳费五千元至壹万元不等。本月廿七日职到该堂时，人山人海，由早至暮，皆络绎不绝。该堂主理人说，是日为诞期，计有二万二千余人，约计其是日收入余万元。①

广州市政府即以该道堂"借神敛财，导人迷信，有碍市政措施"为由，命令广州市警察局于 1947 年 9 月 25 日查封了该道堂。② 10 月 16 日，广州市警察局又以"敛财行骗，道人迷信"为由，③ 查封了聚仁坊吴兆贞的真空教道堂，没收其法物，勒令其停止活动。

三 警察的扰民、虐民

就笔者所掌握的资料来看，反映近代广州警察欺民、扰民、虐

---

① 广州市档案馆，全宗号 8，目录号 4，案卷号 186。
② 广州市档案馆，全宗号 10，目录号 4，案卷号 784。
③ 《广州市警察局训令》，1947 年 10 月 29 日，广州市档案馆藏，全宗号 8，目录号 4，案卷号 186。

民的材料可谓汗牛充栋。下面分别举出广州警察创办早期以及国民党统治末期的一些事例，以说明近代广州警察欺民、扰民、虐民贯穿于近代广州警察史的全过程（也许陈景华主持广州警政时情况好一些）。

1. 清末民初时期

清末广州巡警的扰民害民，在当时的报纸有大量报道。1903年3月，原来的保甲局改为巡警局，省城各段的保正按照保甲局的旧规定到巡警局"应卯"（点名、开会），"局之门房人役，勒令各保认明每时节各送规费二毫方与报名。各保以向无此例，相率大哗，门房人役亦大为震怒，大有不得不休之势"。① 1904年，香港的报纸痛斥广州城巡警的腐败："警察之腐败历历可数，且犯淫案已有数起"，"至于蹲坐通衢，终日口含烟卷等弊，犹少焉者也。散漫懈弛，徒有其名，总办及各局巡长，仅为安置闲员之地。所招文武员弁，未能及格；所用警役，又不能循规蹈矩、奉公守法，沾染习气，如绿营兵丁，如衙署差役，甚至索贿徇私，藉端舞弊，种种腐败，缕指难数"。② 1905年初，广州西关巡警勒索拘禁商人，同街商人到巡警局要求保释，与巡警发生冲突，巡警竟打伤请愿者，致使西关发生罢市。③ 从这些事件可以看出，在腐朽的清朝统治下，巡警与原来的衙役、兵丁相比，实际上大同小异，只是换了个名称而已。

因此，早期广州商界对官办的警察很不信任，要求实行"商办"。1909年，粤商自治会提出一个《西江沿岸四乡警察章程草案》，其中包括：（1）划区域；（2）选巡警；（3）教功课；（4）查户口；（5）重巡逻；（6）防灾患；（7）维风化；（8）慎巡查；（9）联绅董；（10）明赏罚。关于经费，在第2条中

① 《巡警索规》，《香港华字日报》1903年3月18日。

② 《粤东省城警察之腐败》，《香港华字日报》1904年11月11日。

③ 《论粤省巡警与坊众冲突》，《香港华字日报》1905年1月16日。

规定:"经费自筹,械服由乡村自行筹款禀准购买,由殷实商店综办,不必官厅经手"。① 警察是政府执政的工具,政府绝不可能将警察交给民间办理,这样的提议当然不会被批准。

警察假公济私和勒索受贿的实例也很多。据报载,1913 年 10 月的水上警察厅,"专以公行贿赂,位置私人为事,从未派员稽查,任由各舰长擅行离船,巡舰无故停泊,甚且吞冒兵额,私卖煤斤,种种弊端,不胜枚举,遂致盗匪披猖,江河梗塞"。②

警察的纪律与形象也很差,警察厅长邓瑶光曾在晚上到广州各警区检查,他看到的情况是:"见三区二分署段内各警察,歇坐一隅者有之,靠身铺垫及不钉领上号数者亦有之。询问临时口号,则茫然莫对,路遇长官,慢不为礼。或内穿制服而外盖便衣,呆蠢等若木鸡,形式俨同纸虎,种种怪状,不一而足。迨入视区署,则地方芜秽,纷紊异常,守卫之兵,均不持长枪,尤购买食物,分区长已离区家居,各区员亦茫无所措,其平日之毫无督率,即此可概见。"③

2. 国民党统治时期

从民国初期一直延续到国民党统治时期,广州的警察纪律普遍不佳,欺民、扰民、虐民的行为从未间断,行同土匪,性质恶劣,影响极坏。1946 年 7 月,广州市民李子清向广州市临时参议会报告了广州警察对市民"苛扰勒索情形六项":

> 查现日本市警察,其对市民苛扰情形,比之敌伪时代之警察,尤有过之,以民所见闻,即有如下数端:
>
> 一、市面警察苛扰勒索无微不至,各商店在门前起卸货物,亦为彼勒索。每藉口阻碍交通,加以干涉,非给以财款不

---

① 《粤商自治会与粤商维持公安会》,《广州文史资料》(第 7 辑),1963,第 30~31 页。
② 《蔡厅长切实整顿各巡舰》,《华国报》1913 年 10 月 6 日。
③ 《警务废弛之可慨》,《华国报》1913 年 11 月 14 日。

休。查商店起卸货物，在所难免，何能谓阻碍交通，而警察公然入店洽商，手持单纸，佯作登记，要求每月酌给茶资若干。

二、马路上车运货物来往，警察袭用敌伪时代故技，索阅单据，纵有单据交阅，亦多挑剔，无非令人不耐烦，给以贿款，遂其所欲，而得通过。

三、各繁盛马路之行人，路上藉赌行骗之局林立，而段警熟视无睹，此无他，若有贿款给与警察，则虽属有违警律，亦可不受干涉。

四、市上房屋之建筑，或大修，虽领工务局执照，亦被警察指为违法。查警察对于建筑只有执行验照之权，如有违章，自有工务局人员指正，警察妄指违法，实属越权勒索。

五、市民有不甘被勒索，持理与警察到局理论者，甫踏入分局之门，即为局内警士呼拿喝打，推入拘留室内禁闭，竟日不传讯，局内之黑暗如此，其警察在市面敲诈，又何足怪。

六、查各警士多将胸章用上袋掩遮，并带大型茶晶眼镜，以避免为人辨认，徘徊道上，寻隙择噬，间有路人与其喁喁细语，或入横街接耳面谈，个中情形，不问而知矣。①

值得注意的是，李子清所揭露的只是基层长警的所作所为，而且都不算是特别严重的犯罪。实际上，旧警察高中级官员的贪污腐败、违法妄行要比一般长警严重得多。因此，虽然各届政府不断加强对警察的教育训练，虽然有诸多约束各级警察的法规条例，但是当日警察维护反动阶级的利益，是日趋腐败的国民党政府的工具，又处在法制不健全，人民没有民主自由的时代，广州警察的欺民、扰民、虐民就是必然的了。

---

① 《广州市警察局代电》（警督特字第 009 号，1946 年 8 月 15 日），广州市档案馆，全宗号 8，目录号 4，案卷号 75。

结　论

　　通过以上对近代广州警察发展历史、制度沿革的综述，笔者认为，应该从两个层次对近代广州警察的地位和作用做出分析和评价：第一个层次，必须把广州警察置于近代中国社会发展的主要矛盾和总体进程中予以考察；第二个层次，必须把广州警察置于近代中国城市现代化、警察制度现代化的过程中予以分析和评价。下面分别作论述。

　　毛泽东同志指出过："帝国主义和中国封建主义相结合，把中国变为半殖民地和殖民地的过程，也就是中国人民反抗帝国主义及其走狗的过程。"① 近代中国发生的一切重大事件，都必须放在这两个过程中予以考察，对广州的警察也应如此。

　　警察作为国家机器的重要组成部分，是为统治阶级服务的，近代广州警察首先为控制广东军政大权的政治人物、政治党派、政治势力服务。在近代中国半殖民地半封建社会，广州长期处在代表帝国主义、地主阶级、官僚买办阶级的政权的统治下，所以，广州的警察机构很多情况下首先是对革命党人、革命群众进行阶级压迫的工具。清末的警察参与镇压了同盟会在广州发动的新军起义和"三二九"黄花岗起义；龙济光统治的广州警察逮捕、屠杀了大批

---

① 《中国革命和中国共产党》，《毛泽东选集》（第 2 卷），北京：人民出版社，1991，第 632 页。

革命党人；旧桂系统治时期广州警察镇压五四运动，拘捕学生和群众；在 1927 年"四一五"以后，广州警察又成为国民党政权特别是统治广东的新军阀的工具；至于沦陷时期的广州警察，更是日本侵略军的可耻帮凶，对国家、民族都犯下了严重罪行。

但与此同时，广州又是孙中山革命运动的策源地。1911 年 11 月到 1913 年 8 月，广州军政府由一批政治上最接近孙中山的革命党人执政，广州警政就出现了一些革命新气象。在大革命时期，广州警察执行孙中山和国共合作的革命政府的命令，也为反帝、反军阀做出过一定的贡献。尽管孙中山和他的同志难免有种种局限甚至错误，而且孙中山在执掌政权时也未必能够完全控制广州的局面，但在当时，孙中山毕竟代表进步和革命，所以，在孙中山和他的同志在广州建立政权的时候，广州警察机构维护共和、维护社会治安的举措也属于中国民主革命的范畴，应当予以肯定。

即使是国民党统治时期，广州警察机构维护国家主权、反抗外国侵略的某些举措，如全面抗战前后广州警察机构曾采取备战措施、防范日本侵略者，战争期间部分警察参与了抗战，抗战初期和战后广州警察机构又参与逮捕、惩办汉奸，我们可以批评他们做得不够好，但也不宜否定。

按照以上原则，我们可以对近代广州警察机构的首脑人物做出评价。首先应该充分肯定的是辛亥革命烈士、近代广州警察的先驱陈景华。对魏邦平、吴铁城遵照孙中山指示，参与讨伐南方军阀、平定商团叛乱等活动也应给予正面的评价，尽管这两个人经历复杂，后来吴铁城还成为反共的国民党右派。另外，一位近代广州警察史上不可不提的人物是李洁之，他曾经参与反共，但晚年毅然起义，转向人民一方，在抗战前担任广州警察机构负责人时对警政建设也有所作为。对这些历史人物，我们应该充分研究。对于坚持反对革命，迫害、屠杀革命者和人民群众，甚至勾结日寇的广州警察头目，当然应该予以谴责。

国民党的警察制度是在继承清末和北洋军阀统治时期军阀警察

制度的基础上建立和发展起来的。就本质而言，这三者一脉相承，军阀和国民党统治时期的广州警察主要有如下一些特点。

第一，从隶属关系来看，广州的警察机构有其特点。清末巡警总局时期督办由按察使兼任；巡警道时期改巡警总局为警务公所。民国初年，先设民政部，很快改为广东警察总部，1912年初改为广东省警察厅，同年10月，改为广东省城警察厅，1915又改为广东省会警察厅。1921年广州市政府成立，广东省会警察厅改为广州市公安局，成为最早的以城市为行政管理单位的公安局。1927年南京国民政府颁布了《特别市组织法》和《市组织法》，广州市公安局依法于1930年改为广东省会公安局，1936年9月改为广东省会警察局，由隶属市政府改为直接隶属于省政府。抗战胜利后改为广州市警察局，隶属于市政府。从广州警察机构的隶属关系看，大部分时段隶属于布政使、巡警道、都督、督军，以及省政府，即属于省级政府管辖；1921年孙科首创广州市政府后的一段时期内，以及抗战胜利后曾经隶属于市政府，只是在1923年孙中山在广州第三次重建政权的特殊时期，一度隶属于大元帅。[①] 从广州警察机构隶属关系的变化可以看出，一方面当时近代警察机构和制度在中国尚处于草创和初步发展阶段，从中央到地方政权对警察的职责和作用，以及警察机构的重要程度都有一个逐步认识的过程；另一方面，无论是地方政府，还是军阀和党派都十分倚重这样的武装，都极力想控制和指挥警察和警察游击队，使其成为自己统治的工具。这一点，在广州的警察机构中体现得尤为突出。

第二，在大多数情况下，警察机构的设置及其活动以反革命、反民主为主要目标。从龙济光时期一直到国民党在广东的统治覆灭时都是如此。广东的旧军阀、新军阀虽与中央政府及大军阀头子有矛盾，但在反共反人民方面则是一致的。广州也是如此，本书对各

---

① 《广东省会警务纪要》（1936年），广东省档案馆藏，警保类－274，以及其他有关档案、记述。

个时期广州警察反对革命的活动都做了论述。

第三，警察与宪兵、特务结成三位一体的恐怖势力。民国时期的警察事实上有狭义和广义两种概念。狭义的警察即通常所说的行政意义上的警察（本书主要研究狭义的警察），而广义上的警察则包括宪兵和特务在内。从狭义的角度看，警察与宪兵、特务的联系，一方面表现在组织上的相互渗透，如特务分子通过各种渠道进入警察机关，在国民党统治后期军统人员就一再出任广州警察局长；另一方面表现为警察与宪兵、特务经常联合执行镇压的职能，共同对付中国共产党，镇压爱国民主运动。

第四，整个民国时期，广州警察与军队之间存在着千丝万缕的联系，这是广州警察的另一个特点。在近代中国"枪杆子高于一切"的政治生态下，在一般当权者的心目中，警察不过是军队的附庸而已。一方面，军队常常可以获得与警察同等的权力，可以随意搜查、扣押平民，如1936年2月20日颁布的《维持治安紧急办法》、1937年9月4日颁布的《危害民国紧急治罪法》等法规就赋予了军队与警察同等的维持治安权和执行逮捕权。军队甚至还享有比警察更广泛的司法审判权。另一方面，警察机关成为安插闲余军人的场所，使得素质本来就很低劣的警察队伍变得更糟。民国时期，军队是广州警察人员的重要来源之一。几十年间，广州的警察局、公安局局长，几乎都是现役军官（国民党的"军统""保密局"就体制来看也属于军队系统），而且警察局长通常仍兼任军职。虽然不少时候广州警察机构是市政府或省政府属下，但如果市长或省长是文职官员，对广州市警察机构就缺乏足够的权威，广州的警察局长或公安局长，首先听从的是军事长官的命令。

第五，尽管民国时期颁布了很多法律和法规，包括警察法规，但广州警察经常不受这些法律法规约束，逮捕、审讯、执行往往越出法律规定，在多数时间甚至可以自设法庭、自设实际上的监狱以及判处和执行死刑。警察本应是执法者，但民国广州警察经常并不依法行事。

第六，民国时期，广州的警察在多数情况下是统治阶级镇压人民的工具，因此经常与人民处于对立的状态，欺压百姓、鱼肉人民是经常的事，警民关系都很恶劣。

上面我们着重谈警察作为阶级压迫工具的一个方面，下面，再从近代中国城市现代化、警察制度现代化过程的角度对广州警察作些分析。

在本书的绪论中已经谈到过，警察制度的传入、建立与推行，与近代中国政治、经济、社会的变迁密切相关，因此，也属于现代化过程的一部分。以 1921 年广州市公安局建立时隶属市政厅为例，这应该是中国城市行政管理现代化的开端，也是中国警政史上一个重要事件。此外，近代广州的警察立法、警察组织和警察技术，很多地方也值得我们总结和借鉴。

警察法规当然首先为统治阶级服务，很多情况下是反动政权法制的组成部分。但这些法规本身又有一定的独立性，尤其是一些组织、行为规范、执法规章等方面的法规，当时是以西方或日本的法规为蓝本，又多少考虑到中国和广州的实际，经过一再修改而成的，对于保证警察机构的正常运作以及对城市治安的管理，发挥了一定作用。警察为维护正常统治秩序，必然要打击一般的刑事犯罪、管理交通秩序、取缔各种不利于市民正常生活的违法行为，在这样的行动中没有相应的法律规范，是不可想象的。因此，对近代广州的警察立法，在指出其阶级本质的同时，也要承认其在一定意义上属于中国早期法制现代化的范畴。某些法规对广州工商业的发展以及一般市民的正常生活，也提供了一些保障。

近代广州警察在警察机构的组织、警力运用、警察宣传、警察研究、警民联系等方面也做过一些事，今天看来也可以吸收其中有益的成分。例如 20 世纪 30 年代广州警察学会举办、在广州出版的《警察杂志》中的一些文章，今天仍可以给我们一定的启发；再如近代广州警察机构开展交通法规和环境卫生的宣传，无论对维护社会秩序，还是培养民众的公共道德理念，都基本上是有益的，某些做法今天也可借鉴。

近代广州警察还有一些"纯技术性"的内容，例如交通管理的具体规定和做法、消防技术以及查勘刑事案件的规程、侦破刑事案件的技术等，这些东西本身没有阶级性，更应该予以总结。

在这个意义上，欧阳驹、何荦等近代广州警察主官，一方面是反动统治者，是国民党新军阀的工具，但另一方面，在推动广州警政近代化、制度化方面，也做出过一些努力，在这个问题上也不妨给予他们恰如其分的评价。

广州市公安局的所在地（广州市起义路200号）不仅见证了一个世纪以来广州警察发展的历史，也见证了一个世纪以来广州政治、社会、经济等方面翻天覆地的大变化。笔者长期在广州市公安局工作，对广州警察历史与广州、广东乃至中国历史的关系有特别直接和深刻的感受，因而在公安工作的实践中，更体会到学习历史、借鉴历史经验的重要性，近代广州警察的一些史事，也经常会给我启发。例如近代广州警察的一些法规对警察行为有很细致的规范，连如何站、如何坐也写得很清楚，将派出所不准生火做饭也写入法规，表面有些琐碎，但考虑到当日警察文化、素质都不高，法规细致一点更可让警察有所遵循。任何一个社会在迈向文明的过程中，法治、法制和执法都至关重要，而执法者更必须提高素质。在近代，广州警察的行为规范大多数时候都有名无实，我们今天的警察是为人民服务的，与旧日警察不可同日而语。但在从严治警不断取得成效的同时，我们也要承认今天的警察仍存在不断提高素质的问题，而提高的过程，仍然是在执法实践中进行管理理念、制度的创新。近年广州市公安局实行的"战训合一"模式，取得明显成效，受到公安部的肯定并在全国推广，其中也有吸收历史经验的因素。又如，近代广州有些警察主官设立的机动便衣手枪队，是镇压革命和群众的工具。但如此配备、使用警力，从警察技术的角度来看也有可取之处。近年，广州市公安局从中得到启发，所组建的便衣警察支队，成为打击刑事犯罪的尖兵，令犯罪分子闻风丧胆，被群众誉为新时期的羊城暗哨，受到上级公安机关的高度肯定以及国内其他公安机关的广泛关注，有些城市的公安局来广州考察后也相继组建了便衣警察队。这样的事例还可以举出不少，它们都充分说明，研究近代广州警察的历史，不仅是学术问题，而且对当前的公安工作具有重要的现实意义。

近代广州警察的历史，可说是半个世纪广州、广东乃至中国社会发展的一个缩影，其内容十分丰富。研究这个课题的学术价值和现实意义，越来越被更多人所理解。今后需要做的工作还有很多，笔者只是做了一项初步的工作，今后，愿意与对这个领域有兴趣的学者、公安工作者和其他人士共同努力，进一步推进有关课题的研究。

附录一
清末到民国时期广州市警察机构主官

一、清末广东省城警察机构主官（1902～1911年）

吴引荪（按察使兼任），程仪络、朱寿镛、龚心湛、于齐庆、王人文、蒋式芳、王秉必、高翾昌、李湛扬、严家炽。均为文官。

二、民国元年以来历任厅长局长姓名（1912年1月～1949年10月）

广东省会警察厅长

陈景华　　广东人，同盟会员。

邓瑶光　　广东人，曾任清朝武弁、龙济光部宪兵司令。

费尚志　　满族，出身清朝贵族，曾任广州府知府。

王广龄　　广东南海人，日本警监毕业生，曾任警察教练所教员。

凌鸿年　　广东人，日本警监毕业生，曾任清朝武弁。

姚捷勋　　云南人，龙济光部统领。

王顺存　　河南人，曾任清朝知县。

魏邦平　　广东人，兼任粤军师长。

广州市公安局长

魏邦平　　广东人，兼任粤军师长。（1921年2月至1922年3月在职）

吴　飞　　广东人，魏邦平部参谋长。1922年3月2日至1923年1月在职。

吴铁城　　警卫军师长兼公安局长。1923 年 3 月至 1924 年 9 月在职。

李朗如　　孙中山大元帅府参军。1924 年 9 月至 10 月在职。

古日光　　桂军将领。1923 年 1 ~ 2 月在职。

那其仁　　滇军军官。1923 年 2 月在职。

吴铁城　　警卫军军长兼任。1924 年 10 月至 1926 年 4 月在职。

李章达　　孙中山的警卫团长。1926 年 4 月至 1926 年 12 月在职。

钱大钧　　江苏人，在职军官。1926 年 12 月至 1927 年 1 月在职。

邓彦华　　在职军官。1927 年 1 月到是年 10 月在职。

朱晖日　　在职军官。1927 年 10 月至 12 月在职。

邓彦华　　在职军官。1927 年 12 月底到翌年 3 月。

香翰屏　　在职军官。1928 年 3 月在职。

邓世增　　李济深部参谋长。1928 年 3 月在职。

广东省会公安局长

欧阳驹　　原系军官。1929 年 4 月 4 日

陈庆云　　在职军官（空军）。

香翰屏　　在职军官

何　荦　　陈济棠的石井兵工厂厂长兼任，在职军官。1932 年 3 月 ~ 1936 年 7 月在职。

广东省会警察局长

李洁之　　陈济棠时虎门要塞司令，在职军官。1936 年 7 月至 1938 年 10 月 15 日在职。

李郁焜　　广东，在职军官。1938 年 10 月 15 日至 21 日在职。

汪伪广东省会警察局长（1938 年 10 月 ~ 1945 年 9 月）

廖　铭　　伪广东治安维持会治安科科长，1938 年 10 月至 12 月在职。

黎春荣　　伪广东治安维持会治安处处长，1938 年 12 月至 1939 年 11 月在职。

李道轩　　伪广州市公署警务处处长，1939 年 11 月至 1940 年 5 月 1 日在职。

李道轩　　伪广东省警务处处长，1940 年 5 月 1 日至 1941 年 1 月在职。

郭卫民　　伪广东省会警察局局长，1941 年 1 月至 1942 年 11 月在职。

冯壁峭　　伪广东省会警察局局长，1942 年 11 月至 1944 年 7 月在职。

黎春荣　　伪广东省会警察局局长，1944 年 7 月至 10 月在职。

郭卫民　　伪广东省会警察局局长，1944 年 10 月至 1945 年 9 月在职。

广州市警察局长（1945 年 9 月～1949 年 10 月）

李国俊　　广东人，军统。1945 年 9 月 19 日至 1946 年 7 月 20 日在职。

黎铁汉　　海南岛人，蒋介石侍从室主任，军统。1946 年 7 月 20 日至 1949 年 4 月 20 日在职。

朱晖日　　1949 年 4 月 21 日至 7 月 31 日在职

欧阳驹　　广州市市长兼任，张惠长（空军军官）代拆代行。1949 年 8 月 1 日至 10 月 1 日在职。

吉章简　　海南岛人，兼刘安琪兵团副司令，军统。1949 年 10 月 1 日至 13 日在职。

附录二
主要参考资料

一 文集

《马克思恩格斯选集》，人民出版社，1972

《毛泽东选集》，人民出版社，1991

《郑观应集》，上海人民出版社，1982

《孙中山全集》（11 卷本），北京：中华书局，1981～1986

二 档案

中国第二历史档案馆藏关于民国时期广州警察的档案

广东省档案馆藏关于民国时期广州警察的档案

广州市档案馆藏关于民国时期广州警察的档案

广州市公安局藏修《公安志》资料档案

李洁之：《广东省会警察局沿革概述》（未刊稿），原件存广东省公安厅史志办

三 政府公报与警察刊物

《国民政府公报》

《内政公报》

《广东公报》

《广东省政府公报》

《广州市市政公报》

《警察杂志》（广州）

《警政月刊》（广州，汪伪统治时期）

《广东省会警察周刊》（广州，汪伪统治时期）

《广州义警特刊》（广州）

《广州律师公会月刊》

《广东公安》（广州）

《广东警察周刊》（广州）

《广东保安》（广州）

《广东警保》（广州）

《广东警政月刊》（广州）

《广东警务官报》（广州）

《现代警察》（南京）

四　单行本政府、警察与其他出版物

广州市市政厅编《广州市市政概要》，1922

《广州市市政报告汇刊》（民国 12 年）

《广州市政报告汇刊》（民国 17 年），广州市政厅编辑股编，1928

《广东省政府年刊》（民国 17 年）

广州市市政府统计股编《广州市政府统计年鉴》（第一回），1929

《广东省统计资料汇刊》（民国 35 年）

广东警务公所编《广东警务公所统计书》（第二次），广州，1910

广东民政厅编《广东警务状况》，广州，1928

广州市公安局：《广州市公安局年刊》（民国 18 年），广州，1929

广东省保安教导队编《广东全省保甲条例》，广州，1930

省会公安局统计股编印《广东省会治安纪要》，广州，1931

省会公安局统计股编印《广东省会治安纪实》，广州，1936

中国国民党广东省党部宣传科编《禁烟赌专刊》，广州，1936

广东省禁赌委员会编《禁赌概览》，广州，1936

李洁之编《广东省会警察局统计汇刊》，广州，1937

李洁之编《广州市二十一年人口调查报告》，广州，1937

广东省清毒委员会编《广州市清毒运动特刊》，广州，1937

广东治安维持委员会秘书处（伪）：《广东治安维持委员会公报》，广州，1939

省会警察局（伪）编《本局各单位下半年工作概况》，广州，1943

省会警察局（伪）编《现行警察法令汇辑》，广州，1944

广州市警察局：《广州市警政概览》，广州，1948

广州警备司令部编《广州警备专刊》，广州，1949

广州市公安局编《广州市公安局半年来工作概况特辑》，广州，出版时间不详

粤商维持公安会编《粤商维持公安会同仁录》，广州：省城十七甫穗雅印行，1912

五　报纸

《广州民国日报》

《民国日报》（上海）

《申报》（上海）

《安雅报》（广州）

《香港华字日报》

《民生日报》（广州）

《七十二行商报》（广州）

《中华日报》

《华国报》（广州）

六　资料汇编（按照出版先后排列）

广东警务公所：《巡警章程汇编》，广州，出版时间不详（应在 1908～1909 年间）

《广东临时省会议事录》（第 6 卷），广州：清风桥文茂印务局承印，时间不详（当在 1912～1913 年）

赵灼：《广东单行法令汇纂》，广州：光东书局，1921

香港华字日报社编《广东扣械潮》，香港，1924

赵灼：《广东单行法令汇纂续编》，广州：光东书局，1925

广东民政厅秘书处编《广东省单行法令汇编》（第 1 集），广州，1930

广东民政厅秘书处编《改订广东省单行法令汇编》，广州，1933

广东民政厅秘书处编《广东省地方纪要》，广州，1934

国民政府内政部：《内政年鉴》，1934

内政部警政司编《中国警察行政》，上海：商务印书馆，1935

内政部警政司编《交通警察》，上海：商务印书馆，1935

内政部警政司编《外事警察》，上海：商务印书馆，1935

内政部警政司编《消防警察》，上海：商务印书馆，1935

吴经熊编《中华民国六法理由·判解汇编》，会文堂新记书局，1935

廖廷谔、余庆华编《西南现行法令汇编》，广州：民智书局，1935

《中华民国法规大全》，上海：商务印书馆，1937

广东民政厅编《广东省保甲法令汇编》，广州，1937

朱雅正：《警察法规》（第 2 集），广州：警察杂志社，1937

中国近代史资料丛刊《戊戌变法》，上海人民出版社，1957

中国近代史资料丛刊《义和团》，上海人民出版社，1957

中国近代史资料丛刊《辛亥革命》，上海人民出版社，1957

《光绪朝东华录》，北京：中华书局，1958

黄季陆主编《革命人物志》（第6集），台北：中国国民党中央委员会党史史料编纂委员会，1971

中华民国史料研究中心编印《中国现代史专题研究报告》（八），台北，1978

广东省档案馆编译《广州起义前后的全国时局——粤海关情报记录译辑》，广东人民出版社，1982

荣孟源主编《中国国民党历次代表大会及中央全会资料》，光明日报出版社，1985

章伯锋、荣孟源主编《近代稗海》，四川人民出版社，1985

北京中国第二历史档案馆编《中华民国史档案资料汇编》：（第4辑），江苏古籍出版社，1986

广东省档案馆编译《孙中山与广东——广东省档案馆库藏海关档案选译》，广东人民出版社，1986

朱汇森主编《警政史料》，台北：“国史馆”印行，1987

陈锡祺主编《孙中山年谱长编》，北京：中华书局，1991

仇江编《广东新军庚戌起义资料汇编》，中山大学出版社，1990年

徐有春主编《民国人物大辞典》，河北人民出版社，1991

卢权主编《广东革命史辞典》，广东人民出版社，1993

中国第二历史档案馆编《中华民国史档案资料汇编》（第5辑），江苏古籍出版社，1994

广州地方志、广州海关志编纂委员会编《清实录广东史料》（六），广东省地图出版社，1995

广州地方志、广州海关志编纂委员会编《近代广州口岸社会经济概况——粤海关报告集》，暨南大学出版社，1995

广东省、广州市方志办编《清实录广东史料》（六），广东省地图出版社，1995

（清）广东清理财政局编订、广东省财政科学研究所整理《广

东财政说明书》，广东经济出版社，1997

广东省立中山图书馆编纂《民国广东大事记》，羊城晚报出版社，2002

广东省立中山图书馆编纂《广东百年图录》，广东教育出版社，2002

张耀中主编《珠海历史名人》（第 2 卷），广州：珠海出版社，2004

《日军侵略广东档案史料选编》，中国档案出版社，2005

政协广东文史资料委员会编《广东文史资料》（第 7 辑），1963

政协广州文史资料委员会编《广州文史资料》（第 11 辑），1964

政协广东文史资料委员会编《广东文史资料》（第 17 辑），1965

政协广州文史资料委员会编《广州文史资料》（第 18 辑），1980

政协广东文史资料委员会编《广东文史资料》（第 24 辑），1980

政协广州文史资料委员会编《广州文史资料》（第 26 辑），1980

政协广东文史资料委员会编《广东文史资料》（第 31 辑），1981

政协广东文史资料委员会编《广东文史资料》（第 33 辑），1981

政协广东文史资料委员会编《广东文史资料》（第 42 辑），1984

政协广东文史资料委员会编《广东文史资料》（第 46 辑），1985

广州市地方志编纂委员会：《广州市志》卷 12 （《公安志》

等），广州出版社，1998

广东省地方史志编纂委员会：《广东省志·公安志》，广东人民出版社，2001

广东省地方史志编纂委员会：《广东省志·宗教志》，广东人民出版社，2002

七 著作（按照出版先后排列）

钟荣光：《广东人之广东》，中山大学图书馆校史室藏书，1913

吴经熊编《中华民国六法理由·判解汇编》，会文堂新记书局，1935

林云陔：《广东之最近将来》，广州，1934

李洁之：《一年来之回顾》，广东省会警察局总务科编辑股编印，1937

吴铁城：《非常时期的广东民政》，广州，1937

广州中山日报社编《复兴的广东》，广州，1941

黄季陆主编《革命人物志》（第6集），台北：中国国民党中央委员会党史史料编纂委员会，1971

张德泽编著《清代国家机关考略》中国人民大学出版社，1981

罗尔纲：《绿营兵志》，北京：中华书局，1984

张宪文主编《中华民国史纲》，河南人民出版社，1985

中国社会科学院法制研究所法制史研究室编《中国警察制度简论》，群众出版社，1985

余炎光等主编《南粤割据——从龙济光到陈济棠》，广东人民出版社，1989

陈胜粦：《林则徐与鸦片战争论稿（增订本）》，中山大学出版社，1990

〔美〕孔飞力：《中华帝国晚期的叛乱及其敌人》（修订版），

谢亮生等译，中国社会科学出版社，1990

吴任华编纂《孙哲生先生年谱》，台北：正中书局印行，1990

陈锡祺主编《孙中山年谱长编》，北京：中华书局，1991

《康南海自编年谱》（外二种），北京：中华书局，1992

徐矛：《中华民国政治制度史》，上海人民出版社，1992

韩延龙主编《中国近代警察制度》，中国人民公安大学出版社，1993

陈予欢编著《民国广东将领志》，广州出版社，1994

朱绍侯主编《中国古代治安制度史》，开封：河南大学出版社，1994

韩文昌、邵玲主编《民国时期中央机关组织概述》，中国档案出版社，1994

茅海建：《天朝的崩溃——鸦片战争再研究》，北京：生活·读书·新知三联书店，1995

广东人民武装斗争史编纂委员会：《广东人民武装斗争史》，广东人民出版社，1995

杨万秀、钟卓安主编《广州简史》，广东人民出版社，1996

蒋祖缘、方志钦主编《简明广东史》，广东人民出版社，1996

曾庆榴：《广州国民政府》，广东人民出版社，1996

王宏斌：《禁毒史鉴》，岳麓书社，1997

赵秀玲：《中国乡里制度》，社会科学文献出版社，1998

郭建：《帝国缩影——中国历史上的衙门》，学林出版社，1999

韩延龙、苏亦工等：《中国近代警察史》，社会科学文献出版社，2000

陈泽泓：《拓展中的都会》，广州出版社，2001

杨刚主编《广东军事人物志》，广东人民出版社，2001

肖自力：《陈济棠》，广东人民出版社，2002

瞿同祖：《清代地方政府》，范忠信、晏锋译，法律出版社，

2003

张耀中主编《珠海历史名人》（第 2 卷），广州：珠海出版社，2003

陈泽泓、胡巧利主编《广州近现代大事典》，广州出版社，2003

丁身尊主编《广东民国史》，广东人民出版社，2004

〔美〕魏斐德：《上海警察，1927～1937》，章红译，上海古籍出版社，2004

黄菊艳：《抗战时期广东经济损失研究》，广东人民出版社，2005

郑海麟：《黄遵宪传》，北京：中华书局，2006

八　主要论文（按照发表先后排列）

蔡开松：《湖南保卫局述论》，《近代史研究》1990 年第 1 期

谢国兴：《近代安徽的警政》，《安徽史学》1990 年第 4 期

宫言：《中国近代警察制度的萌芽》，《文史杂志》1990 年第 5 期

周兴樑：《论辛亥革命时期的广东军政府》，《历史研究》1993 年第 3 期

潘益民：《国民政府在大陆执政时期警察组织制度考略》，《民国档案》1995 年第 4 期

帅建祥：《清末巡警制度论述》，《四川师范学院学报》1997 年第 2 期

沈晓敏：《清末广东巡警（警察）制度述略》，《政法学刊》1997 年第 3 期

黄晋祥：《论清末警政演变的历史轨迹》，《社会科学家》1998 年第 3 期

郑中午：《中国警史源流试探》（三），《公安大学学报》1998 年第 5 期

王丽英:《中国近代女子警察制度》,《内蒙古民族师院学报》(哲学社会科学版)1999年第1期

袁小红:《戊戌维新运动中的警政思想初探》,《湖南公安高等专科学校学报》1999年第4期

吴沙:《清末传统治安制度向近代警察制度的转变》,《公安研究》2001年第2期

沈晓敏:《清末民初的广东警察》,《广东史志》2001年第2期

吴沙:《论郑观应的警政思想》,《公安研究》2001年第7期

邱捷:《清末广州居民的集庙议事》,《近代史研究》2003年第2期

杨玉环:《论中国警察制度的开创》,《辽宁大学学报》2003年第6期

夏敏:《北洋政府时期的地方警政建设》,《江苏警官学院学报》2003年第6期

徐乃龙:《中国近代警察高等教育述论》,《公安教育》2003年第12期

唐国军:《新桂系广西警政史略》,《广西地方志》2004年第1期

公一兵:《北京近代警察制度之区划研究》,《北京社会科学》2004年第4期

赵平:《论南京国民政府时期的警政建设》,《河南公安高等专科学校学报》2004年第5期

王先明、张海荣:《论清末警察与直隶、京师等地的社会文化变迁——以〈大公报〉为中心的探讨》,《河北师范大学学报》2005年第1期

何文平:《清末广东巡警的创建与官绅关系》,《中山大学学报》(社会科学版)2005年第3期

邱捷:《晚清广东的“公局”——士绅控制乡村基层社会的权

力机构》,《中山大学学报》(社会科学版) 2005 年第 4 期

杨玉环:《论中国近代警察制度的形成》,《社会科学辑刊》 2006 年第 2 期

孟庆超等:《近代中国警察教育的职业化及其反思》,《湖北警官学院学报》 2006 年第 1 期

彭厚文:《论民国初年无锡的警政建设》,《江南论坛》 2006 年第 6 期

杨猛:《民国时期 (1912～1937) 河南地方警政建设述略》,《法制与社会》 2007 年第 1 期

肖朗、施峥:《中国近代高等警察教育综论》,《浙江大学学报》 2007 年第 1 期

刘克华,陈晋胜:《民国山西警政建设研究》,《山西警官高等专科学校学报》 2007 年第 2 期

宋青:《南京国民政府时期警察职能的历史考察》,《山东警察学院学报》 2007 年第 2 期

贾蕊华:《清末广东警察职能分析》,《广东工业大学学报》(社会科学版) 2007 年第 2 期

杨玉环:《试论中国近代警察制度的特点》,《齐鲁学刊》 2007 年第 2 期

杨玉环:《试评中国近代警察制度》,《辽宁大学学报》 2007 年第 3 期

董纯朴:《略论中国近代警察教育制度及影响》,《云梦学刊》 2007 年第 5 期

邱捷、何文平:《民国初年广东的民间武器》,《中国社会科学》 2005 年第 1 期

孟庆超:《清末建警失败原因分析》,《公安大学学报》 2005 年第 5 期

贾蕊华:《清末广东警政建设中的两广总督》,《齐齐哈尔大学学报》 2008 年第 1 期

张利荣：《近代甘肃警政研究初探》，《青海社会科学》2008年第 3 期

邱捷：《同治、光绪年间广东首县的日常公务——从南海知县日记所见》，《近代史研究》2008 年第 4 期

冷琪雯：《清末云南省会警察制度创设初探》，《思想战线》2008 年第 5 期

张红侠、张振毅：《天津近代的警察组织》，《法制与社会》2009 年第 1 期

后 记

当年，我考取先师陈胜粦教授的博士生后，先师考虑到本人在广州市公安部门工作，有机会阅读到较多有关近代警察的历史档案资料，可以既从史学的角度，又从警察业务的角度研讨近代广州警察问题，所以，决定以"近代广州警察"作为我的学位论文选题。

在我入学后第二年先师即身患重病，但他仍指导我确定了论文基本框架和主要观点，大部分资料也是在先师的关注下收集的。他在卧床不起和最后的日子里仍不断过问论文的进展。先师逝世后不久，论文初稿得以完成。按照先师生前的安排并征得研究生院的同意，由邱捷教授协助指导。邱捷教授对初稿、二稿、三稿、四稿都做了修改，林家有教授审看过初稿，吴义雄教授审看过二稿、三稿、四稿。天津社会科学院的张利民研究员对论文的结构和观点提出了很多重要意见。各位老师还分别提供了资料或资料线索。

攻读博士学位的前期，我的工作相对没有那么繁重，可以投入较多时间收集资料，可以经常同老师们讨论，所以论文进展比较顺利。但后来我的工作有了变化，有几年为小谷围大学城的筹建、建设投入了很多时间和精力，所幸大学城建设平安、顺利地完成；但此事完成后我又调到其他岗位，工作更为繁忙。因此，论文的修改定稿便耽搁了。不过，因为从事的工作仍是警政方面，实践中更觉得历史经验教训的重要，所以，我还是经常思考，有空就断断续续地对论文进行修改，一些心得、成果也运用到实际工作中去。

本项研究得到林家有、桑兵、吴义雄、关晓红、张利民、王杰等教授的鼓励，得到中山大学领导、研究生院的支持，使我终于决心完成论文，以不辜负先师当年的期望。

论文完成之际，我对先师陈胜粦深切怀念，万分感激；对指导、鼓励过我的各位教授、研究员表示感谢；对中山大学校领导、研究生院、历史系表示感谢；对所有帮助过我的人表示感谢。

2014 年，经广州市警察协会推荐，这一成果得以列入广州市社会科学界联合会主办的"羊城学术文库"出版项目，由社会科学文献出版社出版。对此，我对市警察协会和市社科联的支持和资助表示衷心感谢，对出版社和负责本书编辑的同志认真负责的专业精神表示由衷的钦佩。

笔者认识到，由于主、客观原因，本书尚有很多不足之处，期望老师、同行批评指正。

图书在版编目（CIP）数据

近代广州警察/吴沙著. —北京：社会科学文献出版社，
2014.6
（羊城学术文库）
ISBN 978 - 7 - 5097 - 5948 - 6

Ⅰ.①近…　Ⅱ.①吴…　Ⅲ.①警察 - 历史 - 广州市 - 近代
Ⅳ.①D691.6

中国版本图书馆 CIP 数据核字（2014）第 078177 号

·羊城学术文库·

近代广州警察

著　　者／吴　沙

出 版 人／谢寿光
出 版 者／社会科学文献出版社
地　　址／北京市西城区北三环中路甲 29 号院 3 号楼华龙大厦
邮政编码／100029

责任部门／社会政法分社（010）59367156　　责任编辑／赵慧英　关晶焱
电子信箱／shekebu@ ssap.cn　　　　　　　　责任校对／李　俊
项目统筹／王　绯　　　　　　　　　　　　　责任印制／岳　阳
经　　销／社会科学文献出版社市场营销中心（010）59367081　59367089
读者服务／读者服务中心（010）59367028

印　　装／三河市尚艺印装有限公司
开　　本／787mm×1092mm　1/20　　　　　印　　张／16.4
版　　次／2014 年 6 月第 1 版　　　　　　　字　　数／284 千字
印　　次／2014 年 6 月第 1 次印刷
书　　号／ISBN 978 - 7 - 5097 - 5948 - 6
定　　价／68.00 元

本书如有破损、缺页、装订错误，请与本社读者服务中心联系更换
▲ 版权所有　翻印必究